Eva Ohlerth mit Frank Wittig

ALBTRAUM PFLEGEHEIM

Eva Ohlerth mit Frank Wittig

ALBTRAUM PFLEGEHEIM

Eine Altenpflegerin gibt Einblick in skandalöse Zustände

Bibliografische Information der Deutschen Nationalbibliothek
Die Deutsche Nationalbibliothek verzeichnet diese Publikation in der Deutschen Nationalbibliografie. Detaillierte bibliografische Daten sind im Internet über http://d-nb.de abrufbar.

Für Fragen und Anregungen
info@rivaverlag.de

Originalausgabe
1. Auflage 2019

Nymphenburger Straße 86
D-80636 München
Tel.: 089 651285-0
Fax: 089 652096

Redaktion: Ingrid Sonntag
Umschlaggestaltung: Marc-Torben Fischer
Umschlagabbildung: 123ducu/iStockphoto, JimAK_Photo/Shutterstock
Satz: Daniel Förster, Belgern
Druck: GGP Media GmbH, Pößneck
Printed in Germany

ISBN Print 978-3-7423-1130-6
ISBN E-Book (PDF) 978-3-7453-0780-1
ISBN E-Book (EPUB, Mobi) 978-3-7453-0781-8

Meiner Mutter Anneliese gewidmet.
Sie lehrte mich, dass Widerstand im Ernstfall eine Tugend ist.

Eva Ohlerth

Inhalt

Vorwort

Die Generation, die heute in unseren Pflegeheimen lebt, hat Deutschland nach dem Krieg wieder aufgebaut. Hat aus teils ärmlichsten Verhältnissen kommend jahrzehntelang am wirtschaftlichen Aufstieg Deutschlands gearbeitet und durch Fleiß und Disziplin einen Wohlstand geschaffen, von dem wir heute so selbstverständlich profitieren. Wie kann es dann aber sein, dass ein großer Teil dieser Menschen, jetzt gebrechlich geworden und auf Hilfe angewiesen, so wenig Achtung und Hilfe und Wertschätzung erfährt?

Etwa 800 000 betagte Menschen sind in Deutschland in über 11 000 vollstationären Pflegeeinrichtungen untergebracht. In der überwiegenden Zahl dieser Fälle handelt es sich für die Heimbewohner um prekäre Lebenssituationen. Angst, Einsamkeit und die Vernachlässigung grundlegender Bedürfnisse der Heimbewohner sind an der Tagesordnung. Wir wollen in diesem Buch verschiedene Gründe aufzeigen, die zu den Missständen in den Pflegeheimen führen: zu physischer und psychischer Verwahrlosung, zu Misshandlung und Missachtung, schlicht zu Zuständen, die in einer freiheitlich demokratisch geprägten Gesellschaft als vollkommen inakzeptabel angesehen werden. So behandelt man keine Menschen!

Warum geschieht es dennoch? Obwohl es seit Jahrzehnten immer wieder Stimmen der Empörung gibt. So wie sie auch in diesem Buch zu Wort kommen. Stimmen, die darauf hinweisen, dass es etwa in Artikel 1 des Grundgesetzes heißt: »Die Würde des Menschen ist unantastbar.« Und dass dieser erste und über allem stehende Grundsatz unserer Verfassung nicht vereinbar ist mit den Zuständen, die in unseren Altenheimen so häufig anzutreffen sind. Es ist absolut entwürdigend, einen Großteil des Tages in seinen Fäkalien liegend verbringen zu müssen. Es ist absolut entwürdigend, von Pflegekräften wie ein Objekt behandelt zu werden, dem gegenüber keinerlei Respekt aufgebracht wird. Es ist absolut entwürdigend, mittels Pharmazeutika in einen Dämmerzustand versetzt zu werden, um als problem- und willenlose Verfügungsmasse mit geringstem Aufwand durch den Betrieb des Pflegeheims geschleust zu werden. Es ist entwürdigend, als Vorwand für Lug und Betrug herhalten zu müssen, damit im Heim die Kasse stimmt.

Wir glauben, dass ein wichtiger Grund für das Fortdauern dieser beschämenden Verhältnisse tief in einer Kultur der Verachtung des Alters verwurzelt ist. Wobei man wohl differenzieren muss. Es ist noch nicht einmal das Alter an sich. Es sind die mit fortgeschrittenem Alter auftretenden Behinderungen des aktiven Lebens, die unsere Aversionen hervorrufen. Wir sind eine Leistungsgesellschaft. Sportlich, jugendlich, erfolgreich und aktiv zu sein, ist das Leitmotiv für Lebensentwürfe. Voller Terminkalender, dickes Portemonnaie, alle paar Jahre ein neues Auto vor der Tür (möglichst 180 PS und mehr), Urlaubsreisen, die auch die Nachbarn beeindrucken, Freude am Konsum … diese Liste der angestrebten, von Leistungsfähigkeit zeugenden Lebensinhalte ließe sich leicht verlängern.

Was sich über Jahrzehnte zunächst produktiv und wohlstandsmehrend auswirkt, programmiert gegen Ende des Lebens einen Bumerang mit verhängnisvollen Folgen. All diesen Idealen der Leistung können Hochbetagte, können pflegebedürftige Menschen nicht mehr gerecht werden. Alte Menschen sind plötzlich keine »Bringer« mehr, sondern »Nehmer«

und angewiesen auf unsere Hilfe. Und sie erinnern uns schmerzlich daran, dass auch wir eines Tages unsere Leistungsfähigkeit verlieren, hilfsbedürftig und gebrechlich sein werden und versorgt werden müssen.

So sind wir bestrebt – und unsere ganze Kultur tendiert dahin –, das Alter zu verdrängen. Anti-Aging lautet die Devise. »Fit wie ein Turnschuh«, oder zumindest »rüstig« sollen die Alten sein. Dann sehen wir sie noch gerne. So werden sie auch in der Werbung als vorzeigbare Konsumenten präsentiert. Jenseits dieser Leistungsfähigkeit werden sie zumeist ausgeblendet.

In unserem Buch wollen wir zeigen, wie die ablehnende Haltung gegenüber dem Thema Alter zu einem Nährboden wird für einen viel zu häufigen, menschenverachtenden Umgang mit Hochbetagten in Pflegeheimen. Darüber hinaus wollen wir ökonomische Rahmenbedingungen ansprechen, die dazu führen, dass prekäre Zustände in unseren Altenheimen so häufig an der Tagesordnung sind. Rahmenbedingungen, die sich für Heimbewohner katastrophal auswirken, an denen viele Heimbetreiber aber nur zu gerne festhalten, weil sie ihnen auf Dauer den maximalen Profit sichern.

Unser Buch zeigt außerdem in der Gegenüberstellung von Ausbildungsinhalten und Pflegepraxis, wie es sein müsste und was stattdessen die traurige, mitunter zutiefst inhumane Realität in den Pflegeheimen ist. Es werden auch alle wesentlichen medizinischen Probleme erläutert, die in der Altenpflege bewältigt werden müssen. So werden den Angehörigen wichtige Hilfestellungen gegeben, Missstände in Pflegeheimen zu erkennen. Darüber hinaus wird deutlich: Pflege ist keine Luxusleistung, hat nichts mit »Bespaßung« betagter Heimbewohner zu tun. Pflege ist unabdingbarer Bestandteil eines medizinischen Konzepts, das darauf gerichtet ist, körperliche und geistige Gesundheit betagter Menschen solange wie möglich zu stärken und zu erhalten. So definiert es auch das Sozialgesetzbuch.

Was dieses Buch außerdem zu einem wichtigen, in dieser Form bisher nicht geleisteten Beitrag für die Diskussion über den Notstand in Pflegeheimen macht: Erstmals richtet eine erfahrene Pflegekraft einen kritischen Blick auch auf ihre Berufsgenossinnen und Berufsgenossen. Sie machen sich leicht zu Mittätern in einem System, das alte Menschen entwürdigend und oftmals brutal behandelt: wenn sie Abrechnungsbetrug decken und es zulassen, dass Verhältnisse als normal verstanden werden, die jedem pflegerischen Berufsethos widersprechen.

Ganz wesentlich trägt zu dieser Misere die Tatsache bei, dass vor allem Pflegehilfskräfte ohne Schulabschluss oder sonstige Qualifikationen in die Dienstpläne der Heime eingegliedert werden. So wird die Altenpflege vielfach zu einem Sammelbecken für gescheiterte Existenzen, für bildungsferne Hilfsarbeiter, oft unfähig zu Mitgefühl und ohne die für dieses Berufsbild so unerlässliche kommunikative Kompetenz. Diese erschreckende Bilanz zeugt von der verheerenden Fehleinschätzung dessen, was Pflegekräfte zu leisten haben, wenn sie ihre Aufgabe in den Altenheimen sinnvoll erfüllen sollen. Hier ist die Politik jenseits aller Kritik an Finanzierungsverhältnissen dazu aufgefordert, Rahmenbedingungen zu verändern und sicherzustellen, dass unseren betagten und hilfsbedürftigen Mitmenschen in den Pflegeheimen geeignetes Personal begegnet. Personal, dass den Betagten mit Mitgefühl, Interesse und Engagement gegenübertritt.

Schließlich bietet unser Buch auch einen Leitfaden für Betagte, die in ein Pflegeheim einziehen möchten, dazu einen Fragekatalog für deren Angehörige, um mögliche Pflegeeinrichtungen auf ihre Eignung hin zu überprüfen.

Eva Ohlerth und Frank Wittig

1. Warum ich Nestbeschmutzerin wurde

Von Pflegerobotern und Scheintoten

Ich habe ihre Gesichter nicht vergessen. Nicht das Gesicht der Heimbewohnerin, die ihre Lebensmittel hamsterte und auf ihrer Fensterbank vor dem Zugriff der strengen Pflegekraft in Sicherheit bringen wollte. Die Bewohnerin stürzte dabei aus dem Fenster in den Tod. Ich vergesse nicht das Gesicht der alten Dame, die zu mir sagte: »Schwester, ich habe Angst vor der Nacht, wenn ich nicht weiß, wer kommt. Die Schwester Ursula schreit mich jedes Mal an …« Ich vergesse nicht das schmerzverzerrte Gesicht der alten Dame, die von der ungelernten Pflegekraft beim Umlagern aus dem Bett geworfen worden war. Sie starb wenig später im Krankenhaus an ihren Verletzungen. Jetzt – beim Aufschreiben der Erinnerungen – sehe ich sie wieder vor mir. Gespenster aus der Vergangenheit. Zeugen des unmenschlichen Umgangs mit betagten, hilfsbedürftigen Heimbewohnern.

Ich freute mich. Ich war aufgeregt. Der erste Tag meiner Ausbildung. Gerade war ich 25 Jahre alt geworden. Und so hatte ich mir meinen Einstieg in die Pflege alter Menschen vorgestellt: eine ausführliche Einweisung in den behutsamen und sorgfältigen Umgang mit greisen, hilfsbedürftigen Menschen. Ich hatte mich darauf gefreut, die alten Menschen auf ihrem Lebensweg zu begleiten, sie zu unterstützen, wo sie meine Hilfe brauchten, um ihren Alltag soweit wie möglich selbstbestimmt zu bewältigen. Helfen, dass sie trotz ihrer Gebrechen, trotz ihrer Hinfälligkeit ein erträgliches, wenn nicht sogar angenehmes Leben würden führen können. Das Foyer des Münchner Altenheimes beeindruckte mich. Ja, es machte auf mich einen geradezu herrschaftlichen Eindruck. Der Empfang schien von einem professionellen Heim mit gehobenen Ansprüchen zu zeugen. Hier war alles sauber und adrett, der Umgangston gepflegt, das Personal höflich. Ich dachte: Toll! Das wird dein Ausbildungsplatz und vielleicht auch einmal dein Arbeitsplatz.

Ansprechende Fassade

»Jedem Anfang wohnt ein Zauber inne« – hat Hermann Hesse geschrieben. Schade nur, dass mein Zauber hier im Pflegeheim so schnell verflog. Immerhin brachte mich die Heimleitung damals noch persönlich auf die Station und stellte mich Gertrud vor. Gertrud war eine erfahrene und pflichtbewusste Altenpflegerin. Sie hatte eine unscheinbare Gestalt, war blass und sehr zurückhaltend. Mit Lob und Anerkennung ging sie sparsam um, machte Dienst nach Vorschrift und war ziemlich humorlos.

Mit ihr durfte ich mitlaufen und bekam schon nach wenigen Schritten im Wohnbereich der Betagten einen ersten Schock. Der Geruch von Fäkalien und Erbrochenem vermischt mit Essensgerüchen, schwängerte die Luft. In meinem Kopf arbeitete es fieberhaft. Ein Unfall? Ein Sonderfall? Das konnte doch kein Alltag sein? Oder? Die Ausdünstungen erzeugten in mir einen derartigen Ekel, dass ich eine Woche lang nicht in der Lage war, auf dieser Station zu essen.

Gertrud nahm mich also mit in meinen ersten Frühdienst. Sie sagte, ich solle ihr beim Arbeiten zuschauen, damit ich die Arbeit morgen alleine kann. Verrückt! Oder? Die Lernzeit: ein ganzer Tag! Ich musste in der Folgezeit lernen, dass dies typisch für das Pflegemilieu war. Darin zeigt sich, wie fundamental falsch der ganze Pflegebereich eingeschätzt wird. Der dazugehörige Spruch »Pflegen kann doch jeder« sollte zum meistgehassten Satz meines Arbeitslebens werden. Gertrud kam mir vor wie ein Roboter. Sie ging kaum auf die Bewohner ein, war höflich, aber nicht freundlich. Sie erledigte die anfallende Arbeit freudlos, es gab kaum ein Lächeln in ihrem Gesicht. Wir gingen von Zimmer zu Zimmer und arbeiteten den Katalog ab: Grundpflege, Behandlungspflege, Medikamentenabgabe, Lagerungen, Frühstück zubereiten, Esseneingaben, Wechsel des Inkontinenzmaterials und Toilettengänge, falls es die Zeit zuließ. Gesprochen wurde dabei wenig, wir mussten uns beeilen, um bis zum Mittagessen mit der Arbeit fertig zu sein.

Bei den Scheintoten

Während Gertrud mich über den Gang führte, sah ich links und rechts – sofern die Türen offen standen – in die Zimmer. Viele Bewohner lagen teilnahmslos in ihren sauber bezogenen, weißen Betten. Sie wirkten auf mich wie Scheintote. Ein gespenstischer Anblick. Ich weiß noch, wie ich versuchte, den Eindrücken einen Sinn zu geben. Ruhezeit? Aber es war noch früh am Vormittag! Ich hatte definitiv mehr Leben im Heim erwartet: Alte, die in kleinen Grüppchen beisammensaßen, sich unterhielten, etwas spielten; Pflegekräfte, die sich auf ein Wort dazugesellten. Sollte für viele Mitarbeiter hier soziale Teilnahme am Leben der Heimbewohner überhaupt nicht zu ihrer Arbeit zu gehören?

Schnell merkte ich, dass Pflegekraft nicht gleich Pflegekraft ist. Die einen – lassen Sie es mich einmal so drastisch ausdrücken – versorgten

Biomasse und die anderen versorgten Menschen. Diese echten Pflegekräfte gingen auf die Heimbewohner ein und zeigten, dass sie auch betagte, oft hinfällige Menschen als Individuen, als Persönlichkeiten ernst nahmen. Und nicht nur als etwas ansahen, das Arbeit macht. Ich kam an diesem Abend in einem seltsamen Zustand zu Hause an. Einerseits tief enttäuscht über die teilnahmslose Routine, mit der viele meiner neuen Kollegen ihre Arbeit verrichteten; über die teils erbarmungswürdigen hygienischen Zustände, über die insgesamt unwürdigen Bedingungen, in denen die Heimbewohner dort ihren Lebensabend zu fristen hatten und darüber, dass im Heim offenbar niemand außer mir darüber erschrak oder sich auch nur zu wundern schien. Auf der anderen Seite wollte ich natürlich nicht gleich am ersten Tag die Flinte ins Korn werfen. Vielleicht hatte ich ja doch zu naiv-idealistische Vorstellungen vom Alltag im Pflegeheim. Ich habe an diesem Abend geweint. Wie auch an vielen anderen Abenden in den folgenden Jahren.

Heute bin ich mir sicher, dass meine Vorstellungen von guter Pflege nicht naiv sind. Ich habe auch fünf Jahre in der Schweiz gelebt und durfte dort ein Gesundheitssystem kennenlernen, das vom deutschen Modell zum Teil extrem abweicht. Zum Beispiel in puncto Pflegeheim. Dabei gehören Pflegeheime hierzulande streng genommen nicht zum Gesundheitssystem – ein schwerer Webfehler in unserem System. Denn dies führt dazu, dass in vielen Bereichen des Gesundheitswesens deutlich suboptimale Leistungen erbracht werden, weil die dadurch anfallenden Kosten wenig später auf das Pflegesystem abgewälzt werden können. So bei der Rehabilitation nach Operationen.

Die Pflege in der Schweiz funktioniert dagegen besser. Pflegekräfte werden dort geachtet und deutlich besser bezahlt und Pflegekräfte achten die zu Pflegenden. Eine Pflegekultur, von der wir in Deutschland nur träumen können. Und deshalb stehen wir hierzulande auch vor einem Pflege-Gau: Bei der demografischen Entwicklung und der Tatsache, dass bis 2030 ein großer Teil der Pflegerinnen und Pfleger aus dem Beruf ausscheidet, wird dann ein Drittel der Pflegebedürftigen massiv unterversorgt sein. Eine Horrorvision.

Gestatten: Nestbeschmutzerin

Ich heiße Eva Ohlerth, Jahrgang 1959. Ich wurde als zweitältestes von fünf Kindern geboren und lernte so schon sehr früh, Verantwortung für meine drei jüngeren Geschwister zu übernehmen. Der Altersunterschied betrug zwischen 10 bis 18 Jahren. Für mich war es immer eine Selbstverständlichkeit, für andere zu sorgen. Dieses Verantwortungsgefühl zieht sich wie ein roter Faden durch mein Leben. Und noch etwas begleitet mich in meinem Leben: Ungerechtigkeit kann ich nicht ausstehen, mir gegenüber nicht und auch anderen gegenüber nicht. Wenn Kinder beim Spielen ausgegrenzt wurden, machte ich nicht mit und verteidigte diese, so gut ich konnte. Wenn Schwächere diskriminiert, verspottet, ausgelacht oder körperlich attackiert wurden, mischte ich mich ein, oft ohne zu überlegen, ob ich dadurch selbst zum Opfer wurde. Es spielte für mich keine Rolle, ob es um Kinder, Frauen, Obdachlose oder alte Menschen ging. Wenn ich beobachtete, wie sie Opfer von Spott und/oder Gewalt wurden, konnte ich nicht anders: Ich mischte mich ein.

Einmal stand im Supermarkt an der Kasse eine alte Dame vor mir in der Schlange. Als sie bezahlt und die Kasse passiert hatte, kam ein Ladendetektiv, versperrte ihr den Weg und sagte laut, sodass alle Kunden in der Schlange es hören konnten: sie solle sofort ihre Tasche öffnen, er habe beobachtet, wie sie Lebensmittel in der Tasche habe verschwinden lassen ohne zu bezahlen. Mit piepsiger Stimme brachte die alte Dame eine Entschuldigung hervor. Ich hatte den Eindruck, dass es der Dame nicht gut ging. Ich erklärte dem Ladendetektiv mit ruhiger Stimme, er solle die Dame in Ruhe lassen. Wenn sie gestohlen habe, könne er sie ja diskret im Büro befragen, aber sich hier zur Belustigung der Kunden so aufzuplustern und die alte Dame so zu beschämen sei der Situation keineswegs angemessen. Ich hatte den Eindruck, dass die Frau etwas verwirrt war. Als der Ladendetektiv mit der Polizei drohte, bat ich ihn, diese zu holen und bot mich an, solange bei der Frau zu bleiben. Er sagte jetzt in einem leiseren Ton, sie solle verschwinden und nicht wiederkommen, er sehe jetzt nochmal von einer Anzeige ab, da er ja die unbezahlte Ware zurückbekommen habe.

In einem Praktikum in einer sozialtherapeutischen Einrichtung hatte ich psychisch kranke Menschen kennengelernt, die dank einer funktionierenden medikamentösen Einstellung nicht mehr in einer geschlossenen Einrichtung untergebracht worden waren, sondern in Begleitung von Pflegepersonal in einem großen Haus wohnten. Der Heimleiter dieser Einrichtung erklärte mir eines Tages, ich hätte ein besonderes Geschick, positiv auf kranke und abhängige Menschen einzuwirken, und er ermutigte mich, eine Ausbildung in der Pflege zu machen. Er ist es gewesen, der mich in die Ausbildungsstelle in das Münchener Pflegeheim vermittelte.

Mittlerweile arbeite ich seit annähernd drei Jahrzehnten in der Pflege. Die Arbeit in Pflegeheimen habe ich allerdings vor zehn Jahren aufgegeben. Im Rahmen dieser Institutionen lässt sich in Deutschland in aller Regel keine gute Pflege realisieren. Häufiger ist der Fachbegriff *Gefährliche Pflege* angemessen. Wir sprechen davon, wenn Heimbewohner nicht die persönliche und vor allem nicht die medizinische Zuwendung (»behandelnde Pflege«) bekommen, die sie benötigen, um gesund zu bleiben. Die Gefährliche Pflege ist eine Form der Körperverletzung oder zumindest der unterlassenen Hilfeleistung. Beide Tatbestände stellen im normalen Leben eine Straftat dar, die juristisch verfolgt wird. In der Welt der Pflegeheime gelten aber seltsamerweise andere Gesetze. Um zu zeigen, warum diese absolut inakzeptablen Zustände in Deutschland geradezu die Regel sind, habe ich zusammen mit dem Medizinjournalisten Frank Wittig dieses Buch geschrieben.

Körperverletzung und unterlassene Hilfeleistung

Nachdem ich den Dienst in der stationären Pflege (im Pflegeheim) quittiert hatte, machte ich mich zunächst als ambulante Pflegerin selbstständig. Ich besuchte Pflegebedürftige zu Hause. Waschen, Lagern, beim Anziehen helfen oder beim Essen – all das geht auch im Rahmen der häuslichen Pflege. Doch dann änderten sich mit der Pflegeversicherung die gesetzlichen Rahmenbedingungen. Von da an wurden vom ambulanten Pflegepersonal minutengenaue Abrechnungen gefordert. Für jede Handreichung war ein genaues Zeitbudget definiert. Ein erfolgreiches Arbeiten, eine humane Pflege war so nicht mehr möglich. Ich kann das Bedürfnis der Bürokraten verstehen, anfallende Kosten klar zu definieren: Füttern: 12 Minuten, Waschen: 20 Minuten, Lagern: 1,5 Minuten. Das ist aber im Umgang mit pflegebedürftigen Menschen kein angemessener Ansatz.

Pflege ist eine persönliche, intime Begegnung zwischen einem bedürftigen Menschen und einem Menschen, der die Möglichkeit haben muss, auf diese Bedürfnisse angemessen einzugehen. Das ist keine Arbeit wie Strümpfestricken. Das lässt sich nicht in ein verbindliches Minutenkorsett zwängen. Was John Ford vor 100 Jahren erfolgreich in der Autoindustrie eingeführt hat – exakte Definition von Arbeitseinheiten am Fließband – und was unter dem Begriff Taylorismus in der ökonomischen Theorie einen festen Platz hat, ist den Verhältnissen im Bereich der Pflege wesensfremd. Dieses Herangehen taugt nicht, hilfsbedürftigen Menschen eine adäquate Zuwendung zukommen zu lassen. Uns Pflegekräften im ambulanten Dienst bleibt seitdem nur die Wahl, falsch abzurechnen oder persönlich draufzuzahlen.

Weder das eine noch das andere war für mich eine Option. Ich hoffte, in einer Firma für ambulanten Pflegedienst gerechtere Bedingungen anzutreffen. Ein größerer Betrieb konnte Härten besser abfedern, dachte ich. Das war naiv. Hier hatte – wie leider immer häufiger üblich – eine fachfremde Leitung das Sagen. Auch in einem kirchlichen Haus musste ich diese Erfahrungen sammeln. Negative Erfahrungen. Ich traf immer wieder auf dasselbe Muster: Das, was ich unter Pflege verstand – Zuwendung zu den Hilfsbedürftigen mit dem Ziel, ihr Los erträglicher zu gestalten –, spielte bestenfalls eine untergeordnete Rolle. Die Leitungen dachten in Kategorien wie effizienter Betriebsablauf, ökonomische Rentabilität, stringenter Einsatz der Ressourcen. Bitte halten Sie mich nicht für eine Träumerin. Natürlich lässt sich im Pflegebetrieb nicht alles realisieren, was wünschenswert ist. Aber diese rein ökonomische Orientierung ist der falsche Ansatz, wenn wir den Pflegebedürftigen eine menschenwürdige Behandlung zukommen lassen wollen.

Zurzeit bin ich vor allem im außerklinischen Bereich in der Intensivpflege tätig und nehme auch Lehraufgaben in der Pflege wahr. Damit habe ich nie den Kontakt zur Realität der Pflegewelt abreißen lassen. Nachdem, was mir meine Schüler erzählen, hat sich die Problematik gegenüber früher noch verschärft. Parallel zu diesen Kontakten habe ich mein Konzept des Firmen-Coachings entwickelt: Konfliktmanagement, Burn-out-Prävention und Mobbing-Beratung gehören ebenso zu meinen Dienstleistungen wie systemisches Coaching für soziale Institutionen. Auf all diesen Gebieten konnte ich in meiner Zeit als Altenpflegerin in Heimen wahrlich reichlich Erfahrung sammeln. Allerdings immer nur auf der Seite des Problems. Nicht auf der Seite der Lösung. Weil ich mich in Konfliktfällen in dieser Zeit nicht weggeduckt habe, weil ich versucht habe, Probleme zu benennen und Missstände öffentlich zu machen, wurde ich und werde ich von Kollegen als Nestbeschmutzerin bezeichnet.

Der zweite Tag

An meinem zweiten Arbeitstag in dem Münchener Pflegeheim hatte ich allein zehn Heimbewohner betreuen »dürfen«. Das hätte mich misstrauisch machen sollen. Aber ich war damals stolz, dass man mir so viel Vertrauen entgegenbrachte. Mit einem »Wenn du was nicht weißt, kannst du ja fragen« schickte man mich los. Und ich fragte viel. Immer wieder auch Kollegen zum selben Problem. Was mich irritierte und meine Zweifel an der Professionalität dieses Heims wachsen ließ, war die Tatsache, dass ich so oft voneinander abweichende Erklärungen bekam. Beispielsweise zur wichtigen Frage: Wie lagert man einen Menschen mit Dekubitus (Druckgeschwür durch Wundliegen) am besten?

Schon die Tatsache, dass ein Heimbewohner Dekubiti (Plural) aufweist, zeigt an, dass hier etwas schiefläuft. Betagte, die sich nicht mehr allein im Bett drehen können, müssen mehrmals am Tag umgelagert werden. Passiert das zu selten, gibt es Druckgeschwüre. So erinnere ich mich an den Pfleger Stefan, der mir eine Lagerung zeigte, die eher an eine Fixierung (Fesselung) erinnerte. Die einen meinten, viel Lagerungsmaterial (Kissen, Schaumstoffkeile, Tücher) wären gut. Andere erklärten mir das Gegenteil. Gar nicht leicht in dieser Situation zu erkennen, wer die kompetentesten Ratschläge gab. Und erstaunlich: Wie konnte es so viele, sich teils widersprechende Meinungen zu einer der wichtigsten Fragen der Pflege – die Vermeidung von Druckgeschwüren – geben? Ich wollte die Patienten doch richtig lagern.

Ich bin keine Riesin: 155 Zentimeter groß und 50 Kilo schwer. Das hat sich seitdem kaum verändert (okay, ich war damals 3 Zentimeter größer als heute). Ich bin nicht schwächlich, aber auch keine Gewichtheberin. Deshalb hätte es sich angeboten, mich in die Handhabung des Lifters einzuweisen, eines kompakten Personenkrans auf Rollen, konzipiert zum Lagern und Heben von schwergewichtigen Bettlägerigen. Das Gerät stand in der Regel ungenutzt im Badezimmer. Aber für die Anschaffung musste es ja einmal einen Grund gegeben haben. Einige Heimbewohner hatten ein nicht unerhebliches Übergewicht. »Ach, bis du den Lifter beigeschafft hast, hol dir lieber Hilfe bei einer Kollegin. Das geht schneller.« Das war zunächst die Ansage zum Thema Lifter.

Aber was geschah, wenn ich tatsächlich um Hilfe bat? Ich bekam genervte Antworten: »Jetzt nicht«, »Keine Zeit«. Das waren schlechte Aussichten, fand ich. Wenn das Team nicht zusammenhielt, wenn man sich bei Bedarf nicht gegenseitig unterstützte, war das ein schlechtes Zeichen. Meine Angst, dass die Arbeit in diesem Heim eine Qual werden könnte, wuchs. Ich spielte auch schon mal mit dem Gedanken, wieder zu gehen. Doch nach meinem Gefühl war es dazu schon zu spät. Ich hatte begonnen, mit den Bewohnern Beziehungen aufzubauen. Hätte ich in dieser Phase die Ausbildung abgebrochen, hätte ich mich diesen Bewohnern gegenüber wie eine Verräterin gefühlt. Außerdem fing die Schule an.

Hermine Granger lässt grüßen

Ich war eine sehr wissbegierige Schülerin – zur Freude meiner Lehrer und zum Leidwesen vieler Kollegen. Als Anfängerin in der Kategorie Hilfspflegekraft war ich in einer Position, auf die die allermeisten erfahrenen Kollegen gerne herabblickten. Die meisten scheuten sich nicht, mir ihr Halbwissen als sachgerechte, dem Stand des Wissens entsprechende Information zu verkaufen. Wer fühlt sich nicht gerne überlegen? Vielleicht war es taktisch nicht sehr geschickt von mir, doch ich reagierte immer häufiger auf die windigen Belehrungen, indem ich erklärte, dass ich es in der Schule gerade anders beigebracht bekommen hatte. Ein Zug, der meine Beliebtheit in der Kollegenschaft nicht gerade steigerte.

Ein Beispiel: Eine Bewohnerin im Heim war bei den Pflegekräften nicht gerade beliebt. Beim Transfer auf den Toilettenstuhl urinierte sie immer wieder auf den Boden, obwohl sie eigentlich nicht inkontinent war. Die alte Dame musste dann häufig lachen. Heute kann ich nicht mehr sagen, ob sie das tatsächlich als belustigend empfand oder ob das Lachen lediglich ein Ausdruck ihres Peinlichkeitsgefühls war. In der Schule hörte ich damals zum ersten Mal den Begriff Stressinkontinenz. Wobei der Harnverlust durch Lachen, Husten, Aufstehen oder Ähnliches ausgelöst werden kann. Ein Problem, das aufgrund der Anatomie vorwiegend bei Frauen auftritt. Ich berichtete in meiner Klasse von dieser Bewohnerin und darüber, dass die Pflegekräfte in meinem Heim der alten Dame in der Regel Vorsatz vorwarfen. Über die Reaktionen meiner Mitschüler war ich erstaunt. Obwohl wir gerade denselben Stoff, nämlich Stressinkontinenz, durchgenommen hatten, stellten sich meine Kollegen in spe gegen die Heimbewohnerin. Ich dagegen hörte entrüstetes Räuspern, dass ich mich auf ihre Seite schlug, und Sätze aus der Kategorie: »Wie kann die nur …?«

Nur eine Schülerin

Was mir guttat: Die Lehrerin lobte mich für den Mut, dies vor der Klasse zu thematisieren, da gerade diesen Bewohnern häufig Unrecht getan werde, sie fälschlicherweise der Absicht bezichtigt und mit solchen Anschuldigungen oft sehr beschämt würden. Mit einem durch dieses Feedback gestärkten Rücken erzählte ich meinen Kollegen im Heim davon. Ich erntete nur überhebliches Lachen und spöttische Kommentare: »Die kleine Eva – eine Schülerin – ja natürlich. Die meint, es besser zu wissen …« So langsam drohte die Stimmung mir gegenüber zu kippen. War ich anfangs noch recht beliebt bei den Kollegen – auch weil ich meine Seite mit den zehn Bewohnern relativ problemlos alleine schaffte –, geriet mein Stern zunehmend ins Sinken. Meine Fragen wurden als unbequem empfunden. Es kam nicht gut an, dass ich keine Anweisungen mehr ausführen wollte, die ich mit meinem Gewissen und mit meinem in der Ausbildung neu erworbenen Wissen nicht mehr in Übereinklang bringen konnte.

Durch den Unterricht in der Schule war mir immer stärker bewusst geworden, wie entscheidend wir Pflegekräfte dazu beitragen, welche Lebensqualität Heimbewohner bis zu ihrem Tod in den Heimen erfahren. Viele Bewohner ohne Angehörige sind uns regelrecht ausgeliefert und auf unsere Professionalität und auf unsere Zuwendung angewiesen, wollen sie nicht in emotionale Haltlosigkeit – ins psychosoziale Niemandsland – abstürzen. Berücksichtigen wir die Biografie des Individuums? Nehmen wir den Menschen so wahr, wie er uns am Ende seines Lebens begegnet oder lassen wir sein gelebtes Leben, seine Geschichte, seine Persönlichkeit außen vor? In der Praxis im Heim habe ich einige Erfahrungen gemacht, die mich zutiefst enttäuschten.

Zwei Fälle möchte ich hier stellvertretend schildern. Eigentlich überzeugt davon, dass keine Pflegekraft, die diese Zeilen liest, etwas Ähnliches in ihrer pflegerischen Umgebung je wieder zulassen kann. Therese, eine aufgeweckte und lustige Frau, auf einem Bauernhof aufgewachsen, war 83 Jahre alt und eine ausgesprochen liebenswerte Frau. Sie war eine Schönheit mit ihrem verschmitzten Lächeln, den kreisrunden neugierigen, wachen Augen, eingerahmt von diesen wunderschönen Haaren, auf die sie mit Recht stolz sein konnte. Sie hatte ihre weißen und dichten Haare zu zwei Zöpfen geflochten, für die sie immer wieder Komplimente bekam. Ich freute mich jedes Mal darauf, ihre weiße Pracht kämmen und frisieren zu dürfen. Und sie lachte so gerne darüber, wenn ich ihr erklärte, wie neidisch ich auf ihr Haarkleid sei. Dann war ich zwei Wochen in der Schule. Als ich zurückkam, konnte ich nicht fassen, was geschehen war. Ich traute meinen Augen nicht.

Die Zöpfe von Madame Therese

Die Zöpfe waren ab und Therese hatte nur noch kurz geschnittene Haare mit lächerlichen Kringeln wie eine peinliche Variante der Dauerwelle. Sie war nicht mehr wiederzuerkennen. Nicht mehr die aufgeweckte Frau, welche ich noch vor zwei Wochen so gerne für die Pflege besucht hatte. Im Gegenteil, sie hatte nun ein künstliches, braves Lächeln, das in meiner Wahrnehmung eher einem unterdrückten Weinen glich. Sie erzählte mir, sie habe ihr Einverständnis zum Kurzhaarschnitt gegeben. Sie hatte sich von ihren Zöpfen, die ihr großer Stolz gewesen waren, getrennt. Aus einem einzigen Grund: Eine Pflegerin habe zu ihr gesagt, kurze Haare machten doch viel weniger Arbeit.

Die Augen der betagten Dame hatten ihr Strahlen verloren und sie wollte ihr Zimmer von da an nicht mehr verlassen. Auf keinen Fall. Noch heute könnte ich weinen, wenn ich daran denke: Wie kann man einen Menschen, dessen Selbstwertgefühl und dessen Lebensfreude so offensichtlich von einem (vielleicht) äußerlichen Attribut abhängen, so brutal dieses Attributs berauben. Nur weil er sich dadurch mit weniger Aufwand durch die Prozedur der Pflege schleusen lässt? Muss es nicht das einzige oder zumindest das erste Ziel der Pflege sein, Lebensfreude aufrechtzuerhalten! Welchen Sinn macht Pflege, wenn die Freude am Leben dadurch vernichtet wird?

»Na Spatzl?«

Noch ein Beispiel für den Angriff von schlechter Pflege auf die Persönlichkeit und damit auf die Würde und die Lebenszufriedenheit von Heimbewohnern, den ich als Auszubildende so häufig erleben musste: Ein Bewohner war völlig unvorbereitet zu uns ins Heim gekommen, da er einen Apoplex (Schlaganfall) erlitten hatte. Er war halbseitig gelähmt. Seine Frau, die körperlich nicht imstande war, ihn zu pflegen, brachte ihn weinend zu uns und erzählte, dass er in einigen Wochen einen Ehrenpreis für seine Arbeit erhalten solle. Offensichtlich ein gebildeter Herr. Er war Jurist und sprach mehrere Sprachen. Das Personal reagierte völlig unterschiedlich auf ihn.

Einige waren ihm gegenüber geradezu feindlich gesinnt. Ein Muster, das ich in meiner Zeit in den Heimen leider immer wieder wahrnehmen musste: Sozialneid. Ein Teil des Personals reagierte nach dem Motto: »Der meint wohl, er sei was Besseres. Das werden wir ja mal sehen.« Eine bewährte Strategie der verbalen Gewalt in Heimen ist es, Heimbewohner zu infantilisieren, das heißt, sie zu behandeln, als seien sie Kleinkinder oder einfach nur dumm. Das musste auch Dr. M. erleben. Ich kam dazu, wie eine junge Kollegin sich zu ihm im Bett herunterbeugte, ihn anlächelte und sagte: »Na Spatzl, wie geht es uns denn heute?« Er schaute sie an und schlug mit der gesunden Hand nach ihr.

Bei der Übergabe erzählte die Kollegin, Dr. M. sei ihr gegenüber gewalttätig geworden und habe nach ihr geschlagen. »Das können wir keineswegs auf sich beruhen lassen«, beschloss das Team und war sich einig, ihn medikamentös zu sedieren (in einen »beruhigten« Zustand zu versetzen). Ich wandte mich dagegen. Die medikamentöse Ruhigstellung von Heimbewohnern, nur um die Pflege zu vereinfachen, ist gesetzlich verboten. Nur wenn tatsächlich die Gefahr von bösartigen körperlichen Übergriffen besteht, ist das Sedieren nach Absprache mit einem Arzt und den Angehörigen erlaubt.

Diese gesetzliche Regelung wird in Deutschland täglich gebrochen. Es ist ein wirklich dunkles Kapitel in unserer ach so demokratischen Gesellschaft. Stellen Sie sich vor, Sie würden für oder gegen etwas demonstrieren und störten dabei etwa den Straßenverkehr. Daraufhin käme die

Polizei und würde ihnen ein Medikament eintrichtern, das Sie zu einem gefügigen Bürger macht. Im normalen Leben in einer demokratisch verfassten Gesellschaft unvorstellbar. Aber in deutschen Pflegeheimen ist diese Menschenrechtsverletzung alltägliche Realität. Im Jahr 2012 veröffentlichte Prof. Gerd Glaeske vom Institut für Soziologie an der Universität Bremen eine Studie, wonach bis zu 200 000 Pflegeheimbewohner in Deutschland pharmazeutisch sediert werden. Ein Albtraum: alte Menschen einfach ihrer Persönlichkeit zu berauben und sie so zu einer problemlosen Verfügungsmasse für die schnelle Pflege zu degradieren. Im Fall von Dr. M. konnte ich meine Einwände in der Runde der Pflegekräfte durchsetzen. Auch im »beschädigten Zustand« – wie nach einem Schlaganfall – haben Heimbewohner eine Biografie, der man in der persönlichen Begegnung Achtung zollen muss. Spielt sich im Laufe der Zeit ein vertrauensvolles Verhältnis ein, können Kosenamen und Neckereien zum herzlichen und persönlichen Umgangston gehören und die Begegnung von Pflegern und Heimbewohnern bereichern. Aber zunächst gilt es – gerade Neuzugängen gegenüber –, den Respekt zu wahren.

Später fragte ich Herrn Dr. M., ob er einverstanden sei, dass ich meine Facharbeit für die Schule über ihn schreiben dürfe, anonym natürlich. Er nickte wohlwollend. Während des Schreibens meiner Facharbeit beobachtete ich des Öfteren, was dieser Mann erdulden musste. So wurde er neben dem Radio im Aufenthaltsraum geparkt, welches den ganzen Tag bayerische Volksmusik spielte. Er hörte zu Hause nur Klassik, berichtete seine Ehefrau. Es geht mir hier keineswegs darum, Volksmusik abzuwerten, doch es ist eine Form von Gewalt, einen Menschen dauerhaft einer Musikrichtung auszusetzen, die seinem Musikgeschmack widerspricht. Aus Erfahrung wissen Pfleger und Pflegerinnen, wie Musik die Stimmung der Heimbewohner beeinflusst. Sie kann traurig machen, aggressiv, depressiv oder aufheiternd wirken. Ich erlebte am Beispiel von Dr. M. sehr früh, dass das Pflegepersonal im Altenheim oft gezielte Angriffe auf die Würde der Bewohner ausübt. Das ist grausam, weil die

Bewohner in der Regel keine Möglichkeit haben, sich zur Wehr zu setzen. Es erzeugt eine Atmosphäre der Angst, da Heimbewohner fürchten müssen, regelmäßig diesen Repressalien ausgesetzt zu werden, wenn sie sich nicht fügsam verhalten. Das ist menschenunwürdig.

Fronten in der Pflege

Die verbale Gewalt gegen wehrlose Heimbewohner – sei es, um sie im Pflegealltag leichter zu verwalten, sei es, um sich ein Gefühl der Überlegenheit zu verschaffen – machte mich traurig und wütend! Je mehr ich Einblick in den Heimalltag bekam, umso klarer wurde mir, dass das System Pflegeheim gar nicht um die Aufgabe zentriert war, die ich selbstverständlich als den absoluten Fluchtpunkt des ganzen Betriebs angesehen hatte: das Wohlergehen der Heimbewohner. Ich bemerkte mehr und mehr die Frontenbildung im Heim. Das Personal – Pflegekräfte, Pflegehilfskräfte, Reinigungspersonal und Küchenpersonal – arbeitete häufig gegeneinander an. Zwischen den Vertretern verschiedener Nationalitäten gab es regelrechte Kleinkriege. Diese irrationalen Frontenbildungen erzeugten Reibungsverlust im Heim und bargen ein Gefahrenpotential für die betagten Bewohner, das kaum zu überschätzen ist. Schüler geraten da schnell zwischen die Fronten. Jede Fraktion versucht, die Schüler auf ihre Seite zu ziehen und ihnen den eigenen Arbeitsstil als den richtigen aufzudrängen. Meist, um eine Entlastung vom eigenen Arbeitsaufwand herauszuschlagen.

Der Kampf um Entlastung hat im Pflegebetrieb tatsächlich eine so enorme wie für die Bewohner auch gefährliche Bedeutung. So habe ich auf Anweisung einer Pflegerin neun Monate Medikamente nicht fachgerecht ausgeteilt. Man hatte mich beauftragt, die Tropfen schon am Abend vor der Einnahme in die kleinen Becher zu verteilen. Morgens sei zu wenig Zeit dafür. Ich hielt mich über Monate an diese Anweisung.

Dann war ich einigermaßen erschüttert, als ich in der Schule lernte, dass dies falsch und möglicherweise gefährlich ist. Diese Tropfen werden mit Alkohol haltbar gemacht. Dieser verfliegt, wenn die Tropfen zu lange an der Luft stehen. Weiterhin sind die Tropfen in ihren kleinen braunen Fläschchen auch lichtgeschützt, um sie chemisch stabil zu halten. In den offenen Bechern ist das nicht mehr gewährleistet. Die Tropfen verlieren an Wirkung oder die Wirkung verändert sich.

Wieder von der Schule zurück, erklärte ich meiner Stationsleitung, dass ich die Tropfen von jetzt an nur noch zeitnah stellen würde – also morgens vor der Verabreichung und nicht mehr am Vorabend. Die Reaktion? Keine Einsicht in die medizinisch klar definierten Verhältnisse. Kein Lob für die Schülerin, die sich bemühte, die Abläufe auf der Station den wissenschaftlichen Erkenntnissen anzupassen. Stattdessen schäumte die Stationsleiterin vor Wut. Hier versuchte eine kleine Schülerin, in ihren »optimierten« Tagesablauf hineinzupfuschen. Sie bestrafte meinen Ungehorsam, indem sie mir auftrug, alle Bettpfannen der Station zu putzen und verbot, fortan weiter Tropfen zu stellen. Ich habe damals versucht, mit so viel Würde wie möglich Bettpfannen zu putzen. Heute würde ich dieser unsinnigen Anweisung, die nur der Erniedrigung dienen sollte, erst gar nicht mehr folgen. Aber als Schülerin hatte ich noch nicht das Standing, um mich der Anweisung zu widersetzen.

Sammelbecken für gescheiterte Existenzen

Die Hackordnung in Pflegeheimen ist klar strukturiert. Und die Pflegeschüler stehen ziemlich weit unten. Wobei ich glaube, dass das Problem in Pflegeheimen deshalb so virulent ist, weil sich der Pflegeberuf in der allgemeinen gesellschaftlichen Wertschätzung insgesamt auf einem der hintersten Plätze befindet. Deutlich wird das etwa an den Zulassungsbedingungen für die Pflegehilfskräfte. Noch nicht einmal ein Volksschulabschluss ist dafür nötig. Zum geflügelten Wort wurde: »Pflege kann doch jeder.« Deshalb werden auch Hilfskräfte im Ausland rekrutiert, die nur über minimale Deutschkenntnisse verfügen. Das untergräbt das Ansehen des ganzen Pflegesektors. In der Folge haben auch qualifizierte Führungskräfte wenig Ambitionen, ihre Karriere im Pflegesektor zu planen. Missmanagement und schlechte Führung der Mitarbeiter ergeben sich daraus und vergiften die Atmosphäre in vielen Heimen.

Der schlechte Ruf des Pflegesektors erschwert es auf allen Ebenen, gutes Personal zu finden. So wurde der Pflegeberuf über die Jahre zu einem Sammelbecken für gescheiterte Existenzen, für Menschen, die in anderen Segmenten unseres Wirtschaftssystems »aussortiert« wurden. Im Pflegesektor sammeln sich bildungsferne Kräfte, die oftmals nur geringe soziale Kompetenzen mitbringen und kaum die Fähigkeit für Empathie vorweisen können. Das dadurch verursachte negative Klima trägt dazu bei, die prekären Zustände zu stabilisieren. Viele empfindsame und kompetente Kräfte fliehen aus diesem Milieu.

Ein drastisches Beispiel. Ich wagte es einmal, einen aus Osteuropa stammenden Pflegehelfer darauf hinzuweisen, dass er seine Pflichten vernachlässige. Er war mehr als einen Kopf größer als ich, hatte erhebliches Übergewicht und kam erkennbar aus bildungsfernen Verhältnissen. Ohne Ausbildung hatte er sicher schlechte Chancen, in der Wirtschaft einen guten Job, gar einen verantwortlichen Posten zu bekommen. Doch hier – im gesellschaftlichen Abseits der Pflege – hatte er plötzlich die Möglichkeit, Macht auszuüben. Auf meine Rüge antwortete er: »Wenn du nicht das Maul hältst, bring ich dich um.« Ich war zu perplex, um die Sache weiter zu verfolgen. Im Ernstfall hätte Aussage gegen Aussage gestanden. Aber dieser Vorfall ist bedauerlicherweise nicht untypisch für das soziale Milieu in der Pflege und für den psychosozialen Abwärtstrend der Branche. Leidtragende dieser negativen Spirale sind ambitionierte Pflegekräfte und vor allem die Heimbewohner. Hier sind immense Kraftanstrengungen nötig, um diese Probleme zu überwinden. Mal eben nebenbei für bestimmte Sektoren personelle Untergrenzen im Pflegeschlüssel zu definieren, taugt nicht, um diese Missstände auszuräumen.

Ausgelieferte Heimbewohner

Nachdem ich zum ersten Mal in einem Münchener Wochenblatt über diese Missstände gesprochen hatte – über den Personalmangel und die Tatsache, dass die viele Arbeit nicht mehr zu schaffen sei –, wurde dies von den meisten Kollegen keineswegs positiv aufgenommen. Ich solle mich ja nicht so weit aus dem Fenster lehnen, sonst passiere etwas, drohte mir eine ältere Kollegin! Die Stationswache wiegelte ein ganzes Team gegen mich auf. Die Argumentation war folgende: »Die macht unser Heim in der Öffentlichkeit mies. Das gefährdet unseren wirtschaftlichen Erfolg und unsere Arbeitsplätze.« Wie verquer gedacht! Die Pflegebranche muss sich gar zu oft gegen Vorwürfe der mangelnden Qualität in der Pflege verteidigen. Warum reagiert man auf die Probleme nicht mit der Förderung von Qualität? Damit könnte man positiv auf sich aufmerksam machen und so »Kunden« davon überzeugen, dass sie in dieser Einrichtung zu ihrer Zufriedenheit untergebracht werden. Wenn kritische Stimmen intern »niedergemacht werden«, kann sich nichts zum Besseren wenden. Deshalb befindet sich die Branche gar zu häufig im Rückwärtsgang, ist in Rückzugsgefechte verwickelt. Wir werden jedoch in dem Kapitel »Gelungene Pflege« sehen, dass eine für Heimbewohner und Pflegepersonal befriedigende Situation in den Heimen durchaus auch im Rahmen der normalen finanziellen Mittel möglich ist.

In der Medizin hat sich in den letzten zwei Jahrzehnten der Begriff Fehlerkultur etabliert. Man hat erkannt, dass es keinen Sinn hat, Fehler unter den Teppich zu kehren. Der Betrieb wird besser, die Qualität der Behandlung steigt, das Ansehen in der Öffentlichkeit lässt sich leichter auf einem hohen Niveau halten, wenn offen mit Problemen umgegangen wird. Wenn man Mitarbeiter ermuntert, kritische Beobachtungen in die Diskussion einzubringen. Davon ist die Pflege in den meisten Heimen nach wie vor meilenweit entfernt. In meinem Fall war es so: Nachdem ich an die Öffentlichkeit getreten war (weil ich intern kein Gehör fand), verließen meine Kollegen den Pausenraum, sobald ich ihn betreten hatte. Ich wurde gemobbt (auch wenn es dieses Wort damals noch nicht gab). Ich – die Nestbeschmutzerin – wurde mit Nachtschichten bestraft.

Immerhin gab man mir vorher noch Tipps, wie ich die Arbeit in der Nacht »am besten« bewältigen könne. Nachts sind Pflegekräfte nämlich für 60 und mehr Heimbewohner zuständig. Das hat schon viele Leben gekostet. Entdeckt werden die Folgen der Gefährlichen Pflege in der Regel nicht. Alte Menschen sterben eben irgendwann. Das ist doch normal. Eine Einschätzung, die Verhaltensweisen Vorschub leistet, die für Bewohner mitunter Lebensgefahr bedeuten. Der »wichtigste« Rat, den man mir gab, um die Nachtschicht zu überstehen, war, ja nicht zu freundlich zu den Bewohnern zu sein, da diese sonst öfter läuteten. Tatsächlich werden Bewohner in vielen Pflegeheimen systematisch eingeschüchtert und ruppig behandelt, damit sie möglichst wenig Kontakt zum Pflegepersonal suchen. Wie viele der alten Menschen müssen diese Zustände als Hölle erleben? Entsetzlich! Ich kündigte.

Sensibilität nicht angebracht

Wir sind nicht nur für das verantwortlich, was wir tun, sondern auch für das, was wir widerstandslos hinnehmen! Solange sich hier nichts ändert, solange hier kein Aufschrei stattfindet, werden kritische Pflegekräfte weiterhin aus dem Beruf flüchten oder zu sogenannten Nestbeschmutzern. Solange es der Nestbeschmutzer bedarf, um Missstände in der Pflege an die Öffentlichkeit zu transportieren, bleibt die Pflege, was sie größtenteils leider ist: verlogen, unkollegial und – wie ich in diesem Buch noch ausführen werde – häufig kriminell! Ich habe oft geweint, weil ich mich gegenüber den Verhältnissen in der Pflege hilflos und allein gefühlt habe. Weil ich ausgelacht wurde. Mir wurde erklärt, ich sei zu sensibel für den Beruf. Das sehe ich nicht so. Wo, wenn nicht in der Pflege von betagten, bisweilen gebrechlichen Menschen, ist Sensibilität angebracht? Ich gehe weiterhin an die Öffentlichkeit, solange die uns anvertrauten Bewohner in den Heimen, die oft nicht mehr für sich selber sprechen können, diesem System hilflos ausgeliefert sind und zum Schluss auch noch alleine sterben müssen.

2. Einblicke in die Praxis der Altenpflege

Gegen alle wissenschaftliche Evidenz

Lassen Sie mich in diesem Kapitel einige Beispiele aufführen, um die teils tragischen Verhältnisse in den Pflegheimen weiter zu verdeutlichen. Es sind alles Vorkommnisse, die sich hinter den Kulissen abspielten. Vorkommnisse, von denen die Öffentlichkeit in der Regel nichts erfährt. Diese Beispiele zu kennen, ist wichtig, damit die Menschen draußen eine Vorstellung davon bekommen, wie es drinnen in den Pflegeheimen leider zu oft zugeht.

Zuerst erinnere ich mich an eine neue Bewohnerin, die zu uns kam. Eine kleine, schlanke Frau, die sehr schüchtern und ängstlich auf mich wirkte. Sie war auf ihren Rollstuhl angewiesen, sie konnte nicht mehr laufen. Frau K. bat darum, in ihrem Bett etwas ausruhen zu dürfen von dem für sie anstrengenden Tag. Am Abend läutete sie, und als ich in ihr Zimmer kam, fand ich eine in Tränen aufgelöste Frau vor. Sie sagte immer wieder laut schluchzend, wie sehr sie sich schämt. Da bemerkte ich, dass ihr Bett völlig durchnässt war von flüssigem Stuhlgang. Sie lag mit Bauchkrämpfen hilflos in ihren Fäkalien. Es stellte sich heraus, dass sie zu Hause Abführmittel nahm. Entsprechend hatte sie eine Pflegekraft gebeten, sie mit einem solchen Mittel zu versorgen.

Ich rief den verantwortlichen Pflegehelfer herbei. Eine dickliche, träge Erscheinung. Er war zuvor noch nie in der Pflege tätig gewesen. Als er das Zimmer der leidenden Frau betrat, fing er laut an zu lachen. Die Szenerie amüsierte ihn ganz offensichtlich. Er bestätigte die Aussage der Bewohnerin, ihr Laxoberal-Tropfen verabreicht zu haben. Auf meine Frage, wie viele Tropfen er denn gegeben hatte, lachte er wieder und meinte, gezählt habe er diese nicht, doch er habe mal »reichlich« gegeben. Die ganze Situation ist ein Paradebeispiel für hausgemachte Probleme in der Pflege. Unqualifizierte Kräfte entlasten die Pflegefachkräfte häufig nicht, sondern verursachen immer wieder Schäden, die Mehrarbeit und damit Zeitverlust für sinnvolle Pflege bedeuten.

Dieser Fall ist auch symptomatisch für das unverantwortliche Verständnis der Verantwortlichen, dass Pflege eine Tätigkeit ist, die man fraglos irgendeiner beliebigen, auf dem Arbeitslosenmarkt requirierten Hilfskraft anvertrauen kann. Dieser Hilfspfleger hätte das Abführmittel gar nicht selbstständig verabreichen dürfen. Das ist nur einer Fachkraft vorbehalten. Sein Verhalten stellt juristisch gesehen eine Körperverletzung dar. Ich habe mich damals bei der Leitung beschwert. Doch es hatte keine Folgen für den Kollegen mit ausgeprägtem Humor im Rahmen peinlicher Situationen. Nach meiner Einschätzung hätte er für sein Verhalten mindestens eine Abmahnung bekommen müssen. Eventuell hätten auch seine Vorgesetzten belangt werden müssen. Die Reaktion der Heimleitung war eine andere: »Wir brauchen schließlich jede helfende Hand«, erklärte man mir. Und damit war der Vorfall erledigt.

Die Belastung steigt

Heute kommen Betagte immer später in ein Pflegeheim. Eine direkte Folge des schlechten Images, das die Pflege in der Öffentlichkeit genießt. So haben wir proportional zur Gesamtzahl unserer Bewohner immer mehr Schwerstkranke, hilflose und sterbende Menschen zu versorgen. Hier fehlt es schlicht an gut ausgebildetem Fachpersonal. Die vielen Hilfskräfte, die in der Pflege beschäftigt sind, haben ein Anrecht darauf, anständig eingearbeitet zu werden. Und dass ihnen eine Fachkraft zur Seite gestellt wird, wenn sie entsprechende Unterstützung benötigen. Fachkräfte, falls überhaupt in einer Schicht vorhanden, sind aber in der Regel schon völlig überfordert mit dem regulär anfallenden Arbeitspensum. So werden Hilfskräfte für Arbeiten eingesetzt, für die sie schlicht nicht qualifiziert sind. Diese Hilfskräfte müssen im Durchschnitt mindestens zehn Bewohner alleine versorgen. So wie ich damals, am zweiten Tag meiner Ausbildung! Na klar: »Pflegen kann doch jeder!« Fachliche Kompetenzen werden – wie gesagt – häufig nicht sauber getrennt. Deshalb verrichten Hilfskräfte Arbeiten, für die sie nicht ausgebildet wurden. Das Verursachen einer Fäkalienüberschwemmung, wie oben geschildert, gehört da noch zu den weniger dramatischen Fehlleistungen. Im Ernstfall kostet diese Inkompetenz Leben.

Gewiss gibt es viele Kollegen, welche die Altenpflege erlernt haben, die von solchen Erlebnissen berichten können und die frustriert sind über die heutigen Praktiken. Diese Praktiken haben mit unserem Beruf der Altenpflege nicht mehr viel gemein. Heute – seit Einführung der Pflegeversicherung, die suggeriert, Pflege ließe sich nach Schema F in genau berechenbare Zeiteinheiten aufgliedern – lässt sich die Arbeitswirklichkeit im Pflegeheim nicht mehr mit dem obersten Ziel der Pflege in Übereinklang bringen. Mit dem Ziel, einem Menschen die Zeit zuzugestehen, die er braucht, um die eigenen Ressourcen zu erhalten oder sie wieder zurückzugewinnen. Stattdessen muss der Heimbewohner sich heute dem Schema einer Minutenpflege anpassen. Ich wiederhole: Taylorismus heißt das in der Wirtschaftstheorie, auf die Sekunde abgemessene Handgriffe im Fließbandbetrieb. Pflegefälle, die sich nicht in dieses Raster pressen lassen, können nach der wirtschaftlichen Kalkulation des Pflegeheims nicht angemessen versorgt werden. Diese Fälle – meist sind es Heimbewohner mit gravierenden Beeinträchtigungen mit erhöhtem Pflegebedarf – werden im Team zu Problemfällen erklärt. Gerade diese besonders hilfsbedürftigen alten Menschen laufen Gefahr, besonders schlecht behandelt zu werden. Verkehrte Welt!

Pflege im Akkord

Pervers ist, dass wir entgegen aller wissenschaftlichen Evidenz, die den Sinn der *Aktivierenden Pflege* hinreichend belegt, vornehmlich »in die Betten pflegen«. Denn wir können eine Aktivierende Pflege einfach nicht mehr leisten. Denn das hieße, dass wir uns Zeit nehmen, um die Hinfälligen zu trainieren: damit sie wieder selbstständig essen, laufen oder auch auf die Toilette gehen können. Dieses Ziel würde die Pflege mittelfristig erheblich entlasten! Stattdessen läuft die Pflegepraxis darauf hinaus, dass die Heimbewohner immer mehr ihre Kompetenzen verlieren, immer unselbstständiger werden. »In die Betten pflegen« ist ein Euphemismus. Was so harmlos klingt, bedeutet tatsächlich, dass diese Pflege den Einstieg in das Ende herbeiführt. Denn Bettlägerige sind definitiv auf der Verliererseite. Die geringe körperliche Aktivität zieht ein ganzes Spektrum von Folgeproblemen nach sich – von der Appetitlosigkeit über den Dekubitus bis zur Lungenentzündung. Und schon die Tatsache, dass es für diesen skandalösen Sachverhalt unter uns den ironischen – oder besser zynischen – Fachjargon »in die Betten pflegen« gibt, zeigt unverhüllt, wie verbreitet diese Form der Fehlversorgung ist.

Im Laufe meiner langjährigen Arbeit in der Pflege bin ich zu der Überzeugung gelangt, dass in den meisten Heimen ein menschenverachtendes Kalkül vorherrscht: Zurückgewonnene Selbstständigkeit der Heimbewohner – menschlich und medizinisch fraglos wünschenswert – ist im ökonomiegetriebenen System der »real existierenden Pflege« nicht erwünscht. Denn mehr Selbstständigkeit bedeutet am Ende einen geringeren Pflegegrad. Und eine niedrigere Pflegestufe bedeutet weniger Geld, das ein Heim für einen Bewohner von der Krankenkasse erhält. Lassen Sie sich das bitte einmal in aller Ruhe durch den Kopf gehen: Not bei den Bewohnern, Verlust von Selbstständigkeit, höhere Gebrechlichkeit bedeuten mehr Geld in der Kasse des Heims. Ein grotesker, perverser Fehlanreiz!

Es handelt sich um ein System, das schlechte Pflege finanziell belohnt und engagierte Pflege, die auf eine Rekonvaleszenz der Alten hinarbeiten möchte, finanziell bestraft. Solcherart Anreizstruktur sorgt für hässliche Verhältnisse in der Pflege. Lassen Sie es mich so deutlich sagen: Es ist eine Anreizstruktur, die zu einem vorzeitigen Ableben von unzähligen Heimbewohnern führt. Ein Kalkül, das übrigens nur deshalb auch langfristig für die Heimbetreiber so gut aufgeht, weil die Warteschlangen vor den Heimen mittel- und langfristig gut gefüllt sein werden. So lassen sich die leer gewordenen Pflegezimmer unmittelbar an weitere »Kunden« vermieten. Und das zynische Spiel kann von Neuem beginnen. Albtraum Pflegeheim!

Perverse Anreizstruktur

Aktivierende und rehabilitative Pflege wird nach den jetzigen Vorgaben nicht im Entferntesten in dem Maße gefördert, wie es medizinisch und menschlich angezeigt wäre. Das ist das Aus für eine menschenwürdige Pflege. Die heutige Altenpflege, wenn man überhaupt noch von Pflege – im emphatischen Sinne – sprechen kann, ist darauf ausgerichtet, billigen Hilfskräften, die nicht selten weder menschlich noch fachlich für die Pflege geeignet sind, schnelle Arbeitsabläufe in Crash-Kursen zu vermitteln. Es läuft darauf hinaus, noch schneller zu waschen, noch schneller Essen einzugeben und Menschen noch schneller in die Windel zu stecken. Für diese – am Ideal der Fließbandarbeit orientierten – Arbeitsabläufe bedarf es aber auch keiner Fachkraft mehr.

In der Logik dieser Szenarien kommt die Vorstellung auf, hier genüge es eigentlich völlig, ein gutes Herz am rechten Fleck zu haben. So versuchen Verantwortliche sich selbst gegenüber und gegenüber der Öffentlichkeit den Mangel schönzureden. Ich möchte gar nicht in Abrede stellen, dass im Einzelfall eine angelernte Hilfskraft aus Osteuropa oder von den Philippinen aufgrund ihres strahlenden Wesens und aufgrund ihrer aufrichtigen und authentischen Zuwendung zu den Pflegebedürftigen ein Sonnenschein im Pflegeheim sein kann. Auch mit unzureichenden Sprachkenntnissen. Aber für eine professionelle, den Bedürfnissen der Bewohner gerecht werdende Pflege müssen die Kollegen weitere Qualifikationen mitbringen.

Basis für professionelle Pflege

Als tragfähige Basis für eine professionelle, auch medizinisch hinreichende Betreuung hilfsbedürftiger, alter Menschen brauchen wir ausgebildete Fachkräfte, die imstande sind, mit den Heimbewohnern einen ernst zu nehmenden persönlichen und sprachlichen Austausch zu pflegen. Um Nöte zu erkennen, müssen Pfleger auch in der Lage sein, in der Kommunikation mit den zu Pflegenden zwischen den Zeilen zu lesen. So lassen sich Probleme – Unzufriedenheit, körperliche Symptome, die auf eine medizinische Komplikation hinweisen – schon im Vorfeld erkennen, bevor sie akut werden. Das vermindert übrigens die Arbeitslast. Die erbärmlichen Zustände in vielen Pflegeheimen rühren vielfach vom unmenschlichen und unprofessionellen Umgang der Pflegekräfte mit den Heimbewohnern her. Der Pfleger, der die Neuangekommene mit der Überdosis an Abführmittel geschädigt hatte, musste einiges an Zeit aufbringen, bis er das Bett der Seniorin und die Seniorin selbst wieder »saniert« hatte. Überflüssig.

Unprofessionell. Vergeudete Zeit, die das Personal besser in wirklich zugewandte Pflegetätigkeit hätte investieren können. Ungelernte Hilfsarbeiter verursachen – wie schon angedeutet – mitunter eher mehr Arbeit im Betriebsablauf und erbringen keine Entlastung für die Fachkräfte. Eines von vielen hausgemachten Problemen in der Pflege.

Die Lehrinhalte, die uns in einer dreijährigen Ausbildung beigebracht wurden, haben hier ausgedient. Und das damit verbundene Wissen scheint plötzlich ein lästiges Übel für die gängige Praxis, da ja angeblich jeder pflegen kann. Der alte Mensch wird als Kostenfaktor angesehen, seine noch vorhandenen Ressourcen/Fähigkeiten werden beim »in die Betten pflegen« in kürzester Zeit verloren gehen. Weil es schnelle Lösungen für alltägliche Aufgaben gibt. Aufgaben, die – professionell ausgeführt – Zeit und Zuwendung erfordern. Beides stört die Effizienz des nur ökonomisch orientierten Pflegebetriebs. So kommt es zu den unbarmherzigen, inhumanen, einzig unter betriebswirtschaftlichen Gesichtspunkten »sinnvollen« Lösungen: Windeln tragen statt Toilettengang, Blasenkatheter statt Toilettentraining, perkutane Ernährung (per Magensonde) statt Hilfestellung beim Essen leisten. So befinden sich die Heimbewohner oft schon wenige Tage nach der Einlieferung in einem deutlich schlechteren Zustand als zuvor. Ein Albtraum!

Pflegeheimbewohner werden viel zu häufig nicht umsorgt, wie sie es menschlich verdienen und vertragsgemäß – und auch nach den Vorgaben der *Pflege-Charta* – beanspruchen können. Bei der *Pflege-Charta* handelt es sich um einen Apparat von Leitlinien, der im Auftrag des Bundesministeriums für Familien, Senioren, Frauen und Jugend in den Jahren 2004 und 2005 von Experten ausgearbeitet wurde. Themen sind u. a. Selbstbestimmung, Aufklärung und palliative Begleitung. Gerne hätte ich die Pflegecharta in diesem Buch abgedruckt gesehen. Zumal in unserem Buch zahlreiche Themen ganz im Sinne der Pflegecharta angesprochen werden. Leider hat uns das Ministerium die Abdruckgenehmigung nicht erteilt. Doch Sie finden die Charta unter folgender Internetadresse: https://www.wege-zur-pflege.de/pflege-charta/. Mein Tipp: Sehen Sie ich dort um. Drucken Sie die 8 Artikel der Charta aus und nehmen Sie sie mit, wenn Sie ein Pflegeheim besichtigen. Nein, sie werden bewirtschaftet. Wie Tiere in der industriellen Landwirtschaft. Sorry, ich muss das so hart formulieren. Viele Erlebnisse, die ich im Laufe meines Berufslebens bezüglich der emotionalen Situation mit den Heimbewohnern teilen musste, erinnern mich schmerzlich an die Praxis der (in Deutschland mittlerweile verbotenen) Käfighaltung in der Geflügelzucht. Es geht nicht um menschenwürdige Lebensbedingungen, es geht um den Profit. Dies alles hatte mit meiner Berufsethik nichts mehr gemein.

Ein weiteres Beispiel dafür, wie die Pflege – Zuwendung gegenüber hilfsbedürftigen Menschen – im Arbeitsalltag pervertiert wird. Die Begebenheit hat mich sehr nachdenklich werden lassen und mich dazu gebracht, meine Arbeit gründlich zu hinterfragen. Während meines Rundgangs in der Nacht betrat ich wie üblich ein Zweibettzimmer. Die beiden Bewohnerinnen hatten jeweils eine PEG (künstliche Ernährung durch eine Magensonde), einen Blasenkatheter und Einlagen für das ach so praktische »Kot-Management«. Aus Sicht der Heimleitung – im Sinne effizienter Arbeitsabläufe – waren sie also optimal ausgestattet. Die Bewohnerinnen machten keine Arbeit: weder beim Essen-Anreichen noch beim Toilettengang. Bei Licht betrachtet eine surreale, menschenverachtende Situation.

Pflegekräfte als Melkmaschinen

Man muss wissen, in der Nacht ist eine Pflegekraft für zu viele Bewohner zuständig. In der beschriebenen Nacht waren es 90 Bewohner, verteilt über zwei Stockwerke. Das bedeutet, Pflege im Laufschritt verrichten zu müssen. Da wir nachts auch die Aufzüge nicht benutzen dürfen, ist eine Schicht schon körperlich eine Herausforderung. Ich leerte in kürzester Zeit die beiden Urinbeutel, überprüfte, ob die PEG-Pumpe noch lief, notierte in meinem Heft, welches ich immer für die Daten bei mir trug, Ein-und-Ausfuhr-Mengen von Flüssigkeiten, damit ich diese in die Dokumentation übertragen konnte.

Als ich wieder aus dem Zimmer herauskam, war ich schockiert, da ich mir vorkam wie eine Melkmaschine. Mir wurde bewusst, dass ich gerade kein einziges Wort mit den Frauen gesprochen hatte, da alles *schnell-schnell* zu gehen hatte. Keine Zeit für menschlichen Kontakt. Die Beutel waren geleert, die Flüssigkeiten ausgetauscht, die nächsten Bewohner läuten, hier muss noch der Blutzucker gemessen werden und dort ruft ein Bewohner um Hilfe. Nichts gegen Blasenkatheter und PEG-Sonden, wenn sie gewissenhaft und medizinisch vertretbar zur Anwendung kommen. Doch in diesem Fall war mir klar, dass diese in beiden Fällen nur der wirtschaftlichen Versorgung dienten und nicht der Pflege, wie ich sie gelernt habe. Mehr denn je hinterfragte ich mein Tun und Handeln. Mir wurde immer klarer, dass ich so nicht weiter mit Menschen arbeiten will.

Nun noch einige Beispiele dafür, wie berufliche und soziale Inkompetenz in der Pflege fatale Folgen nach sich ziehen. Viel zu häufig kommt es beispielswese vor, dass Hilfskräfte nicht angemessen eingearbeitet werden. Ich erinnere mich an einen solchen neuen Hilfspfleger, 28 Jahre alt, der auf mich einen sehr unsicheren und introvertierten Eindruck machte. Er wurde ohne jegliche Einarbeitung alleine zum Bettenmachen und Umlagern losgeschickt (»Pflegen kann doch jeder«). In einem Zimmer brauchte er besonders lange. Nach einiger Zeit ging eine Kollegin nachschauen und fand die Bewohnerin wimmernd im Bett vor. Sie schien schreckliche Schmerzen zu haben, wofür es auf den ersten Blick keine schlüssige Erklärung gab.

Der Bewohnerin war es bis vor Kurzem noch gut gegangen und sie hatte keinerlei Beschwerden gehabt. Es verging einige Zeit, bis der junge Mann mit der Tatsache herausrückte, dass ihm die Frau beim Umlagern aus dem Bett gefallen sei. Er habe die ganze Zeit unter Einsatz seiner ganzen Kräfte gebraucht, um die Frau wieder ins Bett zu bringen. Die Bewohnerin war keine leichte Frau, und es blieb uns ein Rätsel, wie er dies alleine hatte bewerkstelligen können. Auf die Idee, sich Hilfe zu rufen, war er nicht gekommen. Kein Wunder. Er schämte sich natürlich für sein Missgeschick. Da wir innere Verletzungen, aufgrund des Zustandes der Seniorin, nicht ausschließen konnten, beschlossen wir, sie ins Krankenhaus einzuweisen. Sie kam nicht wieder zu uns zurück, da sie an den Folgen des Sturzes verstarb.

Fehlinterpretation Pflegeberuf

Ein anderer tragischer Fall soll hier stehen für das unter Pflegekräften weit verbreitete Missverständnis, sie hätten das Recht, Heimbewohner zu bevormunden. Wir hatten einmal eine übereifrige Kollegin, die sich sehr auf das Thema Diabetes fokussiert hatte. Sie war gerade frisch von der Schule gekommen und brannte ganz offensichtlich darauf, das erworbene Wissen in der Praxis anzuwenden. Eine 87-jährige insulinpflichtige Bewohnerin kam ihr dazu gerade recht. Die alte Dame kam sehr gut mit ihrer Diabetes-Erkrankung zurecht. Sie fühlte sich bisher wohl bei uns und ging an jedem Nachmittag ins Café. Sie erfreute sich an den Treffen mit anderen Heimbewohnern und ihrem heiß geliebten Stück Torte. Süßigkeiten bedeuteten für sie Lebensqualität. Sie hatte auch immer einen Vorrat an Schokolade in ihrem Nachtkästchen. Selten war sie auffällig mit ihrem Blutzuckerwerten, da sie sehr gut mit Insulin eingestellt war, und wir hatten eine klare ärztliche Anweisung über die Verabreichung der Insulingabe, wenn sie von den Normwerten abweichen sollte.

Die neu angekommene Pflegekraft maßte sich tatsächlich an, dieser Dame die Süßigkeiten und die alltägliche Torte zu verbieten. Zucker, dass wisse ja jeder, sei ungünstig bei einer Diabetes-Erkrankung. Die Bewohnerin solle ab heute gesund leben. Die Pflege-Novizin ging so weit, der Seniorin während ihrer Abwesenheit die Schokolade aus dem Nachtkästchen zu entwenden. Die betagte Dame bekam einen Weinkrampf, als die junge Pflegekraft sie mit Erklärungen zu ihrer »Fürsorge« konfrontierte. Die Bewohnerin schrie und weinte, als sie bemerkte, dass ihre Schokolade verschwunden (das heißt gestohlen!) war. Es ist aus der medizinischen Literatur bekannt, dass starke psychische Belastungen Diabetiker völlig außer Kontrolle bringen können. Und so geschah es auch hier. Doch die junge Kollegin beharrte auf ihrem falsch interpretierten Schulwissen. Sie verwechselte das Einstellen von Diabetes im Krankenhaus mit einer Diätberatung und reagierte völlig resistent auf unsere empörten Einwände. Der 87-jährigen Frau ihre Lebensfreude zu nehmen mit der Begründung, ihrer Gesundheit zu dienen, ist widersinnig. Kasteiung auf Kosten der Lebensqualität bei einer Hochbetagten – wie vernagelt musste die junge Kollegin sein, um nicht zu erkennen, dass sie hier völlig unangemessen handelte.

Selbst die Pflegedienstleitung und die Heimleitung waren nicht einsichtig genug, um die Pflegekraft in ihrem Übereifer zu stoppen. Die Bewohnerin ist innerhalb von zwei Wochen verstorben. Und die junge Kollegin – nach meiner Einschätzung verantwortlich für den plötzlichen Tod der alten Dame – bekam wenig später die Verantwortung für die Stationsleitung übertragen. Inkompetenz auf der Ebene der Heimleitung! Hier wurde ein rigoroses Konzept mit Beförderung belohnt, aber nicht menschliche Zuwendung mit Augenmaß. Natürlich muss das Wohlbefinden der Heimbewohner oberste Priorität haben. Zumal wenn medizinisch – wie in diesem Fall – gar keine Gefahr im Verzug ist.

Sie soll ab heute gesund leben

Es kommt leider nicht selten vor, dass Pflegekräfte sich gegenüber den Bewohnern wie Vorgesetzte – ja wie Erziehungsberechtigte – aufspielen. Viele Mitarbeiter trauen sich nicht, sich dieser destruktiven Energie entgegenzustellen. Sie wollen dem Ärger mit der Heimleitung aus dem Weg gehen. Diejenigen, die sich dennoch dagegen auflehnen, wird das Leben schwer gemacht. Besserwisserei wird uns unterstellt, und bei fortgesetztem Ungehorsam ist Mobbing die Folge. Es ist sehr kräftezehrend, gegen solche Windmühlen anzukämpfen, und äußerst frustrierend. Schließlich sind es gerade diese kritischen Kräfte, die versuchen, trotz schwieriger Arbeitsbedingungen gute Pflege zu leisten. Und dafür werden sie auch noch bestraft. Wenn man sich den Umgang mit den »Perlen« – den Umgang mit motivierten, anständigen Pflegekräften – in der Pflegepraxis ansieht, kann man gar nicht glauben, dass wir in Deutschland einen Pflegenotstand haben. Heimleitungen agieren, als würden die Bewerber um die Stellen bei ihnen Schlange stehen.

Ein weiterer Fall einer solchen Bevormundung – um nicht zu sagen Machtanmaßung – durch eine Pflegekraft ist mir in bitterer Erinnerung geblieben. Auch hier wurde einer Bewohnerin das Essen aus dem Nachtkästchen entwendet. Und zwar während diese im Bad war. Es war schon länger bekannt, dass die kleine, schmächtige Frau Lebensmittel hamsterte. Butter, Käse und Brot, welches vom Abendessen übrig blieb, wickelte sie in Papier ein und bewahrte es auf. Viele Bewohner heben Reste vom Essen auf, da die letzte Mahlzeit am Tag um 17 Uhr abgeschlossen ist und die Nacht lang werden kann. Vor allem, wenn die Bewohner nicht schlafen können. Diese Bewohnerin nahm es mit dem Ablaufdatum nicht so genau. Das ist bei Menschen, die die Not der Kriegs- und Nachkriegszeit erlebt haben, auch nachvollziehbar, finde ich. Natürlich müssen wir (behutsam) einschreiten, wenn hier hygienische Probleme entstehen. Doch

Pflegekräfte haben ohne Not nicht das Recht, über das Eigentum von Heimbewohnern zu bestimmen. Diese Bewohnerin bekam einen Panikanfall, als sie den Verlust ihrer Lebensmittelvorräte entdeckte. Sie schrie, schimpfte und weinte.

Übergriffe ins private Leben

Dieses Mal war die Pflegekraft, eine Gefolgsfrau der neu ernannten strengen Stationsleitung (die schon im Fall der »Tortenfreundin« ihre menschliche Inkompetenz bewiesen hatte), verantwortlich für übergriffiges Verhalten. Unsere hamsternde Bewohnerin hatte sich nicht anders zu helfen gewusst, als ihre Lebensmittel außen am Gebäude auf der Fensterbank vor dem Pflegepersonal in Sicherheit zu bringen. Zunächst erfolgreich. Wir bemerkten längere Zeit nichts davon. Doch eines Tages verlor sie bei der Verwaltung ihres Depots das Gleichgewicht und fiel aus dem Fenster. Der Sturz endete tödlich. Nach meiner Einschätzung gibt es Tausende solcher Fälle in deutschen Heimen. Auch wenn sie sicher in der Regel nicht tödlich enden. Aber ist es nicht ein Albtraum, die letzten Jahre oder auch nur Monate des Lebens in Angst und Unglück zu verbringen, nur weil sich Pflegekräfte anmaßen, über das Privatleben der Heimbewohner zu bestimmen?

Lassen Sie mich an dieser Stelle noch einige Problembereiche kurz ansprechen. Das Kapitel war schon anstrengend genug. Die Senioren in unseren Heimen sind in der Regel Persönlichkeiten, die früher schwer gearbeitet haben und unser Land wieder aufgebaut haben. Ich finde es beschämend, sie nun im Stich zu lassen. Unter den heutigen Heimbewohnerinnen befinden sich noch zahlreiche Frauen, welche im Krieg oder gegen Kriegsende vergewaltigt wurden. Und wir lassen es zu, dass ihnen *jedermann* zwischen die Beine greifen kann! Wir gestehen ihnen nicht mal eine gleichgeschlechtliche Intimpflege zu. Wo bleibt die Würde? Ich habe immer wieder von Heimbewohnerinnen gehört, dass sie dies als erniedrigend erleben. Nach meiner Vorstellung gibt es hier gar keine Alternative. Natürlich müssen wir es den Bewohnerinnen (und auch den Heimbewohnern) ermöglichen, dass die Intimhygiene bei ihnen durch Frauen (oder Männer) gewährleistet wird. In den meisten Heimen aber spielt diese Überlegung gar keine Rolle.

Fehlende Sprachkompetenz

Wir lassen es zu, dass Menschen in der Pflege arbeiten, die der deutschen Sprache nicht mächtig sind, und nehmen es in Kauf, dass es zu Gefährlicher Pflege kommt. Vor allem bei der Übergabe von einer Pflegekraft zur anderen ist eine präzise Kommunikation mitunter lebenswichtig für das Wohl der Heimbewohner. Übergaben sind eine wichtige Prozedur in der Pflege. Denn hier informieren die Pflegekräfte aus der scheidenden Schicht die neuen über die aktuelle Situation auf der Station: Hat Frau X in der Nacht erbrochen und muss deshalb besondere Aufmerksamkeit bekommen? Ist Herr Y blutdruckmäßig wieder im Keller, dass ärztliche Hilfe angefordert werden muss, wenn er sich nicht erholt? Wichtige Informationen, die von einer Schicht an die andere weitergegeben werden müssen. Unabdingbar für gute Pflege. Werden diese Informationen nicht sorgfältig kommuniziert und eindeutig verstanden, kann das fatale Folgen haben.

Aber auch in der Kommunikation mit den Heimbewohnern ist Sprachkompetenz natürlich eine entscheidende Größe. Unsere Senioren können ihre Trauer, ihre Schmerzen, ihre Wut, ihre Enttäuschung und ihre Einsamkeit nicht einmal mehr verbal mit Mitarbeitern teilen, die des Deutschen nicht mächtig sind. Diese überaus wichtige Kompetenz, mit den Bewohnern im Gespräch zu sein, hat einen erheblichen Einfluss auf deren physisches und psychisches Wohlbefinden. Über Gefühle zu sprechen,

Angst zu artikulieren, Trauer zu kommunizieren, entlastet die Psyche. Wo diese Ventilfunktionen im Kontakt von Mensch zu Mensch – von Heimbewohner zu Pflegekraft – nicht mehr stattfinden, potenziert sich nicht nur psychisches Leid.

Es steigt auch die Gefahr, dass Psychopharmaka an die Stelle der Mitmenschlichkeit rücken. Senioren bekommen keine Zuwendung mehr, sie bekommen Pillen. Wie in einem schlechten Science-Fiction. Wie in einem Horrorfilm. Sie werden sediert. Wirtschaftlich-technisch ist das Problem damit gelöst. Menschlich ist es eine Katastrophe. All dies ist zum Pflegealltag geworden. Der hohe Preis für die Billigpflege ist die inhumane Behandlung von pflegebedürftigen Menschen. Wie wollen wir das nennen? Pervers? Kafkaesk? Ein Trauerspiel? Ich weiß nicht, wie es Ihnen geht. Aber mir fallen keine Worte ein, die das Gefühl beschreiben, wenn ich mir diese schrecklichen Verhältnisse vergegenwärtige. Albtraum Pflegeheim.

Permanentes Versagen

Unsere Professionalität bleibt auf der Strecke. Das führt zu einem erheblichen Aufkommen an Burn-outs und zur hohen Fluktuation im Pflegesektor. Es ist auf die Dauer nur schwer zu ertragen, wenn man ständig hinter den professionellen Anforderungen zurückbleibt. Das sind permanent Gefühle des Versagens. Sensible Mitarbeiter flüchten. Dabei wäre gerade ihre Sensibilität ein Gewinn für die Pflege. Unfähige Vorgesetzte fördern diesen Wahnsinn in der Pflege, da die Kollegen gelobt werden, die am schnellsten die *Trocken-sauber-satt-Pflege* praktizieren. Viele Leitungen fordern falsche Dokumentationen von den Mitarbeitern, was bedeutet, Leistungen abzuzeichnen, die nicht erbracht wurden. Wer nicht mitmacht, wird schikaniert, ausgegrenzt und gemobbt. Wie viele meiner Kollegen sind in der Folge dieses Betriebsklimas krank geworden und/

oder haben gekündigt! Dabei brauchen wir selbstredend unbedingt mehr Menschen in der Pflege, welche sich dort ernsthaft für menschenwürdige Bedingungen einsetzen.

Es ist diese institutionalisierte Anspruchslosigkeit gegenüber der Pflege, die mich schier wahnsinnig macht! Und die den Kern des Missstandes in der Pflege bildet: »Ein gutes Herz genügt doch für diesen Beruf und das Lächeln, welches man vom Bewohner zurückbekommt, ist doch Dank genug!« und »Pflegen kann doch jeder!« Nein, wirklich nicht! Anstatt unseren Beruf ökonomisch und im Ansehen der Gesellschaft aufzuwerten, setzt man ihn mit solchen dummen Phrasen herab, was zu einer stetigen Deprofessionalisierung in den Berufen der Altenpflege führt. Und was hat das für eine Auswirkung auf den Nachwuchs? Kein Wunder, dass wir Probleme haben, die Stellen in der Pflege ausreichend mit qualifiziertem Personal zu besetzen. Mit Menschen, die sich in einer jahrelangen Ausbildung die wichtigen Kenntnisse in diesem anspruchsvollen Berufsfeld angeeignet haben. Mal ehrlich, möchten Sie einen Beruf erlernen, der in der Gesellschaft den negativen Stellenwert hat, den die Altenpflege heute bei uns genießt?

Endlager für schwer vermittelbare Arbeitskräfte

Ich kenne keinen anderen Berufszweig, in dem man ein Lächeln als Dank und zusätzlich einen Dumpinglohn als Gehalt für die geleistete Arbeit akzeptiert! Ich stelle mir gerade einen Manager bei BMW vor, der sich mit einem Lächeln und mit einem Lohn abspeisen lässt, mit dem er seine Familie nicht ernähren kann und sich stattdessen als Dankeschön eine Packung Merci-Schokolade überreichen lässt. Jeder Automechaniker verlangt einen höheren Stundenlohn. Und den bezahlen wir, ohne uns zu beschweren. Aber ist eine Autoreparatur wirklich mehr wert als die Pflege unserer Eltern? Das negative Image des Altenpflegeberufs verhindert, dass sich genügend ambitionierte junge Menschen für diesen Beruf interessieren. In der Folge kommen immer mehr Kräfte über Arbeitsplatzmaßnahmen in diesen Beruf, die dafür nicht geeignet sind. Ein Teufelskreis, eine Abwärtsspirale, die wir durch regulatorische Maßnahmen unterbrechen müssen. Wir benötigen klar definierte Vorgaben, was die Eignung des Personals anbelangt. Altenpflege darf nicht mehr die »Endlagerstätte« sein, auf der man schwer Vermittelbare aus dem Heer der Arbeitslosen entsorgt.

Der Fisch stinkt vom Kopf her

Lassen Sie mich noch einmal einen Aspekt beleuchten, den ich bisher nur gestreift habe: Es geht um das Führungspersonal. Für eine gute Pflege ist eine gute Führung sehr wichtig. Unnötig zu erwähnen, dass das Management eine zentrale Rolle für die Zufriedenheit des Pflegepersonals und damit auch für die Zufriedenheit der Bewohner spielt. Sie kennen vielleicht das geflügelte Wort »Der Fisch stinkt vom Kopf her«. Wie sehr das auf die Pflege zutrifft! Gute Führung zeichnet sich durch eigene pflegerische Kompetenz aus. Natürlich können der Chef und die Chefin besser verstehen, was Sache ist, wenn sie selbst schon in dieser Branche an der Basis gearbeitet haben. Auch unter den Mitarbeitern beflügelt es den Respekt und die Akzeptanz, wenn sie wissen, dass die Leitung vom Fach ist. Darüber hinaus hilft ein wertschätzender Umgang mit dem Personal und ein moderner Führungsstil, den konstruktiven Kontakt mit den Mitarbeitern zu pflegen. Kommunikation auf Augenhöhe ist angesagt. Im Alltag findet das in aller Regel nicht statt.

Leider findet man gerade in der Altenpflege noch zu häufig dysfunktionale und dilettantische Führungskräfte. Wohl auch deshalb erfährt der gesamte Pflegesektor diese geringe gesellschaftliche Anerkennung. Wer kann (und wer sein betriebswirtschaftliches Studium mit einer guten Note abgeschlossen hat), macht seine Karriere in einem anderen Sektor. So finden sich – wie auf der Ebene der Hilfskräfte – auch in der Führungsriege häufig Kräfte aus der zweiten und dritten Reihe. Personen, die es woanders nicht geschafft haben. Es sind häufig Manager, deren Führungsstil durch Machtwillkür, Bestrafungen und Drohungen gekennzeichnet ist. Das sollte längst der Vergangenheit angehören. Ein kritischer, konstruktiver Austausch wird von diesen niedrigklassigen Managern in der Regel strikt unterbunden. Ausdruck ihrer Unsicherheit, wenn Sie mich fragen. Stattdessen drohen sie Pflegekräften, die es wagen, Missstände in die Öffentlichkeit zu transportieren, mit Sanktionen bis hin zur Entlassung. Ich habe das mehrfach erleben müssen. Mittelalterliche Zustände!

Bei Beschwerden heißt es regelmäßig: »Wenn es dir nicht passt, kannst du ja gehen.« Und so ist es dann auch. Eine hohe Fluktuation ist die Folge dieses schlechten Führungsstils. Dabei könnte der Pflegebetrieb viel effizienter sein, wenn es eine eingefahrene Mannschaft gäbe, und damit eine Kontinuität, die Sicherheit in den Abläufen gewährleistet. Wie viel Reibungsverlust könnte so vermieden werden! Schlechtes Management und dadurch verursachte hohe Fluktuation gehören zu den vielen hausgemachten Problemen in der Pflege, die primär gar nichts mit einer schlechten Bezahlung oder mit einem Personalmangel zu tun haben.

3. Aspekte unserer Ausbildung

Und (nicht) in der Praxis umgesetzt

Der Altenpflegeberuf ist heute immer noch ein um gesellschaftliche Anerkennung ringender Bereich, da im Allgemeinen nicht bekannt ist, welches Spektrum an anspruchsvollen Kompetenzen dieser Beruf voraussetzt. Lange wurde Altenpflege als Hilfsberuf der Krankenpflege angesehen, was angesichts des heute in der Altenpflege geforderten Leistungsspektrums allerdings völlig unangemessen ist. Erklärbar ist die geringe Wertschätzung der Altenpflege auch aus ihrer Geschichte. Altenpflege war über Jahrtausende Familiensache. Zumeist waren es die Frauen, die sich darum kümmerten, dass ihre Eltern oder Großeltern die verbleibende Lebenszeit in annehmbaren Umständen verbringen konnten. Natürlich war dieses Feld früher nicht öffentlich organisiert oder durch Institutionen überwacht. Natürlich wurde früher auch deutlich früher gestorben. Die traditionelle Altenpflege hat schon allein quantitativ nicht im Entferntesten jenen Umfang, der ihr heute zukommt. Der medizinische Fortschritt, vor allem aber die gesünderen Lebensumstände führten dazu, dass sich die durchschnittliche Lebenszeit in der westlichen Welt in den letzten 150 Jahren dramatisch verlängert hat.

Altenpflegeheime stehen in der historischen Tradition der Armen- und Siechenhäuser, in denen ab dem ausgehenden Mittelalter alte Menschen ohne familiären Anschluss Hilfe suchten. Unter meist erbärmlichen Bedingungen wurden sie dort mit dem Nötigsten versorgt. Später waren es in der Regel Ordensschwestern, die nach dem Gebot der christlichen Nächstenliebe für Gotteslohn dort erste pflegerische Arbeit leisteten. Altenpflege war also in ihrer Geschichte die längste Zeit ein absolut sozialer Randbereich. Bis heute ist es im Prinzip nicht gelungen, der Pflege die gesellschaftliche Anerkennung zuzuschreiben, die ihr nach meiner Meinung zukommt. Erst seit 1969 ist die Altenpflege in Deutschland ein Beruf mit staatlicher Anerkennung. Altenpflege ist tatsächlich ein hochqualifizierter, moderner, vielseitiger und noch junger sozialpflegerischer Beruf.

Doch was ist professionelle Altenpflege? Ich möchte Ihnen im nächsten Kapitel einen Einblick in das Berufsbild vermitteln. Dann wird es Ihnen leichter fallen, wenn nötig auch in ihrem privaten Umfeld die Qualität von Pflegeheimen zu beurteilen, die sie besichtigen. Außerdem ist es mir ein persönliches Anliegen, unter anderem, weil die Wahrnehmung und Wertschätzung, die mein Beruf in der Öffentlichkeit erfährt, natürlich davon abhängt, was in der Öffentlichkeit über diesen Beruf bekannt ist.

Absolute Prämisse Selbstständigkeit

Lassen Sie mich eine Bemerkung vorausschicken, die für ein Verständnis einer gesunden Altenpflege essentiell ist. Altenpfleger sind aufgrund ihrer Ausbildung in der Lage, den alten Menschen in jeder Lebenslage als den ersten Experten für sein Leben anzusehen und zu begleiten. Das ist eine Prämisse, die der Persönlichkeit der Pflegenden in jedem Falle den Vorrang einräumt. Und ein Grundsatz, der Bevormundung oder gar herablassendes Verhalten aus der Pflege ausschließen soll. Und wie häufig ist dieses herablassende Verhalten in der Pflegepraxis der Alltag! Einmal explizit durch rüde und übergriffige Umgangsformen. Dann maskiert mit einer pseudofreundlichen Umgangsweise, die lediglich auf einen möglichst reibungslosen Ablauf der Pflegetätigkeiten abzielt. Dabei sind wir examinierten Pflegekräfte ausgebildet, die Selbstständigkeit und Selbstbestimmung der alten Menschen zu fördern und weitestgehend zu erhalten. Das gebietet der Respekt gegenüber den Menschen und gegenüber ihrer Lebensleistung. Wer die Betreuung von betagten Menschen als lästig empfindet, wer diesen »Job« nur ausübt, weil die Beschäftigung irgendwie besser als die Arbeitslosigkeit scheint, vielleicht auch, weil dadurch am Ende des Monats ein paar mehr Euro aufs Konto kommen, hat in der Pflege nichts zu suchen.

Wir lernen, die Senioren zu unterstützen, indem wir Hilfe zur Selbsthilfe fördern. Lassen Sie mich als Beispiel die Körperpflege anführen. Wenn ein Bewohner aufgrund seiner Beeinträchtigungen nicht mehr in der Lage ist, seine Körperpflege selbstständig durchzuführen, unterstützen wir ihn da, wo er unsere Hilfe benötigt. Kann er den Waschlappen noch halten? Ist er noch in der Lage, Gesicht und Hände eigenständig zu waschen? Wenn ja, dann soll er das auch tun! Genau darum geht es: Eigenständigkeit erhalten! Nicht Hand anlegen, damit es schneller geht! Altenpflege besteht nicht darin, den Waschlappen zu schwingen und alte Menschen in Windeln zu stecken. Der Schwerpunkt unserer Ausbildung zielt darauf, Menschen trotz ihrer Gebrechlichkeit und Hinfälligkeit mit Würde bis zum Lebensende zu begleiten. Wir betreuen Menschen bis ins Intimste. Deshalb braucht es in der Pflege gereifte und in sich gefestigte Persönlichkeiten. Die heutigen Bewohner in den Pflegeheimen erwarten von uns ein hohes Fachwissen, Berufserfahrung und die notwendige Empathie. Wir sehen den Menschen ganzheitlich mitsamt seiner Biografie, um eine individuelle und gute Pflege leisten zu können. So zumindest der Vorsatz, welcher der Ausbildung zugrunde liegt.

Maslows Bedürfnispyramide

Besonders instruktiv fand ich im Rahmen meiner Ausbildung die Bedürfnispyramide von Abraham Maslow. Das Modell bietet eine gute Orientierung für strukturiertes Nachdenken über die Organisation von guter Pflege. Schließlich haben Betagte in dem künstlichen Umfeld Pflegeheim Schwierigkeiten, ihre Bedürfnisse in der gewohnten Weise von Zuhause zu befriedigen. Das Heim muss versuchen, dieses Vakuum so gut wie möglich zu füllen.

Abraham Maslow (1908–1970) gilt als Begründer der humanistischen Psychologie. Die humanistische Psychologie dient dem Ziel, die seelische Gesundheit und die Selbstverwirklichung im Rahmen eines ganzheitlichen Denkens zu erreichen. Maslow formulierte erstmals, dass menschliche Bedürfnisse einer hierarchischen Ordnung unterliegen. Die Basis der Pyramide – die erste Stufe – wird nach Maslow von physiologischen Bedürfnissen bestimmt. Der Mensch benötigt zum Überleben Essen und Trinken, er muss schlafen und atmen können. Hier geht es also um die Grundlage für alles Weitere, also um das Lebensnotwendige. Als nächste Stufe definierte Maslow das Sicherheitsbedürfnis. Das bedeutet konkret Geborgenheit und eine sichere Umgebung. Gefahren sollten vermieden werden. Das ist, wie gesagt, das »zweite Stockwerk« der Bedürfnispyramide. Ein wichtiger Grundgedanke der Maslowschen Bedürfnishierarchie ist, dass die jeweils nächste Stufe nur verwirklicht werden kann, wenn die Erfordernisse der darunterliegenden Stufe befriedigt sind.

Auf der dritten von insgesamt fünf Stufen der Pyramide geht es explizit um soziale Bedürfnisse, um das menschliche Miteinander: kommunizieren, arbeiten, Freundschaft pflegen, Familie, Zugehörigkeit, Zuneigung, Liebe und sexuelle Intimität. Sie sehen, nach oben hin wird es sozusagen immer ein wenig »luxuriöser«. So definiert Maslow auf der nächsten, der vierten Stufe, Bedingungen, die eng mit dem Selbstbild verknüpft sind, und nennt das Individualbedürfnisse: Anerkennung, Wertschätzung, Status, Macht, Lob, positive Beachtung, Erfolg, Freiheit und Unabhängigkeit. Auf der letzten Stufe der Bedürfnishierarchie geht es schließlich um Selbstverwirklichung: Sinnfindung, Religion, Ästhetik, Schönheit, Ordnung, Wissen, also auch um das Entdecken, Verstehen, Erleben.

Maslows Bedürfnispyramide: an der Basis die lebensnotwendigen, physiologischen Bedürfnisse. In Richtung der Spitze der Pyramide »verfeinern« sich die Bedürfnisse mehr und mehr. Bis hin zur Selbstverwirklichung. Ein gelungenes pflegerisches Konzept stellt für alle fünf Stufen im Heim geeignete Rahmenbedingungen zur Verfügung.

Vielleicht kennen Sie das Modell. Ich finde, es ist ein hervorragendes Instrument, um Schritt für Schritt Lebensbedingungen zu überprüfen. Sie sind herzlich dazu eingeladen, die fünf Stufen in der Analyse auf sich selbst anzuwenden. Was macht es mit Ihnen, wenn diese Bedürfnisse nicht erfüllt werden? Ich denke, die meisten von uns bewegen sich im Rahmen dieser Vorgaben relativ entspannt. Vielleicht hätten wir da und dort gerne etwas mehr Anerkennung oder Sex oder engeren sozialen Kontakt zu Menschen, die wir liebenswert oder/und interessant finden. Aber im Großen und Ganzen haben wir diese Aspekte selbst und souverän in der Hand. Welch komfortable Situation! Für unsere alten Menschen sind jedoch alle diese Stufen potentiell prekär. Bedroht. Nicht souverän und selbstbestimmt zugänglich. Es fängt schon beim Essen an, also auf der ersten Stufe. Weder Einkaufen noch Kochen gehören in der Regel zum »Geschäft« der Heimbewohner. Sie sind der Kantine ausgeliefert. Und das Angebot ist nach meiner Erfahrung oft bestenfalls befriedigend. Und ebenso grundlegend – tatsächlich kann der physiologische Status bedroht werden: Atmung und Bewegung funktionieren meist nicht mehr reibungslos. Was für ein Unterschied – in aller Regel – zum jahrzehntelang praktizierten Alltag. Das schwächt. Das bedroht das Selbstbewusstsein. Ich möchte nicht alle Stufen ausdeklinieren. Aber Sie werden sicher sehen: Auch in Stufe vier – Anerkennung und Wertschätzung – haben die Alten ein massives Problem. Wenn ich überhaupt nur noch sehr eingeschränkt zu »Leistungen« imstande bin, wer soll mich dann wofür loben? Wie soll ich mein Selbstbewusstsein aufrechterhalten, wenn ich mich als hinfällige, pflegebedürftige Person wahrnehmen muss?

Kompetenzen wertschätzen

Hier sind wir als Pflegerinnen und Pfleger dringend aufgerufen, die Heimbewohner für das zu loben, was sie (noch) können. Ihnen ein aktives Mitwirken am Heimalltag zu ermöglichen, damit sie sich als kompetent und nützlich wahrnehmen können. Was sie ja auch sind, wenn man sie lässt! Und es gibt im täglichen Umgang ständig Situationen, in denen man den Heimbewohnern respektvoll und wertschätzend begegnen kann. Man kann sie für die kleinen Erfolge beim Anziehen der Oberbekleidung loben. Oder eben nicht, und signalisieren, dass das so eigentlich alles viel zu lange dauert.

Das Wissen um die grundlegenden Bedürfnisse eines Menschen ist in der Altenpflege Voraussetzung, um die uns anvertrauten Bewohner adäquat zu pflegen, zu begleiten und zu beraten. Zum Beispiel auch in schwierigen und belastenden Lebenssituationen, wie etwa beim Tod des Ehepartners. In vielen Fällen stehen wiederum gar keine Angehörigen zur Verfügung, um die betagten Menschen in solchen schwierigen Phasen zu begleiten. Wenn wir Pflegerinnen und Pfleger dann nicht wenigstens ein Minimum an Teilnahme und Trost entgegenbringen, erleben die Senioren hier niederschmetternde Einsamkeit. Wir fördern in der gesunden Pflege zwischenmenschliche Beziehungen zur Vorbeugung gegen die Vereinsamung. Weiterhin motivieren wir zur Teilnahme an kulturellen Veranstaltungen, Ausflügen und individueller Freizeitgestaltung. Entscheidende Hilfestellungen, um der dritten Stufe der Maslowschen Bedürfnispyramide zu gerecht zu werden: dem Bedürfnis nach sozialem Austausch, nach menschlichem Miteinander.

Wir Altenpflegerinnen und Altenpfleger treten in der Langzeitpflege in eine Beziehung mit alten Menschen. Dies ist besonders wichtig für Bewohner, die keine Angehörigen mehr haben. Umso tragischer ist es für alte Menschen zu erleben, dass das Personal so häufig wechselt, dass sie nahezu täglich neuen Gesichtern begegnen. In vielen Fällen sind wir für unsere Heimbewohner die einzigen Bezugspersonen bis zu ihrem Lebensende. Das ist die soziale Komponente, die wir mit Professionalität und mit Empathie zu erfüllen haben. Ein Aspekt, der mit flüchtig angelernten, unmotivierten Hilfskräften, aber auch mit Pflegefachkräften, die vollkommen überlastet sind, in der Regel katastrophal vernachlässigt wird. Ab Stufe drei der Maslowschen Bedürfnispyramide – und von dort aufwärts – herrscht in vielen Heimen akuter Notstand. Die soziale Umgebung, die Wertschätzung und die Selbstverwirklichung sind hier Dauerbaustellen, die in unserer derzeitigen Situation keine Aussicht auf Fertigstellung haben. Eine wirklich schlimme Situation für die Heimbewohner. Minderwertigkeitsgefühle, Angst und Einsamkeit sind für viele von ihnen die ständigen Begleiter des Alltags. Ein Albtraum!

Medizinische Prophylaxe zur Vorbeugung von Problemen

Die Ausbildung eines Altenpflegers beinhaltet heute, aber auch mehr denn je, medizinisch-pflegerische Kenntnisse. Idealerweise arbeiten Pflegekräfte eng mit den behandelnden Ärzten zusammen, da unsere Beobachtungen für die Behandlung aufschlussreich und wichtig sind. Niemand ist näher an den Heimbewohnern dran als wir. Wir sind die Ersten, denen Veränderungen im Befinden und Verhalten der Alten auffallen. Dabei gehört in unseren Aufgabenbereich vor allem die prophylaktische Betreuung der Heimbewohner. Ich darf das Thema an dieser Stelle anreißen, später werde ich einige wichtige Aspekte vertiefen. Sehr wichtig ist erstens die *Kontrakturenprophylaxe.* Sie hilft, die Verkürzung von Muskeln und Sehnen zu verhindern. Ohne entsprechende Übungen käme es zu gravierenden Bewegungseinschränkungen und zu ständigen Schmerzen bei den betagten Menschen, mit Folgeproblemen, die ich hier nicht ausführen muss. Ich sage nur: Diese Bewegungsübungen – samt ihrer aktiven Form in Gestalt der Gymnastik – sind extrem wichtig für den psychischen und physischen Allgemeinzustand der Senioren.

Mit der *Thromboseprophylaxe* als zweiter Maßnahme soll die Bildung von Blutgerinnseln, die vor allem im Gehirn und in der Lunge tödlich sein können, verhindert werden. Das kann einerseits medikamentös mit sogenannten Antikoagulantien (Stoffen, die das Vernetzen von Blutplättchen verhindern) als auch mit mechanischen Mitteln (Wickeln und Strümpfen, die das Aussacken von Gefäßen stoppen und so die Gefahr der Bildung von Thromben reduzieren) geschehen.

Drittens ist die *Sturzprophylaxe* ein extrem wichtiges Thema. 15 Prozent der Pflegeheimbewohner müssen pro Jahr im Krankenhaus wegen eines Sturzes behandelt werden. Das verursacht nicht nur Kosten, die vermeidbar sind. Schließlich liegen sie mit den Kosten für die Behandlung von Demenz oder Depression gleichauf. Stürze bedeuten vor allem für viele Hochbetagte den Einstieg in den Ausstieg. Die eventuell nötige Operation nach dem Sturz (künstliche Hüfte) schwächt die Patienten erheblich. Narkotika haben bei älteren Menschen oft fatale Langzeitfolgen. Viele von ihnen kommen mental einfach nicht wieder »auf die Beine«. Längere Liegezeiten schwächen den Muskelapparat und die Belüftung der Lunge. Das erhöht das Risiko für Lungenentzündungen.

Ein Sturz befördert die Angst vor weiteren Stürzen und veranlasst viele Senioren dazu, körperlicher Bewegung, wann immer möglich, aus dem Weg zu gehen. Was natürlich genau das falsche Rezept ist. Aber es gibt Übungen, die den alten Menschen auch nach einem Sturz das Vertrauen in die eigene Bewegungskompetenz zurückgeben. Wir können beispielsweise Bewegungsstrategien durchspielen, wie man sich nach einem Sturz vom Fußboden wieder aufrichtet. Das mag Ihnen seltsam erscheinen. Doch viele der Heimbewohner haben diese Bewegungsabläufe seit Jahrzehnten nicht mehr ausgeführt. Sie laufen Gefahr, im Falle eines Unfalls wie eine Schildkröte auf dem Rücken liegen zu bleiben. Ohne einen Plan, auf welche Weise sich aufrichten und – wenn nötig – sich Hilfe holen. Diese Aufstehübungen fördern das Zutrauen in die eigene Bewegungskompetenz. Das ist im besten Sinne Hilfe zur Selbsthilfe. Nur: Wir müssen Zeit haben, diese Übungen mit den Heimbewohnern auch durchzuführen. Soweit ich weiß, werden die Übungen bisher nur in einigen Modellvorhaben in geriatrischen Abteilungen von Großkliniken durchgeführt. Dabei müssten diese extrem hilfreichen – im Ernstfall lebensrettenden – Übungen zum allgemeinen Programm in der Altenpflege gehören. So wie das Schwimmenlernen oder Erste-Hilfe-Kurse im normalen Leben!

Lebenswichtige Prophylaxen

Unter den lebenswichtigen Pflegeleistungen für bettlägerige Patienten steht an erster Stelle die *Dekubitusprophylaxe* (Vorsorge gegen Druckgeschwür). Es gibt viele Patienten, die aufgrund ihrer körperlichen Beeinträchtigung das Bett nicht mehr verlassen können. Aber natürlich haben sie dennoch als »Kunden« und als Menschen das Recht auf eine optimale Versorgung. Das bedeutet, dass wir diese Pflegeheimbewohner mehrmals am Tag in ihrem Bett umlagern müssen. Sonst erzeugt der ständige Druck des Körpergewichts auf die immer gleichen Stellen der Körperoberfläche über Durchblutungsstörungen und mechanische Reizung Entzündungen, die schmerzhaft, hässlich und am Ende lebensgefährlich sind.

Ebenso wichtig ist zweitens die *Obstipationsprophylaxe* (Vorsorge gegen Stuhlverstopfung). Dieser Problembereich wird generell gerne ausgeblendet. Für Pflegekräfte gehört die Auseinandersetzung mit allen Themen rund um die Verdauung dagegen zum Kerngeschäft der Tätigkeit. Eine Verstopfung kann sich für die Senioren im Pflegeheim zu einer echten Qual entwickeln. Wir müssen uns darum kümmern, dass genügend Flüssigkeit aufgenommen wird und, wenn irgend möglich, über Bewegung die Peristaltik des Darms angekurbelt wird. Massagen und Wickel können helfen. Notfalls müssen es die Medikamente richten.

Große Bedeutung hat drittens die *Pneumonieprophylaxe* (Schutz vor Lungenentzündung). Es gibt eine spezielle Atemgymnastik, um die Ventilation der Lunge zu unterstützen. Es gibt Techniken (Abklopfen), die das Abhusten von Schleim erleichtern. Oder wir können uns darum kümmern, dass die Heimbewohner die Inhalation von Wirkstoffen wahrnehmen können, um die Erweiterung der Atemwege und insgesamt die Entspannung und das Wohlbefinden zu fördern. Das noch relativ junge Gebiet der Aroma-Pflege hat hier ein – im aktuellen Pflegebetrieb – noch zu selten genutztes Potential. Aber all das können wir natürlich nur leisten, wenn wir die Zeit dafür haben.

Last but not least: die *Kontinenzförderung*. Die hat – wenn sie erfolgreich ist – immense Auswirkungen auf das soziale Leben und das Selbstbewusstsein der Pflegeheimbewohner. Mit Einlagen (man sollte nicht von Windeln oder Pampers sprechen, weil das den Rückfall ins Babyhafte impliziert) trauen sich viele der Betagten kaum mehr unter Leute. Aus Angst etwa, geruchlich aufzufallen. Doch es gibt das Beckenbodentraining und eine Art Toilettenstundenplan, die helfen können, das Problem in den Griff zu bekommen oder zumindest abzumildern.

Es gibt noch einen ganzen Apparat prophylaktischer Maßnahmen. Dazu gehören die Mundhygiene und die ausreichende Versorgung mit Flüssigkeit und gesunden Nahrungsmitteln. In der Pyramide von Maslow sind das alles Bestandteile der Basisstufe, also physiologische Bedürfnisse. Aber es gibt, wie wir gesehen haben, auch psychologische Faktoren, die Bedürfnisse berücksichtigen, die in der Maslow-Hierarchie auf höheren Stufen liegen. Etwa die Verhinderung von Einsamkeit, Reizarmut und Isolation.

Das Ziel dieses Exkurses bestand darin, auf das Spektrum der immensen Verantwortung der Pflegekräfte für das Wohlergehen der Heimbewohner hinzuweisen. Schließlich geht es im Prophylaxe-Bereich um ernsthafte Krankheiten und Einschränkungen der Lebensqualität, die bei einer professionell ausgeführten Pflege verhindert oder deren Eintreten zumindest hinausgezögert werden kann.

Für Notfälle gerüstet

In der Praxis der stationären Altenpflege müssen Pflegekräfte selbstverantwortlich arbeiten und auch für Notfälle gerüstet sein. So gehört natürlich Erste Hilfe im Notfall zu unserer Ausbildung. Denn im Pflegeheim ist kein Arzt in Rufbereitschaft und unsere Professionalität besteht darin, die Bewohner gut zu beobachten, Symptome zu erkennen und richtig zu deuten, um mit dem Wissen um die entsprechenden Krankheitsbilder schnell und angemessen reagieren zu können. Wir sind als Erste vor Ort und im Ernstfall hängt von unserer Reaktion auf Notfälle ein Leben ab.

Da Senioren oft ein reduziertes Durstgefühl haben, ist die Gefahr des Austrocknens, des Dehydrierens, eines der häufigsten Probleme, mit denen wir es zu tun haben. Zu wenig Flüssigkeit kann auf grausame Weise zum Tod durch Nieren-, Kreislauf- und Herzversagen eines Bewohners führen. Anzeichen, mit denen wir diese Gefahr erkennen können, sind unter anderem akute Verwirrtheit, und (wegen der mangelnden Verdünnung) scharf riechender Urin. Auch Verstopfung, Schwäche und Schwindel können eine Dehydration anzeigen. Um den Verdacht zu verifizieren, gibt es den Hautfaltentest: Wir heben – etwa am Handrücken der Senioren – mit zwei Fingern eine Hautfalte ab. Bleibt die Hautfalte zusammen, ist Gefahr im Verzug. Wenn wir nicht reagieren und Gegenmaßnahmen ergreifen, besteht die erhöhte Gefahr einer Thrombose, einer Lungenentzündung, eines Dekubitus oder einer Obstipation. Bei durch Dehydration gefährdeten Bewohnern ist ein Trinkprotokoll notwendig, um die tatsächliche Trinkmenge zu kontrollieren.

In einem Trinkprotokoll wird eingetragen, wann (Datum, Uhrzeit), was (welches Getränk) und welche Flüssigkeitsmenge der Heimbewohner getrunken hat.

Diese Informationen müssen allerdings auch in Beziehung zur Biografie des Bewohners gesetzt werden. Wenn jemand sein Leben lang nur Leitungswasser getrunken hat, lehnt er zum Beispiel Mineralwasser mit Kohlensäure ab. Demente Bewohner trinken gerne Süßgetränke und werden eine Apfelschorle dem Mineralwasser vorziehen. Der eine kann ein ganzes Glas leer trinken, da er immer gerne getrunken hat, der andere trinkt in kleinen Schlückchen und muss des Öfteren daran erinnert werden, wieder etwas zu trinken. Über Abneigungen und Vorlieben bestimmten Getränken gegenüber informiert zu sein, ist deshalb von großer Wichtigkeit. Da viele Hochbetagte nicht mehr alleine trinken können, sind sie auf unsere Professionalität angewiesen. Wir müssen ihnen, so oft es geht, Getränke anbieten, und demente Bewohner müssen wir immer wieder erinnern, das Trinken nicht zu vergessen.

Aufnahme von Flüssigkeit

Wenn alte Menschen das Trinken verweigern, ist es unsere Aufgabe, der Ursache auf den Grund zu gehen. Jede Beobachtung unsererseits und Aussagen von Angehörigen über das frühere Trinkverhalten sind von großer Bedeutung, um eine Trinkverweigerung soweit als möglich zu vermeiden. Eine parenterale Flüssigkeitszufuhr (per Katheter) aufgrund der Gefahr eines Flüssigkeitsdefizites sollte erst in Erwägung gezogen werden, wenn wir die Gründe sauber recherchiert haben und die Gefahr einer Dehydration pflegerisch nicht mehr abwenden können. All diese Fakten und Beobachtungen sollten bei einer Dienstübergabe von einer Schicht an die andere gründlich besprochen und diskutiert werden, um unnötige Krankenhauseinweisungen zu vermeiden. Im Pflegealltag bleiben viele Heime leider in einer katastrophalen Weise hinter diesen professionellen Standards zurück. Für mich ist es keine Frage, dass auf das Konto dieser Missstände jährlich Tausende Fälle von unnötig vorzeitig verstorbenen Heimbewohnern gehen.

Deshalb muss jeder Mitarbeiter in einem Pflegeheim in der Lage sein, einer Dienstübergabe in deutscher Sprache zu folgen, um den fachlichen Sachverhalt zu verstehen und Anordnungen sicher ausführen und dokumentieren zu können. Wenn Mitarbeiter in der Pflege beschäftigt werden, die der deutschen Sprache in Wort und Schrift nicht mächtig sind, ist dies Gefährliche Pflege! Das muss man sich einfach vergegenwärtigen. Das zeigt auch den geringen Sachverstand von Gesundheitsministern, die auf eine »massive Anwerbung aus dem Ausland« setzen, um unseren Pflegenotstand in den Griff zu bekommen. In der Öffentlichkeit ist der Fachbegriff Gefährliche Pflege kaum bekannt. Das ist symptomatisch für den blinden Fleck, auf den die Pflegeproblematik in der öffentlichen Wahrnehmung zumeist trifft. So bedeutet Gefährliche Pflege, dass Heimbewohner durch unprofessionelle Arbeit des Pflegepersonals in akute Lebensgefahr geraten. Und das ist heute in einem völlig inakzeptablen Ausmaß der Fall! Es fehlen gut eingearbeitete Pflegehilfskräfte. Ohne sie kommt die Altenpflege längst nicht mehr aus. Denn diese sind – entsprechend ausgebildet – wertvolle Mitarbeiter, die den Altenpflegern zuarbeiten.

Es kommt leider immer öfter vor, dass Pflegehelfer mangels Fachpersonals eine Schicht leiten müssen. In der Regel sind sie mit Notfällen völlig überfordert. Wir haben es in der Pflege ganz überwiegend mit Menschen zu tun, die sich in einem heiklen Gesundheitszustand befinden. Häufige Erkrankungen im Alter sind zum Beispiel Herz-Kreislauf-Erkrankungen, Gefäßerkrankungen, Augenerkrankungen, Diabetes, Hyper- oder Hypotonie, Parkinson, Demenz, Apoplex (Schlaganfall), Arthrose, um nur einige zu nennen. Und diese bedürfen einer professionellen Pflege. Ein zu hoher Blutdruck kann zu Komplikationen führen und lebensgefährlich sein. Diabetes kann zu Gefäßschäden, Erblindung oder Amputation führen (diabetischer Fuß). Hier ist es besonders wichtig, dass der Blutzucker gut eingestellt ist. Ein Schlaganfall kündigt sich oft schon durch Symptome wie Kopfschmerzen, Lähmungen, Sprachstörungen oder ähnliches an. Sofortige ärztliche Hilfe ist nötig.

Medizinische Kompetenz

Viele unserer Bewohner haben Symptome wie Schwitzen, Zittern, Herzklopfen, Husten, Atemnot, Schwindel, Schmerzen, blasse Gesichtsfarbe, Unruhe, Verwirrtheit. Um eine gute Pflege leisten zu können, müssen wir diese Symptome zu lesen verstehen. Wir müssen die Krankheitsbilder kennen, die sich hinter diesen Symptomen verbergen. Wir müssen Vitalzeichen (Blutdruck, Herzfrequenz und so weiter) kontrollieren, um angemessen reagieren zu können. Damit der Bewohner nicht durch Unterlassung und Vernachlässigung zu Schaden kommt. Wir verabreichen Medikamente als Tropfen, Tabletten oder Injektionen. Wir legen Kompressionsstrümpfe an und wechseln Verbände. Wir sind die medizinische Außenstelle für die subakute Versorgung der betagten Menschen außerhalb der Kliniken. Eine extrem verantwortungsvolle und anspruchsvolle Aufgabe, die unter den gegebenen Umständen in der Regel leider nicht angemessen zu erfüllen ist. Nicht selten werden Heimbewohner ins Krankenhaus überwiesen, weil die medizinische Fachkunde in den Heimen nicht mehr vorgehalten wird. Weil zu wenig ausgebildetes Personal für zu viele Bewohner eingesetzt wird. Weil Hilfspersonal auf grob fahrlässige Weise nicht professionell eingearbeitet wird und in Notsituationen nicht angemessen reagieren kann.

Um das zu verhindern, brauchen wir Fachwissen und ausreichend Zeit für unsere Bewohner. Da wir immer mehr Schwerstkranke als Klientel in die Heime bekommen, ist es unbedingt erforderlich, genügend

Fachkräfte zu beschäftigen, damit jede Schicht mit mindestens einer professionell ausgebildeten Pflegekraft abgedeckt ist. Leider sieht die Praxis anders aus. Die Politik – jüngst auch wieder Gesundheitsminister Spahn – will Personaluntergrenzen einführen. Doch unter den gegebenen Rahmenbedingungen ist das illusorisch. Für unser durch Missmanagement und Unprofessionalität kontaminiertes Arbeitsfeld gibt es nicht genügend qualifiziertes Personal. Wobei ich hier noch einmal die Betonung auf das Wort »qualifiziert« legen möchte. Das führt zwangsläufig zur Vernachlässigung der Heimbewohner.

Ich wünsche mir, dass meine Kollegen aufschreien und auf die Barrikaden gehen. So wie es Krankenpfleger im Frühjahr 2017 getan haben, um auf die chronische Überlastung und die patientengefährdenden Bedingungen in ihren Abteilungen aufmerksam zu machen. Der Missstand ist auch bei uns in der Altenpflege in vielen Heimen himmelschreiend. Die Behandlung der Heimbewohner ist oft nicht einmal mehr mit Artikel 1 unserer Verfassung vereinbar: »Die Würde des Menschen ist unantastbar.«

Aber anstatt mit konzertierten Aktionen die Öffentlichkeit auf diese Missstände aufmerksam zu machen, lässt sich die Pflege von der Politik totloben: »Ach wie engagiert Sie doch unter den schwierigen Rahmenbedingungen Ihre wichtige Arbeit verrichten! Nein dieses Pflichtbewusstsein!« Indem man uns suggeriert, wir seien Helden und wir würden doch eine gute Arbeit leisten, erstickt die Politik die notwendigen, grundlegenden Reformen im Keim. Natürlich: Viele Pflegekräfte arbeiten unter katastrophalen Rahmenbedingungen so gut sie können. Doch wirklich gute Pflege sieht anders aus. Solange alte Menschen nicht genügend zu trinken und zu essen bekommen und solange sie nicht zur Toilette geführt werden, wenn sie das Bedürfnis dazu haben, leisten wir keine gute Pflege. Und solange unsensible Mitarbeiter die Senioren auffordern, in die Windel zu machen, sollten wir uns für die

Verhältnisse in den Pflegeheimen schämen. Und nicht jammern und uns bemitleiden lassen, wie schlecht es uns doch geht.

Angriff auf die Menschenwürde

Einem hilflosen Menschen, welcher nicht inkontinent ist, aus Zeitgründen den Toilettengang zu verweigern, ist in meinen Augen unterlassene Hilfeleistung! Stellen Sie sich dies doch bitte einmal vor: Aufgrund Ihrer körperlichen Beeinträchtigung können Sie nicht mehr ohne Hilfestellung zur Toilette gehen. Geistig und emotional sind Sie aber immer noch völlig auf der Höhe. Sie bräuchten nur ein wenig Unterstützung für den Weg. Sie müssen dringend zur Toilette, warten schon, bis Sie es nicht mehr aushalten, werden immer wieder vertröstet und bekommen dann am Ende auch noch zu hören, Sie sollten gefälligst in die Windel machen, diese sei ja dafür da. Jedem dürfte die Erniedrigung, die damit verbunden ist, unmittelbar klar sein. Unfassbar! Oder? Ich behandele dieses Thema hier mit Nachdruck, weil in Deutschland jeden Tag in zigtausend Fällen Pflegeheimbewohner in psychische Not gestürzt werden. Ich denke, ich muss hier nicht extra erwähnen, dass die alten Menschen die gleiche Hemmung und die gleichen Schamgefühle haben wie wir. Es ist grausam für die alten Menschen. Welch eine Überwindung und Schmach dies für sie sein muss, in die Hosen zu urinieren, oder Kot in ihre Windel abzusondern, weil ihnen die Hilfe verwehrt wird und sie nicht zur Toilette gehen dürfen!

Auch hier fehlt der Aufschrei eines jeden, der von dieser erniedrigenden Praxis weiß. Und bitte: Wir können diese menschenverachtende Behandlung unserer Senioren nicht mit dem herrschenden Pflegenotstand rechtfertigen. Hierfür gibt es keine Entschuldigung. Wir sollten endlich handeln, anstatt nach Ausreden zu suchen und uns bei den Alten für diese Grausamkeiten, die sie tagtäglich erdulden müssen, entschuldigen. In unserem Gesundheitssystem versickern jedes Jahr Milliarden Euro. Für absurd teure – unterm Strich annähernd nutzlose – Krebsmedikamente. Für unsinnige Früherkennungsmaßnahmen, die gesunde »Grenzwertverletzer« zu Kranken erklären, was unzählige unsinnige Behandlungen und den Konsum teurer Pharmazeutika nach sich zieht. Was für eine Geldvernichtung! Wie viel segensreicher wäre dieses Geld in der Pflege eingesetzt. Ich rede hier von den elementaren Grundbedürfnissen, die ein Mensch hat. Die Heimbewohner bekommen nicht die professionelle Pflege, die ihnen zusteht und für die sie viel Geld bezahlen. Es ist beschämend, dass einige Bewohner von sich aus anbieten, Abstriche in ihrer Versorgung hinzunehmen, weil sie sich schuldig fühlen, wenn die Schwester ihretwegen so viel rennen muss.

»Schwester, ich habe Angst«

Mir fiel im Nachtdienst eine sehr angenehme, bettlägerige Bewohnerin auf, welche ständig ihre Getränke stehen ließ, obwohl sie diese ohne Mühe erreichen konnte. Als ich bei meinem Rundgang in ihr Zimmer kam, sah sie mich erleichtert an und sagte, dass ihr die Blase schon wehtäte vom Warten. Sie müsse ganz dringend »Pipi« machen. Ich fragte, warum sie denn nicht nach mir geläutet habe. Ihre Antwort machte mich traurig und wütend zugleich. Die Bewohnerin erklärte mir, dass ihr gesagt worden sei, sie dürfe nicht läuten und habe zu warten, bis sie dran sei. Puhhh ... da musste ich erst einmal tief durchatmen. Ich setzte die Dame auf die Bettschüssel, und es hörte gar nicht mehr auf. Der Urin lief und lief. Ich hatte anschließend Mühe, die Bettschüssel hinaus zu bugsieren, ohne dass etwas aus der vollen Schüssel ins Bett schwappte. Die Bewohnerin erzählte mir, dass sie nicht mehr trinken wolle, weil sie jede Nacht Angst habe, urinieren zu müssen, bevor sie mit der Pflege dran sei. Ich bat die Bewohnerin, den Fall zu melden und bot ihr meine Unterstützung dabei an. Da sagte die Dame etwas, was ich bis heute nicht vergessen habe und wofür ich mich fremdschäme. Sie sagte: »Schwester, ich habe Angst vor der Nacht, wenn ich nicht weiß, wer kommt. Die Schwester Ursula, schreit mich jedes Mal an, wenn sie ins Zimmer kommt, weil es bei mir immer so lange dauert, obwohl ich schon gar nicht mehr läute. Ich habe große Angst vor ihr und wenn ich mich beschwere, wird es nur noch schlimmer«, flüsterte sie. »Sie können ja jederzeit gehen, aber ich muss hierbleiben«, sagte sie. Und weiter: »Bitte, bitte sagen Sie nichts, ich bin froh, dass ich mich einmal jemandem anvertrauen durfte.«

Das Gespräch verfolgte mich noch lange. Ich wusste, dass die Bewohnerin die Wahrheit sagte, da die besagte Nachtschwester als Schwester Rabiata bekannt war. Ich hatte der Bewohnerin versprochen, über dieses Gespräch zu schweigen. Bei der nächsten Teamsitzung konfrontierte ich die Kollegin allgemein mit einer Kritik an ihrem Umgangston den Bewohnern gegenüber, welcher auch anderen Kollegen schon aufgefallen war. Totenstille im Raum. Ich schaute in die Runde. Niemand bestätigte meine Aussage. Alle wussten es, alle schwiegen. Damit hatte ich wirklich nicht gerechnet. Ich wandte mich an die Teamleitung, und auch diese schaute nur betroffen ins Leere. Sie gab mir nach der Teamsitzung unter vier Augen zu verstehen, dass sie Schwester Ursula dringend brauche. Sie sei eine zuverlässige Vollzeitkraft, nie krank und somit unersetzlich. Diese Worte fühlten sich für mich wie eine Ohrfeige an, ich war fassungslos. Ich sah für mich keine Alternative. Ich kündigte. Und die Bewohnerin behielt leider recht. Ich konnte gehen und sie musste bleiben. Albtraum Pflegeheim.

Diese Bewohnerin war kontinent. Sie war sogar in einem erstaunlichen Ausmaß fähig einzuhalten. Doch viele Bewohner haben diese Fähigkeit im Laufe der Jahre verloren. Damit einher geht eine starke Beeinträchtigung des Selbstwertgefühls. Dabei lernen wir in der Ausbildung, mit den Betroffenen Kontinenztraining durchzuführen. Mit dem Ziel, dem Bewohner solange wie möglich die selbstständige Kontrolle über seine Blase zu ermöglichen. Es gibt Formen der Gymnastik, die den Beckenboden trainieren. Der Beckenboden ist ein Halteapparat aus Muskeln und Bändern, der unter anderem für einen anatomisch korrekten Sitz der Organe im Unterleib verantwortlich ist. Aber Kontinenz oder Inkontinenz ist nicht nur eine Sache des Körpers, sondern auch des Kopfes. So hilft in vielen Fällen ein Toilettenplan, der das »Geschäft« auf festgelegte Zeiten terminiert, die Kontrolle über die Funktion der Blase zu verbessern. Es würde das Lebensgefühl von zigtausenden betagten Menschen in deutschen Pflegeheimen positiv beeinflussen, wenn wir Pflegekräfte die Zeit hätten, uns gemeinsam mit den Bewohnern darum zu kümmern.

Sozialer Kontakt auf der Toilette

Das Thema trägt mir eine berührende Erinnerung zu. Toilettengänge sind etwas sehr Intimes. Und jeder möchte diese normalerweise gerne alleine verrichten (das Pflegepersonal verlässt solange den Raum). Doch es gibt Bewohner, die dies – traurig, aber wahr – gar nicht mehr wollen, da sie in dieser Zeit wenigstens jemanden zum Reden haben. Wer weiß, wann wieder jemand kommt? Sozialer Kontakt – in der Bedürfnishierarchie von Maslow auf Stufe drei eingeordnet. Essenziell für das menschliche Wohlbefinden. Aus der Not geboren auf die Toilette verlagert! Himmel! Was für ein Armutszeugnis für die Pflege!

Der Dekubitusprophylaxe kommt in der Ausbildung eine hohe Gewichtung zu, da hier die häufigsten Pflegefehler in den Heimen passieren. Immer wieder höre ich dazu Einschätzungen wie: »Da weiß man doch Bescheid. Umlagern ist doch kein großes Ding. Das Thema zum Gegenstand einer Ausbildung zu machen, ist echt übertrieben.« Welch ein fataler Trugschluss. Viele Dekubiti wären vermeidbar, wenn die Prophylaxen sauber durchgeführt würden. Ein Altenpfleger kennt die Entstehungsfaktoren und die gefährdeten Stellen. Und es gehört zu jeder Dokumentation, eine Gefährdungseinschätzung anhand einer dafür angefertigten Skala (zum Beispiel mit der Braden-Skala) zu führen. Inkontinente Bewohner sind besonders dekubitusgefährdet. Es obliegt unserer Sorgfaltspflicht, diese nicht unnötig in nassen Einlagen liegen zu lassen. Man muss wissen, dass ein Dekubitus keine Kleinigkeit ist, sondern durch eine Sepsis (Blutvergiftung) zum Tode führen kann.

Sie können einen einfachen Fingertest machen, um einen beginnenden Dekubitus von einer vorrübergehenden Hautrötung zu unterscheiden. Man drückt mit dem Finger auf die Rötung. Wenn sich die Rötung nicht wegdrücken lässt, ist dies ein Kennzeichen für einen Dekubitus 1. Grades. Kennzeichnend für Grad 2 ist ein oberflächlicher Hautdefekt, an dem sich auch sehr schmerzhafte Blasen bilden können. Dieser Hautdefekt ist infektanfällig – ein Einfallstor für Keime. Im 3. Stadium sind alle Hautschichten betroffen, und es bilden sich Nekrosen unter der Haut. Nekrosen bilden sich aus verkümmertem, abgestorbenem, vernarbtem Gewebe. Weiterhin bilden sich in diesem Stadium sogenannte Wundtaschen. Infolge von entzündlichen Prozessen kapselt sich beim Dekubitus Gewebe ab. In der Regel macht sich der Dekubitus jetzt auch geruchlich unangenehm bemerkbar. Für das 4. Stadium des Dekubitus ist ein Defekt kennzeichnend, der bis zu den Knochen reicht. Auch Sehnen und Muskeln können betroffen sein. Spätestens hier haben wir eine infizierte und entzündete Wunde, welche die gravierende Gefahr einer Sepsis mit sich bringt. Eine schmerzhafte, lebensgefährliche Situation, die sich durch professionelle Pflege fast immer vermeiden ließe. Dennoch ist ein solcher Dekubitus tausendfach üblich in unseren Pflegeheimen.

Gefälschte Dokumentationen

Ein weiterer Aspekt bei der Dekubitusprophylaxe ist eine ausreichende Flüssigkeitszufuhr. Doch im hektischen Pflegealltag wird darauf oft nicht genügend geachtet. Die Heimbewohner bekommen keineswegs ausreichend Flüssigkeit. Ärzte und Schwestern in den Krankenhäusern können das bestätigen. Denn die aus den Altenheimen eingelieferten Patienten sind häufig dehydriert. Ebenso ist die Ernährung oft unzureichend. Darunter leiden Haut und Muskeln, was die Anfälligkeit für Druckgeschwüre erhöht. Und die Lagerungen zur Druckentlastung der Bewohner werden oft unsachgemäß ausgeführt. Manche Lagerungen erinnern eher an eine Fixierung, also an eine Fesselung der Bewohner, was wiederum zu Gelenksversteifungen führen kann.

Alle Maßnahmen zur Prophylaxe müssen in Protokollen dokumentiert werden. Und so ist es gängige Praxis, diese Protokolle zu fälschen, da die Prophylaxe Zeit erfordert, die in der Praxis oft nicht zur Verfügung steht. Leistungen werden aufgeschrieben, die nicht erbracht wurden. Schließlich muss – wenn der Medizinische Dienst der Krankenversicherung (MDK) seinen Kontrollbesuch abhält – alles korrekt aussehen. Das ist krank. Das ist nicht nur kriminell, sondern unterlassene Hilfeleistung, wenn nicht fahrlässige Körperverletzung. Wie abgestumpft viele meiner Kollegen dieser Tatsache gegenüberstehen, mag folgende Beobachtung zeigen, die ich in einem Pflegeheim machen musste: Eine Pflegekraft entsorgte den Infusionsbeutel (mit Kochsalzlösung) einer Bewohnerin in den Müll, noch bevor dieser durchgelaufen war. Das muss man sich einmal vergegenwärtigen: Die Infusion war eine medizinische Maßnahme für eine Bewohnerin, die aufgrund einer Schluckstörung zu wenig Flüssigkeit zu sich nehmen konnte. Die Pflegekraft entfernte den Infusionsbeutel, bevor dieser geleert war und entsorgte die noch darin befindliche Flüssigkeit im Müll!

Und warum hat diese sogenannte Pflegekraft die prophylaktische Maßnahme vorzeitig abgebrochen? Weil ihr das Abwartenmüssen, bis die Infusion durchgelaufen war, erspart blieb. Denn dies hätte einen erneuten Gang ins Zimmer der Bewohnerin erfordert! Und da sie ja jetzt eben schon mal vor Ort war, konnte sie sich den zusätzlichen Gang durch diese niederträchtige Verhaltensweise schenken. Eventuelle Komplikationen bei der Seniorin interessierten sie nicht. Natürlich wurden die verordneten 500 Milliliter dokumentiert und nicht die erhaltende Menge von 250 Milliliter. Wie oft habe ich einem Bewohner 50 Milliliter durch Hilfestellung beim Trinken regelrecht hineingebettelt und brauchte dafür zehn Minuten. Umso erstaunter war ich, wenn Kolleginnen oder Kollegen in zwei Minuten 250 Milliliter schafften. Zumindest laut Dokumentation!

Ein großes Problem bei solchen Vernachlässigungen ist es, diese zu beweisen. Solange die Verabreichung von Trinkmengen dokumentiert wird, gilt diese Leistung rechtlich als erbracht. Die gefürchteten Druckgeschwüre und viele der gefälschten Dokumentationen entstehen aus Zeitmangel, mangelndem Fachwissen seitens schlecht eingearbeiteter Hilfskräfte und unterlassenen Tätigkeiten, welche für eine Prophylaxe notwendig sind. Doch genau hier wird eingespart: Hilfskräfte sind billiger und williger. Immer wieder musste ich an das Zitat aus Hamlet denken: »Ist dies schon Tollheit, so hat es doch Methode.« Ich kann das natürlich nicht beweisen. Aber ich halte es für denkbar – je nach meiner Stimmungslage auch für wahrscheinlich –, dass all diese himmelschreienden und menschenverachtenden Missstände auf einem kühlen, ökonomischen Kalkül beruhen. Ich habe es weiter oben schon einmal angedeutet. Aber weil dieser – nicht nur von mir so eingeschätzte – Sachverhalt so entscheidend für das Fortbestehen des schon lange beklagten Pflegenotstands ist, möchte ich das an dieser Stelle noch einmal ausführen.

Mehr Leid, mehr Geld

Solange wir Pflegekräfte es schaffen, Bewohner durch eine Aktivierende Pflege möglichst lange für selbstständiges Essen, Trinken und Toilettengang fit zu halten, kann das Heim (die Besitzer, die Aktionäre) nicht den maximalen Gewinn erzielen. Weil die Pflegestufe der fitten Bewohner niedrig ist. Eine niedrige Pflegestufe bedeutet aber für das Heim weniger Geld aus den Kassen der Pflegeversicherung. Und das, obwohl der pflegerische Aufwand gerade bei diesen mobilen Senioren um einiges höher ist, als wenn Ernährungssonden und Blasenkatheter und Inkontinenzeinlagen gelegt werden. In diesem Zustand aber – mit Sonden, mit einer technischen Abfertigung von physischen Grundfunktionen – werden die Senioren in eine höhere Pflegestufe eingeordnet. Mit anderen Worten: Je unprofessioneller und unmenschlicher die Pflege ist und je mehr sich der Zustand der Bewohner verschlechtert, desto größer sind die Erlöse für das Heim. Das ist in meinen Augen nicht nur ein schwerer Fehler im Finanzierungssystem. Es ist ein Anreiz, Leid zu produzieren.

Es geht in diesem – etwas längeren – Kapitel ja darum darzulegen, was Pflege von der professionellen Ausbildung her bedeutet und worin sich die Pflege in der alltäglichen Realität der Pflegeheime unterscheidet. Da sei mir auch eine Bemerkung zum *Wording* in Bezug auf die Angestellten in den Pflegeeinrichtungen für Senioren gestattet. Irritierend ist, dass man uns einheitlich »Pflegepersonal« nennt. Für den Laien ist es nicht ersichtlich, ob man von einem Altenpfleger spricht, von Pflegehelfern oder von schlecht bis gar nicht eingearbeitetem Hilfspersonal, welches immer öfter auf die Bewohner losgelassen wird. Dies sollten wir auch in der Öffentlichkeit und besonders in der Kommunikation mit Betroffenen und Angehörigen präzise benennen. Denn bei all den offensichtlichen Unzulänglichkeiten und Fehlern besteht die Gefahr, dass unser Berufsstand – der Stand der professionell ausgebildeten Altenpfleger – pauschal abgewertet wird. Es entsteht der Eindruck, dass wir als Pflegepersonal generell nicht über das nötige Fachwissen verfügen, um vernünftige Arbeit für die Heimbewohner zu leisten. Dem ist aber nicht so. Und ein großer Teil der Probleme in der Pflege entsteht durch das inakzeptable Verhältnis von zu vielen schlecht ausgebildeten Hilfskräften gegenüber dem professionellen Pflegepersonal.

Das ist nicht nur dem Selbstwertgefühl examinierter Pflegekräfte alles andere als zuträglich. Es senkt auch die Attraktivität des Berufsbildes und hält junge Menschen davon ab, sich auf eine entsprechende Ausbildung einzulassen. Wenn es aufgrund mangelnder Fachkräfte zu vermehrten Pflegefehlern kommt, werden schnell Stimmen laut, die fordern, dass wir dringend mehr Fortbildungen benötigten. Gegen Fortbildungen ist generell nichts einzuwenden und diese sollten auch vom Arbeitgeber gefördert werden. Doch uns ausgebildeten Altenpflegern mangelndes Wissen zu unterstellen, geht völlig am Problem vorbei.

Gefälligkeitsobduktionen

Falls es nötig sein sollte, meine Einschätzung zur Gefährlichkeit unprofessioneller Pflege mit harten Zahlen zu untermauern, möchte ich gerne auf einen Artikel über eine Studie zur Mortalität in Alten- und Pflegeheimen hinweisen, den die *Frankfurter Allgemeine Zeitung* im Jahre 2014 veröffentlicht hat. Der Artikel trug die Überschrift: »Jeder zehnte Todesfall ist nicht natürlich.« Professor Tanja Germerott vom Institut für Rechtsmedizin der Medizinischen Hochschule Hannover und ihre Kolleginnen und Kollegen stellten bei Obduktionen fest, dass jeder zehnte als natürlich eingestufte Todesfall in Pflegeheimen sich in Wahrheit als nicht natürlicher Todesfall erwies. Die Zahlen, die Tanja Germerott und ihre Kolleginnen und Kollegen erhoben, wurden in der Zeitschrift *Rechtsmedizin* veröffentlicht und basieren auf der Sichtung von 356 Obduktionsakten, die über einen Zeitraum von zehn Jahren im Hannoveraner Institut angefallen waren. Die Zahlen weisen darauf hin, dass Ärzte möglicherweise davor zurückschrecken, einen nicht natürlichen Tod zu attestieren, um das Pflegeheim nicht in Verruf zu bringen. Die Motivation zur Vertuschung dieser nach einer juristischen Aufarbeitung schreienden Sachverhalte ist in meinen Augen einfach zu verstehen. Die Mediziner fürchten um ihre lukrative Anstellung als Vertragsärzte bei den entsprechenden Heimen, wenn sie mit einer korrekten Diagnose Ärger machen. Das ist unerhört. Das ist mafiös. Finden Sie nicht?

Ein extrem wichtiges Thema in der Pflege ist auch der Umgang mit Demenzkranken. Im Moment leben in Deutschland etwa 1,7 Millionen Menschen mit einer Demenz. Relativ gut bekannt sind die Mechanismen bei der vaskulären – das heißt gefäßbedingten – Demenz. Das sind etwa 15 bis 20 Prozent der Fälle. Hier sind Durchblutungsstörungen dafür verantwortlich, dass das Gehirn nicht mehr mit genügend Sauerstoff versorgt wird und leistungsmäßig abbaut. Vielleicht haben Sie in den letzten Jahren die Diskussion um Alzheimer verfolgt. Hier hat die Wissenschaft tatsächlich noch kein schlüssiges Konzept, was da eigentlich im Gehirn passiert. Lange Zeit dachte man, die Plaques, die sich auf dem Nervengewebe des Gehirns bei den Erkrankten bilden, seien für den Ausfall mentaler Kapazität verantwortlich. Aber erstens gab es Befunde mit Plaques, bei denen sich keine Ausfallerscheinungen zeigten. Und zweitens gelang es, Therapeutika zu entwickeln, die für einen Abbau der Plaques sorgten, ohne dass es eine Besserung der Alzheimer-Symptome gegeben hätte.

Umgang mit Dementen

Entsprechend schwierig ist es, ein therapeutisches Konzept zu entwickeln. Etwa zwei Drittel der Erkrankungen an Demenz werden von Experten der Alzheimer-Krankheit zugerechnet. Wenn es da in den nächsten Jahrzehnten keinen Durchbruch in der Vorbeugung und/oder der Therapie gibt, gehen die Schätzungen zur Zahl der Erkrankten – vor allem, weil wir immer noch immer älter werden – bis zum Jahr 2050 auf 3 Millionen Patienten in Deutschland. Ein immenser Zuwachs, der einen entsprechenden Zuwachs in der Pflegekapazität erfordert, wenn es nicht vielhunderttausendfach zu einer prekären und menschenunwürdigen Unterversorgung kommen soll.

In der Ausbildung lernen wir, die Dementen »da abzuholen, wo sie sind«. Das bedeutet unter anderem, auch mit diesen Menschen – selbstverständlich, was sonst? – einen wertschätzenden Umgang zu pflegen, sie trotz ihrer mentalen Beeinträchtigung als einzigartige Persönlichkeiten anzuerkennen. Das bedeutet auch, sich bis zu einem gewissen Grad auf den »Wahn« der Demenzkranken einzulassen. Da fällt mir Anna ein, eine liebenswerte demente Dame, die mir schon den ganzen Vormittag hinterhergelaufen war, bis sie mich endlich erwischte. Mit schnellem Griff packte sie mich am Kittel, zog mich zur Seite und wollte mir unbedingt etwas sagen. Sie schob mich in die Wäschekammer und ihre Augen leuchteten, während sie mir als Erster anvertraute, dass sie schwanger sei. Ich freute mich mit ihr und wir behielten unser freudiges Geheimnis für uns. Nach circa fünf Minuten war die »Schwangerschaft« vergessen.

Nachdem das Thema befriedigt war, ließ mich Anna wieder in Ruhe meiner Arbeit nachgehen. Das Gespräch mit Anna gehört zu meiner Arbeit und der kleine Ausflug in die Wäschekammer war für die alte Dame in diesem Moment wichtig. Warum hätte ich versuchen sollen, ihr zu erklären, dass sie nicht schwanger sein kann, dass Frauen in ihrem Alter keine Kinder mehr bekommen können? Warum hätte ich ihr einfach die kalte Schulter zeigen sollen? Oder ihr am Ende gar erklären sollen, sie sei »bekloppt«. Genau dieses nicht wertschätzende, dieses abschätzige Verhalten Dementen gegenüber ist aber in der Pflege viel zu häufig der Fall.

Sich auf den Wahn einlassen

Schauen wir nochmal auf die Maslow-Pyramide: Mit diesem ablehnenden, abwertenden Verhalten lassen sich die Bedürfnisse der zweiten und dritten Stufe natürlich nicht befriedigen. Das Bedürfnis nach Geborgenheit, Zuwendung und Sicherheit. Der Bewohnerin einen Schritt weit in ihren Wahn zu folgen, bedeutet keinerlei Aufwand für mich als Altenpflegerin. Für die Patientin aber bedeutet das Erlebnis, dass da jemand ist, der bereit ist, sich auf ihre Vorstellungswelt einzulassen. Das ist eine wichtige Bestätigung in ihrem an Bestätigung sonst so armen Heimdasein. Auch wenn es ein Wahn ist, der nur Minuten währt: Wenn es den sozialen Spiegel gibt, ergibt das einen Moment der Geborgenheit. Die Patientin fühlt sich ernst genommen und ist für einen Moment sozial integriert.

Erhalten demenziell beeinträchtigte Bewohner nicht diesen sozialen Spiegel, der signalisiert, dass sie als Persönlichkeit ernst und angenommen werden, entwickeln sie verstärkt Einsamkeitsgefühle, Gefühle der Verlassenheit und Ängste. Ein fataler Prozess kommt in Gang, der mit einer in meinen Augen menschenverachtenden Praxis endet, die in unseren Pflegeheimen fatalerweise hunderttausendfach geübt wird. Die Dementen werden unleidlich, weil sie jeglichen sozialen Halt vermissen. Sie werden laut. Sie schreien mitunter den ganzen Tag. Sie werden im Ernstfall aggressiv. Kein Wunder: Sie machen sozial die extrem frustrierende Erfahrung, dass sie vom sozialen Leben abgekoppelt sind. Und sie haben keine Kontrolle mehr über ihre emotionale Reaktion. Die für das Personal einfachste und effektivste Antwort ist, die renitenten Bewohner zu sedieren. Das heißt, ihnen Pharmazeutika einzuflößen, die sie ruhigstellen. Das ist grausam und unmenschlich.

Ich möchte hier gar nicht den Ausflug in das Dritte Reich unternehmen und die damalige Praxis im Umgang mit »unwertem Leben« mit der heutigen Praxis der pharmazeutischen Sedierung vergleichen. Aber die Senioren werden heute bei uns mit diesem medikamentösen Zugriff ihrer Persönlichkeit beraubt. Und denken Sie bitte nicht, ein Alzheimer-Patient hätte keine Persönlichkeit mehr. Die Persönlichkeit mag erodiert, mag abgeschliffen sein. Aber auch dann noch ist es ein Mensch mit Gefühlen und Wahrnehmungen, der uns da gegenübersteht. Vielleicht haben Sie einmal den Film *Einer flog über das Kuckucksnest* mit Jack Nicholson gesehen. Da ist auch ein Patient, der dem Pflegesystem Mühe macht. Am Ende des Films wird er lobotomisiert. Das bedeutet, man durchtrennt chirurgisch die Verbindungen verschiedener Teile des Gehirns. Das kommt einem Todesurteil für die Persönlichkeit des Patienten gleich. Es bleibt ein Zombie übrig, der kaum mehr eigenen Willen oder Antrieb hat. Die pharmazeutische Sedierung kommt diesem Verfahren sehr nahe.

Zuwendung durch Biografie-Arbeit

Eine Möglichkeit, auf Demente zuzugehen – falls es der Demenzgrad der Bewohner noch zulässt –, ist die Biografie-Arbeit. Wir sprechen über das Leben der Bewohner. Versuchen herauszufinden, wo sie herkommen, was sie Prägendes erlebt haben, was diese Menschen brauchen, was ihnen wichtig ist, damit sie sich sicher und geborgen fühlen können und nicht unter Ängsten leiden müssen. Wir versuchen in der Rückschau, den Sinn dieses Lebens zu finden, den Knoten zu schürzen, die Perspektive zu finden, unter der die Abfolge der Jahrzehnte sich zu einem »roten Faden« ordnet. Das Problem ist: Diese für viele Senioren außerordentlich beglückenden Gespräche werden in unserem Pflegesystem nicht vergütet. Sie sind in der Pflege nicht als eigener Posten definiert. Deshalb ist diese Form der Zuwendung zu den Senioren – nicht nur den Dementen gegenüber – im Allgemeinen in der Pflege stark unterrepräsentiert.

Ich darf hier noch einmal meiner Vermutung Ausdruck verleihen, dass diese Vergütungsstruktur auch auf das Betreiben der Heimlobby und der Pharmaindustrie in unserem Pflegesystem etabliert worden ist. Denn die Verabreichung von Neuroleptika, mit denen renitente Heimbewohner ruhiggestellt werden, kann über die Kasse abgerechnet werden. Neuroleptika sind Substanzen, die psychische Entgleisungen (etwa Verfolgungswahn) eindämmen und stark beruhigend wirken. Sie »eignen« sich aber auch hervorragend dazu, anstrengende Heimbewohner psychisch »abzuschießen«. Der Arbeitsaufwand wird durch diese Praxis erheblich reduziert. An Gesprächen hingegen verdienen weder die Heimbetreiber noch die pharmazeutische Industrie. Im Gegenteil: Gespräche vermindern für alle, die ein ökonomisches Interesse am Pflegebetrieb haben, den Profit. Albtraum Pflegeheim.

Aber es geht dabei nicht nur um die menschenunwürdige, pharmazeutische Unterdrückung von Vitalität. Seit 2002 ist bekannt, dass Demenzkranke, die mit Neuroleptika behandelt werden, früher sterben. Dennoch erhalten bei fortgeschrittener Demenz circa 50 Prozent der Erkrankten in deutschen Pflegeheimen Neuroleptika. Obwohl man um die Erhöhung des Risikos für schwere Nebenwirkungen wie Schlaganfall, plötzlichem Herztod und Diabetes weiß. Ein examinierter Altenpfleger bringt mit seiner Ausbildung das nötige Fachwissen mit, um die Bewohner da abzuholen, wo sie stehen. Demente Bewohner, die sich von den Pflegekräften angenommen fühlen, entwickeln vergleichsweise selten renitente, aggressive Tendenzen. Neuroleptika sind dann unnötig. Wie traurig ist die Tatsache, dass diese so wichtige Zuwendung, die den Bewohnern viel Leid ersparen kann, im ökonomiegetriebenen Betrieb unserer Pflegeheime so wenig Beachtung und Wertschätzung erhält.

Die sich nicht mehr artikulieren können

Ein sehr bewegendes Erlebnis hat mir unmissverständlich vor Augen geführt, dass es für uns Außenstehende praktisch unmöglich ist, zu erkennen, in welchem Ausmaß demente Personen noch imstande sind, an ihrer Umwelt teilzuhaben. Einmal betreute ich privat eine an schwerer Demenz erkrankte Frau. Sie hieß Ilse und wurde zu Hause von ihrem Ehemann gepflegt. Die beiden hatten sich gegenseitig versprochen, den anderen nie in ein Pflegeheim zu geben. Der Ehemann hielt Wort und war sehr geschickt im Umgang mit seiner bettlägerigen Ehefrau. Sie war inkontinent, konnte nicht mehr essen und nicht mehr sprechen. Sie benötigte eine Rund-um-die-Uhr-Betreuung. Ab und zu brauchte der Ehemann eine Entlastung, beispielsweise um einen Tag außerhalb des Hauses verbringen zu können. So war ich alleine mit Ilse. Ilse war eine gebildete Frau und hatte früher als Dolmetscherin gearbeitet. Sie sprach fließend Deutsch und Russisch. Bei der Pflege gab es keine Reaktion ihrerseits. Auf Ansprache reagierte sie nicht mehr, jedenfalls nicht bei mir. Ich hatte die Angewohnheit, bei der Arbeit vor mich hin zu singen und dies tat ich auch an diesem Tag. Während ich ihr die Einlage wechselte, bemerkte ich, wie ihr Tränen über das Gesicht liefen. Sie schluchzte nicht, ihr liefen einfach Tränen über das Gesicht, das ansonsten keine Mimik zeigte. Ich überlegte, ob ich ihr bei der Pflege wehgetan haben könnte und überprüfte, ob sie gut und bequem gelagert war. Ich konnte nichts finden, was mir ihr Weinen hätte erklären können. Als der Ehemann am Abend zurückkam, erzählte ich ihm von dem Vorfall, da er immer genau wissen wollte, wie es seiner Frau ergangen war. Als ich ihm sagte, welches Lied ich bei der Arbeit gesungen hatte, als sie zu weinen begann, erzählte nun er mir unter Tränen, dass dies ihr Hochzeitslied gewesen sei. Mir lief ein Schauer durch den ganzen Körper und am liebsten hätte ich auch gleich geweint.

Diese Geschichte lehrte mich Ehrfurcht vor Menschen, die sich nicht mehr artikulieren können und bei denen man schnell geneigt ist zu sagen: Die kriegen doch eh nichts mehr mit. Wir wissen gar nichts über diese Menschen! Alles, was wir über sie wissen (was sie »mitkriegen« oder nicht), sind persönliche Vermutungen, keine gesicherten Erkenntnisse. Wie oft habe ich gehört, dass Pflegekräfte am Bett schwerstkranker Bewohner ihre Meinung offen kundtaten und etwa sagten: «Mei, wenn das Hascherl doch bald sterben könnte!« Ich mag mir gar nicht vorstellen, wie dies auf den betroffenen Bewohner gewirkt haben mag: solche Aussagen zu hören und sich nicht artikulieren zu können. Es ist nicht auszuschließen, dass der eine oder andere Bewohner dies ja tatsächlich auch so sieht. Doch was ist mit denen, die an ihrem Leben hängen?

Respekt vor stark eingeschränkten Menschen

Bei einem Praktikumsbesuch bei einer Schülerin im Pflegeheim wurde ich Zeugin einer höchst entwürdigenden Situation. Während ich auf die Schülerin wartete, beobachtete ich eine Bewohnerin, die im Gang in ihrem Rollstuhl abgestellt war. Sie bemühte sich, ihren Nachtisch von einem an ihrem Rollstuhl befestigten Tischchen mit dem Löffel zum Mund zu befördern. Aufgrund ihrer eingeschränkten Bewegungsfähigkeit war das schwierig für sie. Doch sie schaffte es Löffel für Löffel, wenn auch langsam, den Nachtisch zu essen. Manchmal fiel etwas zu Boden. Da kam eine Reinigungsfrau vorbei und bemerkte die Essensreste auf dem von ihr zuvor blankpolierten Boden.

Die Reinigungskraft, eine junge energische Frau, schrie die alte wehrlose Frau an. Tatsächlich maßregelte diese Reinigungskraft eine hochbetagte Frau, die in ihrem Zuhause trotz erheblicher motorischer Beeinträchtigung die Kraft aufbrachte, alleine zu essen! Ein im Sinne der Aktivierenden Pflege absolut wünschenswerter Vorgang. »Was fällt dir ein?«, schrie diese Furie. »Ich habe den Boden geputzt, und du machst alles dreckig, du alte Sau!« Versetzen Sie sich doch einmal in die Lage der betagten Heimbewohnerin. Beleidigungen können im normalen Leben nach Paragraph 185 des Strafgesetzbuches mit bis zu einem Jahr Freiheitsentzug bestraft werden. In unseren Pflegeeinrichtungen ist dieses Gesetz nicht existent. Die Würde unserer Senioren wird in den Heimen quasi für vogelfrei erklärt. Wie würden Sie sich in einer solchen Situation fühlen? Albtraum Pflegeheim!

Sofort suchte ich die Pflegedienstleitung auf und erzählte von dem Vorfall. Die Pflegedienstleitung errötete und versprach, die Reinigungskraft zur Rede zu stellen. Ich jedoch erwartete, dass die Pflegedienstleitung sofort mit mir gegangen wäre und diese Entgleisung in meinem Beisein als Zeugin angesprochen hätte. Sie kam aber nicht mit, sondern wimmelte mich ab mit der Begründung, dass sie jetzt gleich einen Termin habe. Ich versicherte ihr, dass ich nachfragen würde, was aus dem Vorfall geworden sei. Als ich der Schülerin diesen Vorfall erzählte, bestätigte diese, dass die Reinigungskraft dafür bekannt sei, Bewohner zu schikanieren. Niemand greife ein, um Bewohner, welche dieses Geschrei mit hängendem Kopf über sich ergehen lassen, vor der aggressiven Reinigungskraft zu schützen. Sie selber traue sich auch nicht, da sie Angst vor Repressalien habe.

Ich muss gestehen, es macht mich fassungslos, dass die Menschen, die helfen wollen, Angst haben müssen und sich nicht gegen aggressive Mitarbeiter, die in den Pflegeheimen arbeiten, behaupten können. Mangels Unterstützung aus den eigenen Reihen. Liebe Leser, wir können uns das Wegschauen nicht mehr leisten. Jeder, der ein Pflegeheim besucht, sollte auch ein Auge auf die Menschen werfen, die auf sich alleine gestellt sind und sich nicht mehr wehren können. Wenn es Schule macht, dass sich die Gesellschaft generell mehr in der Verantwortung für das Schicksal unserer Alten sieht, sind wir einen Schritt weiter. Bedenken Sie, dass die sogenannten Nestbeschmutzer und die mutigen unbeteiligten Personen, die nicht wegschauen, sich auch langfristig für uns alle einsetzen. Denn jeder von uns kann der Nächste sein, der aufgrund einer unvorhersehbaren Krankheit oder durch einen Unfall im Pflegeheim landet. Wenn Sie sehen, dass es Demonstrationen für bessere Rahmenbedingungen in der Altenpflege gibt, wie in der Krankenpflege im Frühjahr 2017, als Tausende Pflegekräfte auf die Straße gingen, um für einen gerechteren Lohn, mehr Stellen und akzeptable Arbeitszeiten zu demonstrieren, reihen Sie sich bitte ein.

Reihen Sie sich ein

Die Highlights in unserem Beruf sind die leider seltenen Momente, in denen wir arbeiten können, wie wir es gelernt haben. Hilfsbedürftigen Menschen Hilfestellung zu geben, ist in aller Regel eine beglückende Tätigkeit. Ich mag aber auch nicht verschweigen, dass es bisweilen unangenehm bis eklig werden kann. So werde ich mich nie an Erbrochenes gewöhnen. Davor graust es mir und ich bekomme selbst Würgereiz. Aber was ist die Alternative zum Saubermachen? Dabei bin ich immer dafür, diese natürliche Ekel-Reaktion auf einen unappetitlichen Reiz gegenüber den Alten, den Verursachern des Malheurs, auch zu thematisieren. Alte Menschen haben feine Antennen und spüren die Gefühle der Pflegekräfte. In der Regel schämen sie sich dafür, was sie angerichtet haben. Das Schweigen über diese unappetitlichen Arbeiten lässt zu viel Raum für negative Fantasien. Deshalb: Offen damit umgehen, über die unangenehme Situation sprechen, allerdings ohne Schuldzuweisungen oder gar Beschimpfungen!

Noch ein unappetitliches Detail? Wenn Sie das nicht verkraften, überspringen Sie einfach die nächsten acht Absätze. Ich möchte aber hier darüber sprechen. Weil es einfach zu den bewundernswerten Leistungen der Pflegekräfte gehört, sich um diese Dinge zu kümmern. Auch wenn wir dafür von unbedachten Menschen mitunter als »Arschauswischer« oder »Urinkellner« verunglimpft werden. Dann möchte ich jene, die das sagen, in 30 Jahren sehen, wenn sie eines Morgens in ihren Fäkalien erwachen und nicht mehr imstande sein werden, sich selbst zu helfen.

Diese Probleme gehören gegen Lebensende leider in vielen Fällen dazu. Der Versuch, diese Tatsache zu verdrängen oder den pflegerischen Umgang damit herabzuwürdigen, macht es nicht besser, sondern schlechter.

Anfangs bereitete auch mir der Umgang mit Stuhlinkontinenz – gelinde gesagt – Unbehagen. Dies hat sich zum Glück völlig gelegt. Wir werden jeden Tag mit dem Stuhlgang anderer Menschen konfrontiert. Sei es in fester, in flüssiger, in breiiger Form, mit Schleim, ohne Schleim, mit Blutbeimengung oder ohne (sorry für diese »Öffentlichkeitsarbeit«). Sie können sehen: Stuhlgang ist nicht gleich Stuhlgang und es gehört nun mal zu unserer pflegerischen Aufgabe, diesen zu beobachten und zu dokumentieren (was auch für Erbrochenes gilt), da man von Konsistenz, Farbe und Geruch auf bestimmte Krankheiten schließen kann. Liegt eine Infektion vor, Salmonellen oder gar ein Tumor im Enddarm? Ist es eine Vergiftung, Entzündung oder ein Ileus (Darmverschluss)? Ein Ileus kann lebensbedrohlich sein und gehört sofort in ärztliche Behandlung. Auf jeden Fall ist jegliche Art von Inkontinenz eine erhebliche Einschränkung der Lebensqualität, und dies bedarf einer professionellen Haltung seitens der Pflegenden.

Unappetitliche Details

Wir hatten einmal den Bewohner Anton. Er war ein ruhiger höflicher Mensch, der gerne ein Schwätzchen mit uns hielt. Anton kam mit einem Anus praeter (künstlicher Darmausgang, auch Stoma genannt) zu uns ins Haus. Bei ihm war der Darmausgang über eine Öffnung in der Bauchdecke ausgeleitet worden. An der Bauchöffnung war eine Haftplatte angebracht und diese durch einen Rasterring – eine Art Dichtung – mit einem Beutel verbunden worden. Bei fachgerechter Anbringung sollte die Verbindung dicht und geruchsfrei sein. Dennoch leiden Menschen mit einem Stoma psychisch sehr darunter, da es keine angenehme Sache ist, den Darmausgang am Bauch vor sich herzutragen. Begleitet von der Angst, nach Stuhlgang zu riechen.

Eines Tages passierte es, dass der Beutel sich löste, während Anton in den Speisesaal kam. Die Mitbewohner bemerkten es vor ihm, da sie auf dem Boden die Stuhlgangspur verfolgten, die aus dem Stoma aus seinem Hosenbein herausfloss und einen üblen Geruch verbreitete. Alte Menschen unter sich können grausam sein. Einige »fitte« Bewohner beschimpften ihn als »Schwein« und er solle sich gefälligst davonschleichen. »Du stinkst!«, »Hau ab!«, riefen sie ihm hinterher. Besonders makaber an der Sache war, dass Frieda, eine 91-jährige weißhaarige, burschikos auftretende Bewohnerin, die Anführerin der Anfeindung gegen Anton war. Ich wusste, dass sie selbst einen künstlichen Darmausgang hatte. Anton verließ unverzüglich und voller Scham den Speisesaal in seinem typischen langsam schlürfenden Gang und verschwand wortlos in seinem Zimmer. Ich ging ihm hinterher, um sein Stoma zu versorgen. Als ich in sein Zimmer kam, traf ich ihn heftig schluchzend auf seinem Bett an. Er konnte gerade noch hervorbringen, wie sehr er sich geschämt habe, als ihn ein erneuter Weinkrampf überkam.

Dieser Vorfall hat mich sehr betroffen gemacht. Besonders deshalb, weil Anton überhaupt nichts dafür konnte. Ich spürte Wut aufsteigen, Wut gegen Frieda. Aber ich beschloss, erst dann mit ihr zu sprechen, wenn meine Wut wieder abgeklungen war. Frieda war eine herbe Erscheinung, nicht auf den ersten Blick nicht gerade eine Sympathieträgerin, doch sie hatte eine eigenwillige Persönlichkeit, die wiederum liebenswert auf mich wirkte. Als ich Frieda später auf den Vorfall ansprach, meinte sie trotzig, »Der Depp muss ja nicht immer so viel mit euch reden«. Eine Reaktion, mit der ich nicht gerechnet hatte. War das Motiv für die Beschimpfung vielleicht Eifersucht? Da Frieda für ihr Alter noch recht selbstständig war, fand sie es – glaube ich – ungerecht, dass Anton ihrer Meinung nach mehr Zuwendung bekam als sie. Wenn ich mir die

Maslow-Pyramide wieder vor Augen führe, frage ich mich, welches Bedürfnis hier nicht befriedigt wurde? Im Falle von Frieda betraf es wohl Stufe drei: soziale Bedürfnisse, Kommunikation, Liebe, Zugehörigkeit, Anerkennung. Frieda war kein böser Mensch. Es gehört in einem solchen Fall zu unserer Professionalität zu analysieren, was der Grund für ihr aggressives Auftreten sein könnte, um adäquat zu reagieren.

Aufmerksamkeit und Zuwendung

Wir hatten nicht rechtzeitig erkannt, dass Frieda in ihrer Wahrnehmung nicht dieselbe Aufmerksamkeit bekam wie Anton. Sie empfand es wohl als eine Art Bestrafung für ihre Selbstständigkeit. Der Fehler lag nicht bei Frieda, sondern an unserer unzureichenden Beobachtung ihrer Bedürfnisse. Die Geschichte von Anton und Frieda zeigt, dass es in der Pflege um sehr viel mehr geht, als darum, ein Stoma zu versorgen. Wir Altenpfleger haben in unserer Ausbildung gelernt, eine pflegerische Situation immer ganzheitlich zu betrachten. Leider haben wir in der hektischen und überlasteten Situation im Heim oft gar nicht die Möglichkeit innezuhalten und diese Zusammenhänge zu reflektieren. Stattdessen kommt es häufig vor, dass alte Menschen im Pflegeheim vom Pflegepersonal beschimpft, beschämt und erniedrigt werden. Das ist das absolute Gegenteil von unserer Aufgabe, ein diametraler Widerspruch zu dem, was wir in der Ausbildung gelernt haben.

Noch etwas unangenehmer wird es bei Heimbewohnern, die ihren Stuhlgang am eigenen Körper, an den Wänden und im Bett verschmieren. Hier bedarf es einer Detektivarbeit, da dies die unterschiedlichsten Ursachen haben kann. Ursachen können eine fortgeschrittene Demenz und völlige Desorientiertheit sein. Es kann aber auch sein, dass Bewohner versuchen, sich von Kotsteinen (schmerzhaften Verklumpungen des Darminhalts) zu befreien. Sie fingern dazu in ihrem Enddarm und verursachen so die ekligen Verschmutzungen. Es können auch regressive Ursachen vorliegen wie Wut, Trotz, Machtausübung oder ganz einfach der Wunsch nach Zuwendung. Das ohne Aggressionen in der Zusammenarbeit mit den Bewohnern herauszufinden, ist schon eine sehr spezielle Form der Zuwendung. Irgendwie aber auch anspruchsvoll. Finden Sie nicht?

Ein wichtiger Fortschritt im Umgang mit dem Ekel bestand für mich darin, mit dem Bewohner eine Beziehung aufzubauen. Anton in seiner Not ganzheitlich zu betreuen, ist etwas ganz anderes, als nur seine Exkremente zu beseitigen. Bemerken Sie den Unterschied? Wenn ich die Zeit habe, zu einem bedürftigen Menschen persönlichen Kontakt zu entwickeln, sind die unappetitlichen Details plötzlich nicht mehr so wichtig. Sie veranlassen uns zu Hilfestellungen. Aber für solche Beziehungen, die den Heimbewohnern das Leben und den Pflegekräften letztlich die Arbeit erleichtern, braucht es Zeit. So trägt unter anderem die immer kürzere Verweildauer von Stamm-Pflegepersonal in den Pflegeheimen nicht zum Wohlbefinden der Heimbewohner bei und erschwert ein Zustandekommen der überaus wichtigen Bezugspflege.

Sach- und fachgerechte Medikation

Wenn ich in diesem Kapitel einen kurzen Überblick gebe, was die wichtigsten professionellen Fähigkeiten und persönlichen Skills unserer Arbeit anbelangt, darf das Thema Medikation nicht fehlen. Der Umgang mit Medikamenten ist ein wichtiger Aspekt unserer Ausbildung, da es natürlich eine erhebliche Rolle spielt, ob diese richtig oder unsachgemäß verabreicht werden – was keine Seltenheit ist. Medikamente werden verwechselt oder auch falsch dosiert. So kommt es immer wieder vor, dass die Medikamentenbecher einfach vor den Bewohnern abgestellt werden, auch wenn sie nicht in der Lage sind, die Medikamente selbstständig einzunehmen. Dies ist fahrlässig, da die Gefahr besteht, dass ein dementer Bewohner sich einen Cocktail einverleibt, der gar nicht für ihn vorgesehen war. Es kommt auch vor, dass den Bewohnern die Tabletten einfach in den Mund gedrückt werden, ohne ihnen genügend Flüssigkeit anzubieten, um sie überhaupt schlucken zu können. Neuroleptika werden gerne ohne Wissen der Bewohner in Getränke gemischt. Wenn der Bewohner das Glas nicht austrinkt, bekommt er die nächste Ration im gleichen Getränk verabreicht, da die Gläser und Trinkbecher in den meisten Heimen nicht nach jeder Mahlzeit ausgetauscht werden. Manchmal stehen sie tagelang auf dem Nachttisch und kaum einer bemerkt dies. So kann es zu tödlichen Überdosierungen kommen.

Es gehört zu unserer Ausbildung, sach- und fachgerecht mit Medikamenten umzugehen, diese gewissenhaft zu verabreichen und über die Aufbewahrung der Medikamente Bescheid zu wissen. Dazu sind sechs Regeln hilfreich.

Nach folgendem Schema sollten Checks vor jeder Verabreichung durchgeführt werden:

1. Richtiger Patient? (Schutz vor Verwechslungsgefahr der Bewohner)
2. Richtiges Präparat? (Vorsicht bei ähnlich lautenden Präparaten)
3. Richtige Menge? (Präparat wird in unterschiedlichen Dosierungen angeboten)
4. Richtiger Zeitpunkt? (Morgens, während oder vor dem Frühstück? Nach dem Abendessen oder vor dem Schlafengehen?)
5. Richtiger Spritz-Ess-Abstand? (Insulin)
6. Richtige Dokumentation? (Wurden die Verordnungsangaben korrekt übertragen? Wurde die Medikamentenabgabe schriftlich im Durchführungsnachweis dokumentiert?)

Da unsere Bewohner, wie schon erwähnt, oft multimorbid zu uns kommen, ist es durchaus üblich, dass sie aufgrund ihrer Erkrankungen mehrere Medikamente brauchen. Und doch machte ich immer wieder die Erfahrung, dass viele Tabletten aufgrund nicht erfüllter Bedürfnisse verabreicht werden. Also nicht aus medizinischen Gründen, sondern um psychische oder soziale Probleme (Einsamkeit) »wegzudrücken«. Dazu gehören Neuroleptika, Schlaftabletten und Schmerzmittel. Es sind die Mittel, die am häufigsten zweckentfremdet werden.

Zuwendung statt Tabletten

In einem der unzähligen Nachtdienste musste ich einer Bewohnerin ihre allabendliche Schlaftablette geben. Die Bewohnerin war nicht sonderlich beliebt beim Personal, da sie (noch) Ansprüche hatte und nicht »zack-zack« abzuwimmeln war. Sie konnte nicht mehr laufen, bestand jedoch darauf, ihre Bluse selbst an- und auszuziehen, was durch ihre eingeschränkte Beweglichkeit länger dauerte, als die Minutenpflege es ihr zugestand. Als ich die Schlaftablette vorbeibrachte, saß die Bewohnerin bettfertig in ihrem Rollstuhl. Während ich sie zu Bett brachte, kamen wir ins Gespräch und die alte Frau erzählte mir von ihrem einzigen Sohn: »Er ist auf die schiefe Bahn geraten und er hat auch schon im Gefängnis gesessen.« Das sei eine große Belastung für sie. Sie habe deswegen große Schuldgefühle, sagte sie und weinte leise. Und sie schäme sich sehr.

Ich hörte ihr gerne zu, da ich ihre Not spürte, den Druck, mit jemandem über ihre Sorgen zu sprechen. Ich nahm mir einfach die Zeit, trotz des ewigen, nervigen Zeitdrucks. Dann bleibt halt etwas anderes dafür liegen, beschloss ich. Als die Bewohnerin ihre Geschichte beendet hatte, weinte sie nicht mehr. Sie sah erleichtert aus und bedankte sich fast überschwänglich dafür, dass ich ihr zugehört hatte. Ich wollte gehen und war schon in Richtung Tür unterwegs, als sie mich bat, noch einmal zu ihr zurückzukommen. Sie gab mir die Schlaftablette mit den Worten zurück: »Nehmen Sie die wieder mit, ich brauche sie nicht mehr«. Mir fehlten die Worte. Ich nahm die Tablette mit und wünschte ihr eine gute Nacht.

Während ich dies aufschreibe, sehe ich diese Dame vor mir und höre wieder ihre Worte – »Nehmen Sie die Schlaftablette wieder mit, ich brauche sie nicht mehr«. Ein bewegendes Beispiel dafür, wie Zuwendung über Pharmazie triumphiert. Wenn wir nochmals auf die Bedürfnispyramide nach Maslow schauen, werden Sie, liebe Leserin, lieber Leser, nun sicher schon selbst erkennen, wo die Bedürfnisse dieser Dame nicht erfüllt wurden: Es ist wie beim Problem bei Frieda und Anton. Stufe drei: soziale Bedürfnisse, das Bedürfnis zu kommunizieren, dazuzugehören und positive Beachtung. Ein Mangelmuster, das die Altenpflege in Deutschland heute geradezu charakterisiert!

Wenn ich mir anschaue, wie oft Medikamente als Ersatz für fehlendes Pflegepersonal verabreicht werden – anstelle von Zuwendung, anstelle von authentischer sozialer Interaktion an Bewohner –, wird mir immer klarer, wie wichtig es ist, die Öffentlichkeit davon in Kenntnis zu setzen. Den uns anvertrauten Bewohnern, die unter diesem Mangel an menschlicher Nähe entsetzlich leiden, sind wir es schuldig, dieses gespenstische Schweigen zu brechen. Mich drängt es, das laut öffentlich zu machen, was in den Heimen wirklich vor sich geht. Statt die Kontrollinstanzen mit gefälschten Dokumentationen über die Versorgung der Heimbewohner zu täuschen, sollten wir die Lücken publik machen. Wie kann sich sonst etwas verändern?

Höhere Renditen durch mehr Leid

Wenn Altenpfleger nicht so arbeiten können, wie sie es gelernt haben, sollten wir uns nicht wundern, dass diese in andere Berufe abwandern.

Pflegenotstand ist im Wesentlichen nicht ein Strukturproblem hervorgerufen durch zu wenig Personal, sondern Folge eines auf vielen Ebenen falsch gesteuerten Pflegebetriebs, der qualifizierte Kräfte entweder in den Wahnsinn, in den Burn-out oder in die Abwanderung treibt. Ich habe Altenpflege gelernt und sehe mich nicht als Erfüllungsgehilfin der Pharmaindustrie oder der Hedgefonds, die Ketten mit Hunderten Heimen betreiben und ihren Aktionären ordentliche Renditen aus dem Heimbetrieb versprechen. Ein Finanzierungssystem, das Heimbetreiber potentiell dazu bringt, ihren Betrieb so zu organisieren, dass es möglichst vielen Bewohnern möglichst schlecht geht, weil sie für diese dann höhere Erlöse generieren, ist pervers und gehört unverzüglich durch ein am Wohl der Bewohner orientiertes Finanzierungssystem ersetzt.

Als ich einmal wieder zu einem Praxiseinsatz als Lehrkraft für eine Altenpflegeschule unterwegs war, erlebte ich etwas Besonderes. Eine sehr aufmerksame und motivierte Schülerin hatte für eine Prüfung den Praxisauftrag, eine Beschäftigung mit einer Bewohnerin vorzubereiten und zu gestalten. Als ich diese Schülerin besuchte, erklärte sie mir, dass ihr Raum, in welchem sie alles vorbereitet hatte, aus organisatorischen Gründen nun nicht mehr zur Verfügung stand. Sie fragte, ob es unter diesen Umständen in Ordnung sei, die Prüfung im Aufenthaltsraum zu gestalten. Allerdings: Hier waren auch andere Bewohner anwesend. Ich sah darin kein Problem und so gingen wir mit der von ihr gewählten Bewohnerin zum Aufenthaltsraum. Es war jedoch ein trauriger Anblick, der sich uns bot, und den ich aus eigener Erfahrung bereits kannte.

Ein paar ältere Herrschaften waren hier in ihre Rollstühle »entsorgt« worden. Die Köpfe hingen ihnen seitlich herunter. Ich vermutete einen der typischen flächendeckenden Einsätze von Neuroleptika. Auf mein Grüßen bekam ich keine Reaktionen, was mich auch nicht überraschte. Die Schülerin hatte ihre Gitarre mitgebracht und plante, mit der ausgewählten Bewohnerin Lieder zu singen. Die Bewohnerin hatte früher im Chor gesungen und freute sich schon auf das Singen. Singen ist eine durchaus wichtige und sinnvolle Beschäftigung für alte Menschen. Ein erstklassiges Therapeutikum, da es eine für das Gehirn anspruchsvolle Tätigkeit ist, ein soziales Erlebnis und nebenbei auch noch die Atemmuskulatur stärkt. Die Schülerin fing also an, mit der Gitarre bekannte Melodien anzustimmen. Beide, die Bewohnerin und die Schülerin, hatten schöne Stimmen und sangen wunderschön zu den einfachen Akkorden.

Hängende Tulpen richten sich auf

Ich konnte kaum glauben, was ich jetzt sah. Die anderen Bewohner, die bisher teilnahmslos in den Rollstühlen gehangen hatten, richteten sich auf. Jeder, soweit er konnte. Mich erinnerte das an hängende Tulpen, welche die Köpfe wieder heben, wenn sie Wasser bekommen. Sie bewegten sogar die Lippen. Es kamen zwar keine Töne heraus, doch sie bewegten die Lippen und nahmen gerade teil an der Singstunde. Dieses Erlebnis hat mich tief bewegt und das tut es noch heute. Die Schülerin bekam die Note Eins und ich wünsche mir, dass wir uns einen solch wertvollen Nachwuchs halten und fördern und nicht einfach durch die unappetitliche Praxis, wie Pflege heute stattzufinden hat, wieder verlieren.

Zum Abschluss dieses vielleicht etwas zu lang geratenen Kapitels über die facettenreiche und anspruchsvolle und potentiell menschlich so bereichernde Arbeit in der Altenpflege, über unsere Ausbildung und über das, was in der Pflegepraxis davon übrig bleibt, möchte ich Ihnen noch einen Brief einer Pflegeschülerin zeigen, der mich erst vor wenigen Tagen erreicht hat. Er war nicht an mich gerichtet. Aber ich habe die Erlaubnis, ihn hier zu veröffentlichen.

Guten Morgen,

heute werde ich meine Kündigung der Ausbildung aufsetzen und um einen Auflösungsvertrag bitten, denn sonst habe ich noch 4 Wochen Kündigungsfrist. Meine Dozenten habe ich in dieser ganzen Zeit nicht einmal zu Gesicht bekommen, geschweige denn eine Unterstützung erhalten. Sie wissen darüber wohl auch nichts. Sehr ernüchternd.

Es geht mittlerweile an meine Substanz. Der Stress in der Ausbildung, die fehlende Unterstützung durch die eigenen Kollegen, das Schikanieren und Mobben hat endlich ein Ende gefunden. Jetzt haben sie alle das erreicht, was sie wollten. Rausekeln! Jetzt bin ich am Ende meiner ganzen Kräfte. Obwohl ich eine gute Fachkraft abgegeben hätte. Das hat die WBL (Weiterbildungsleitung. Anm. E. O.) noch zu mir gesagt. Auch die Noten haben gestimmt. Aber die praktischen Einsätze haben alles von mir abverlangt, alles!

*Ich werde mich für die Produktion bei ███ bewerben, die hier in ███ mit ihrer Produktion ansässig sind. Vorerst über eine Leihfirma. Leider. Eine recht schnelle Übernahme ist aber gegeben. Die Mitarbeiter gehen dann bei einer 40 Stunden/Woche mit 2000,- netto Verdienst nach Hause. Haben ihre Feiertage/Brückentage. Dienst von Montag bis Freitag Jedes Wochenende frei und im Sommer drei Wochen Betriebsferien. Zulagen werden gezahlt sowie Überstunden. Urlaubsgeld wird auch gezahlt. :-) Was will man mehr!!!! *lacht*

Alles das habe ich in der Pflege nicht. Du hattest Recht. Man kann die Brocken nur noch hinwerfen, und dem Rest, der die Ausbildung anstrebt, »Hals und Beinbruch« wünschen. Die, die nicht blöd sind, sind schneller weg, als dem Rest in einem Haus lieb ist. Die schlechten Azubis und das Fußvolk bleiben. Denn die Guten treibt es aus der Altenpflege.

Ab Oktober 2019 fangen in [redacted] sieben neue Auszubildende an. Ich kann dir genau sagen, wer bis zum Schluss durchhält und nicht schon nach kurzer Zeit das Handtuch wirft. Von den sieben wird nicht mal die Hälfte übrigbleiben, die das wirklich bis zum Schluss ihrer dreijährigen Ausbildung durchziehen – zu groß ist die Belastung und der Druck. Weil man die Auszubildenden verheizt, bis nichts mehr übrig ist als ein Häufchen Elend. [...]

Wenn die Politik nicht endlich eingreift, sehe ich die Pflege in der Hölle. Denn genau dort befindet sich eine Fachkraft, ein Helfer und der Auszubildende, sobald man den Fuß über diese Türschwelle setzt.

Enttäuscht und frustriert bin ich. Aber ich gehe auch gestärkt aus dieser Sache und um eine Lebenserfahrung reicher.

Ich werde kein Altenheim mehr betreten oder alles, was damit zu tun hat. Schade, dass die Erkenntnis viel zu lange gedauert hat. Einen langen Atem hatte ich.

Das Ende meiner langen, anstrengenden Reise. Jetzt bleibt nur noch die Kapitulation. Denn jetzt geht es an meine eigenen Reserven. Bevor ich mit einem Burn-out in einer psychosomatischen Klinik lande.

Das Ende meiner Ausbildung zur Altenpflegefachkraft ist eingeläutet!

Liebste Grüße – M.

4. Die Situation der Pflegekräfte

Aufruf zum Widerstand

Das Thema klingt in fast allen Kapiteln des Buches an, weil es das zentrale Dilemma in unserer real existierenden Pflegekultur umreißt. In der Personalpolitik, konkreter der massenhaften Einstellung von ungeeignetem Personal, liegen fast alle weiteren hausgemachten Probleme in der Altenpflege begründet. Deshalb widme ich dieser Problematik ein eigenes Kapitel. Selbst auf die Gefahr hin, dass es an einigen Stellen zu Überschneidungen mit den Inhalten der anderen Kapitel kommt. Die überragende Bedeutung für die Abwärtsspirale, in der sich unsere Pflegekultur befindet, erfordert das. Es geht um den Umgang mit unserem gut ausgebildeten Nachwuchs einerseits und um die Beschäftigung von ungeeignetem Personal auf der anderen Seite.

Ungeeignet bedeutet, dass hier Menschen auf hilflose Heimbewohner losgelassen werden, die ihnen wehtun, sie demütigen, sie bevormunden, ihre Machtfantasien an den Heimbewohnern auslassen und nicht selten deren Leben in Gefahr bringen. Sie vergreifen sich eklatant im Ton und haben keinen Respekt vor dem Leben und der Biografie der ihnen anvertrauten Senioren. Ein Schüler berichtete, dass er einen Schock bekam, nachdem er in einem Pflegeheim die Ausbildung begonnen hatte. Er musste ansehen, wie Kollegen, die in diesem Haus in der Pflege beschäftigt sind, einem an Demenz erkrankten Mann »zum Spaß« das Bein stellten, nur weil er hilflos im Gang umherirrte und um Hilfe rief. Wir beschäftigen diese Leute wider besseres Wissen. Alle wissen Bescheid und wir schauen dennoch weiterhin zu, wie dieser Beruf durch diese Kollegen entwertet wird.

Whistleblower als Schuldige

Wenn es jemand wagt, solche Begebenheiten an die Öffentlichkeit zu bringen, machen Pflegekräfte dies anonym, weil sie berechtigterweise Angst haben müssen, von den eigenen Kollegen, Vorgesetzten und Arbeitgebern fertig gemacht zu werden. Nicht diese mutigen Pflegekräfte, die noch ein Gewissen und Zivilcourage haben, werden gefördert, sondern die Mitläufer und Täter, weil sie den Mund halten und das kranke System am Laufen halten.

Der Schaden, der dem Berufsbild Altenpflege aus dieser Praxis erwächst, ist kaum zu überschätzen. Wer will schon einen Beruf erlernen, der so ein niedriges Ansehen in der Gesellschaft hat? Wir schreien nach guter Pflege: Liebevoll sollen die Pflegekräfte sein und natürlich ein gutes Herz mitbringen. Seit Jahrzehnten gibt es immer wieder lautstarke Appelle an die Politik. Sie müsse eingreifen, sie solle den Personalnotstand beenden, wir brauchen mehr Geld, mehr Stellen – jammert die Altenpflege.

Meine Einschätzung der Misere in der Altenpflege geht in eine andere Richtung. Das meiste am Pflegenotstand ist hausgemacht. Die meisten Probleme gründen auf Missmanagement, verfehlter Personalpolitik und einer erbärmlichen Öffentlichkeitsarbeit. Dabei hätten wir mit den angehenden Kollegen, die aus der Ausbildung kommen und die sich bewusst für diesen humanitären Beruf entschieden haben, ein enormes Potential, mit dem wir positive Signale in die Gesellschaft ausstrahlen könnten. Diese jungen Menschen wollen helfen. Sie wissen, dass sie auf diesem Sektor wirtschaftlich nie zu den Gewinnern gehören werden. Dennoch haben sie sich für eine Ausbildung in der Altenpflege entschieden. Gibt es ein deutlicheres Zeichen für Idealismus?

Achtsamkeit für das Gegenüber

Wenn ich mich in der Gesellschaft dieser jungen Leute befinde, geht mir das Herz auf. Ich sehe die Warmherzigkeit und die Bereitschaft zur Anteilnahme in ihren Augen. Sicher gibt es auch unter den Schülern welche, die aufgrund ihrer Persönlichkeit weniger für die Altenpflege geeignet sind. Doch immerhin bemerke ich dort in der Regel niemanden, der sich aufspielt, der sich in Szene setzen möchte. Ich höre keinen oberlehrerhaften Ton, sehe niemanden, der einem Mitschüler über den Mund fährt. Ich begegne dort engagierten jungen Menschen, die Anteil nehmen, die zuhören, die sich auf ihr Gegenüber einlassen. Ich sehe junge Menschen, die mir neugierig und klar in die Augen blicken. Und ich sehe in diesen Kreisen keinen Neid, keine Missgunst, keine Verschlagenheit. Seit ein paar Jahren ist das Wort Achtsamkeit groß in Mode. Pflegeschüler – so mein Eindruck – haben Achtsamkeit für ihre Umwelt schon längst in ihrer DNA.

Und sie sind bereit, sich fachkundig zu machen. Denn für eine gute Altenpflege reicht ein gutes Herz, eine freundliche, offene Persönlichkeit natürlich nicht aus. Die Betreuung von alten, hochbetagten, oft schon hinfälligen Menschen mit diversen Gebrechen und mentalen Einschränkungen verlangt Professionalität auf vielen Ebenen. Pflegeschüler müssen sich eine gewaltige Portion medizinischer Kenntnisse aneignen. In der Praxis wird das Anwendungsgebiet Behandlungspflege genannt. Im vorausgegangenen Kapitel hatte ich das große Gebiet der Prophylaxe angerissen. Das sind Leistungen der medizinischen Vorsorge, deren Wert kaum zu überschätzen ist. Sie haben ein enormes Potential, Schmerzen und Leid zu lindern. Und wenn dieses Potential voll ausgeschöpft würde, könnte das Pflege- und das Gesundheitssystem auch ökonomisch spürbar entlastet werden.

Manifeste Gebrechen müssen fachkundig versorgt werden. Das Spektrum reicht von der Behandlung von Wunden über den professionellen Umgang mit Medikamenten bis hin zu therapeutischen Maßnahmen, um etwa Muskeln und Gelenke wieder in die Funktion zu bringen. Es gibt Unterrichtseinheiten, in denen die angehenden Pflegekräfte ihr Gespür für die psychische Verfassung der Heimbewohner schärfen können. Und in denen sie lernen, mit schwierigen Verhaltensweisen, die hochbetagte Heimbewohner an den Tag legen, geschickt und einfühlsam umzugehen. Besonders hierfür müssen die Pflegeschüler aber schon eine persönliche Veranlagung mitbringen. Empathie kann man nicht in einer Unterrichtseinheit erlernen.

Fachkunde mit Herz

So wie ich es erlebe, sind die allermeisten Pflegeschüler begierig, sich auf dem weiten Feld der »psychosozialen Interaktion« zu professionalisieren. Alte Menschen sind oft einsam, verbittert, dement, ängstlich. Was für eine Herausforderung, ihnen so zu begegnen, dass sie Vertrauen fassen und bereit sind, eine Beziehung zur Pflegekraft einzugehen! Dass sie zumindest Momente der Freude am Leben wieder empfinden. Sie werden in diesem Buch diverse Beispiele aus meinem Erfahrungsschatz finden. Für eine Pflegekraft ist es ein beglückendes Erlebnis zu empfinden, eine Brücke gebaut und Zugang zu einem einsamen Menschen gefunden zu haben. Das ist vielleicht die wichtigste und die vornehmste Leistung, die wir in unserem Beruf überhaupt erbringen können.

Insbesondere mit einem Beispiel möchte ich einem Spruch entgegentreten, den ich in meinem Berufsleben so häufig zu hören bekam und den ich hasse: »Pflege kann doch jeder.« Als ginge es bei der Altenpflege nur darum, ein wenig zu füttern und zu waschen und dann fertig. Was für eine fürchterliche, menschenverachtende Fehleinschätzung!

Ich erinnere mich an eine Bewohnerin, die weinerlich und depressiv war, seit sie einen Schlaganfall erlitten hatte. Wie so oft bei einem Schlaganfall, bei dem die Gehirnhälfte beeinträchtigt wurde, die für die Steuerung der gegenüberliegenden Körperhälfte zuständig ist, war sie halbseitig behindert. Sie bekam jeden Tag Besuch von ihrer Schwester, die sich liebevoll um sie kümmerte. Doch dies half ihr nicht darüber hinweg, sich von diesem Zeitpunkt an als Krüppel zu fühlen. Wenn ich Frau L. zur Toilette begleitete, jammerte sie jedes Mal, was für ein Krüppel sie doch jetzt sei. Ich betonte stets, dass dies nicht der Fall ist. Ich bemerkte, dass sie sich beim Aufstehen von der Toilette nicht anstrengte, um nach ihren Möglichkeiten mit dem Einsatz der gesunden Seite mitzuhelfen. Sie hätte sich nur an der extra dafür angebrachten Halteleiste festhalten müssen, um beim Aufstehen Selbstständigkeit zu beweisen. Ich mochte diese Bewohnerin und versuchte mich so gut es ging, in ihre Lage zu versetzen. Dabei fiel mir auf, dass ich sie geistig nicht genug forderte. Sie hatte kognitiv keine Defizite und ich beschloss, wenn sie wieder sagte, welch ein Krüppel sie doch sei, offensiv damit umzugehen.

Bin ich ein Krüppel?

Als ich Frau L. wieder wie gewohnt zur Toilette brachte und sie wieder erwähnte, welch ein Krüppel sie doch sei, schaute sie mich dabei ganz lieb an und erwartete, dass ich ihr widerspreche. Das tat ich an diesem Tag aber nicht. Ich gab ihr recht und bestätigte ihr, sie sei ein Krüppel.

Damit hatte Frau L. offenbar nicht gerechnet. Sie schaute mich ungläubig an. Und ich staunte über den unmittelbaren Erfolg meiner Strategie. Zum ersten Mal nahm sie mit der gesunden Hand den Haltegriff und zog sich aus eigener Kraft von der Toilette hoch. Sie war etwas pummelig und hatte also schon einiges zu heben. Ihr Gesicht rötete sich bei der Anstrengung, doch sie zog sich hoch. Sie schaffte es und stand auf ihren eigenen Beinen. Ich bemerkte erst jetzt, dass sie so groß war wie ich, nun da wir uns Auge in Auge gegenüberstanden. Dieses Strahlen in ihren Augen, diesen Stolz auf die eigene Leistung werde ich mein Leben lang nicht vergessen. Und Frau L. sagte von diesem Tag an nicht mehr zu mir, dass sie ein Krüppel sei.

Während ich dies aufschreibe, sehe ich Frau L. vor mir. Emotional immer noch ergriffen von ihrer Leistung, begreife heute umso mehr, wie wichtig es ist, Personal mit der richtigen Haltung für die Pflege zu gewinnen und auch zu halten. Ein gewisses psychologisches Geschick, die Bereitschaft, sich in die Alten einzufühlen, ist immens wichtig in dieser sensiblen, oft von vielen Problemen gleichzeitig belasteten Situation. Und das bedeutet nicht nur, dass ein erheblicher Teil der medizinischen Leistungen überflüssig wird – etwa Pharmazeutika, mit denen psychische Probleme behandelt werden. Es geht ja darum, die Lebensqualität der Bewohner so hoch wie möglich zu halten. Und das erfordert ein sozial gestimmtes Miteinander. Das erfordert Zuwendung. Bedauerlicherweise ist das nichts, womit die Pharmaindustrie oder Aktionäre, die in Heimketten investieren, Geld verdienen können. Wenn dem so wäre – davon bin ich überzeugt –, würde Zuwendung sofort und verbindlich in den Maßnahmenkatalog der Altenpflege eingepflegt. Leider ist dem nicht so. Aber für eine ethisch verantwortungsvolle Pflege ist es unverzichtbar! Deshalb muss in diese Zeit in Zukunft auch finanziert werden. Frau L. konnte jetzt auch ihre Dankbarkeit besser zeigen. Mit einem stärkeren Selbstwertgefühl fiel es ihr leichter, der Schwester für all ihren Beistand zu danken.

Zuwendung honorieren

Ich habe es schon angedeutet, möchte aber hier noch einmal die fatale Sachlage betonen: Auch durch Nachlässigkeit, die wiederum durch zu wenig Fachkunde und/oder durch Zeitmangel bedingt ist, kann man in der Altenpflege viel Geld verdienen. Ich denke da an die vielen unnötigen Dekubiti (Druckgeschwüre durch Wundliegen). Das zieht intensive Behandlungspflege nach sich. Das erfordert wiederum teures Verbandsmaterial und Medikamente. Das alles verursacht erhebliche Kosten auf Grund von schlechter Pflege. Das ist absurd. Als Altenpflegerin möchte ich mein Geld lieber mit der Vermeidung unnötiger Wunden verdienen. Wir werden in unserer Ausbildung über die medizinischen Fakten zur Entstehung von Dekubiti informiert. Doch dieses Wissen in der Pflege angemessen auszuüben, erfordert Zeit.

Wenn Hilfspersonal diese Arbeit übernehmen soll, braucht das eine sorgfältige Einarbeitung. In der Realität ist es aber in der Regel so, dass die nur halbherzig angelernten Kollegen einfach losgeschickt werden, im Glauben, dass sie schon einigermaßen das Richtige tun. Mir ist es völlig unbegreiflich, dass man mit gebrechlichen Menschen so umgehen kann. Lassen Sie mich diese Verhältnisse auf ein anderes Gebiet übertragen. Sofort wird die unglaubliche Widersinnigkeit offenbar.

Was für eine krasse Situation, wenn angehende Pflegekräfte auf Pflegepersonal treffen, das meilenweit von den Vorstellungen entfernt ist, mit denen die jungen Kollegen antreten. Ich durfte vor Kurzem die sehr engagierte und mutige Schülerin Marion kennenlernen. Sie arbeitete in einem ambulanten Pflegedienst und beobachtete über mehrere Tage, wie eine 24-Stunden-Haushaltshilfe aus Osteuropa eine Seniorin, die sie zu versorgen hatte, auf übelste Weise misshandelte. Die 24-Stunden-Kraft wurde der Schülerin als »etwas kompliziert« angekündigt. Marions Kollegen beschrieben die Haushaltshilfe als nett, nur halt etwas »forsch«. Was das zu bedeuten hatte, sollte Marion bald erfahren.

»Wenn du nix gut, ich gehen«

Die angehende Pflegekraft hatte beobachtet, wie die Seniorin im Rollstuhl zum Frühstückstisch gefahren wurde. Beim Wenden des Rollstuhls verhakte sich der Fuß der Seniorin am Tischbein. Die Haushaltshilfe schrie die Seniorin an: »Du machen mit, bewegen du deine Fuß. Warum du so böse? Wenn du nix gut, ich gehen und du alleine dann!« Dann stieß sie mit ihrem Fuß gegen den der Seniorin, so dass diese aufschrie. Ein anderes Mal, als die Seniorin eingenässt hatte, schrie die Haushaltshilfe: »Du nix schämen? Schau, was du gemacht hast« und zeigte auf eine überfüllte, aufgerissene Einlage im Mülleimer. »Ganze Bett ist schmutzig und nass, ist Windel kaputt. Alte Frau mit hundert Jahren, du möchten wieder heiraten, oder warum du spielen unten. Ich mache Foto und schicken deine Kinder, damit die sehen, was du bist«. Die Hilfskraft unterstellte der Hochbetagten tatsächlich, dass sie bei autoerotischen Handlungen ihre Einlage beschädigt hatte. Ihr Handy holte sie tatsächlich hervor, um einen Anruf bei den Kindern vorzutäuschen und die Seniorin zu beschämen.

Schülerin Marion ging nun dazwischen und erklärte der Haushaltshilfe, die Windel sei nicht kaputt, weil die Seniorin damit gespielt habe, sondern weil sie wegen Überfüllung mit Urin geplatzt sei. Immer wieder hatte sich die Haushaltshilfe in die Pflege eingemischt. Sie packte dabei die Seniorin grob an, bis diese vor Schmerz das Gesicht verzog. Sie machte mit ihrem Handy auch Fotos von der Seniorin, während diese nackt im Badestuhl saß. Marion notierte die Vorfälle. Als Gespräche mit der Haushälterin keine Einsicht brachten, ging Marion zur Polizei und erstattete Anzeige wegen Gewalt gegen die hilflose Seniorin.

Marion hatte vorher noch mit der Geschäftsführung des Pflegedienstes gesprochen, die ihr von der Anzeige abriet: Dies bringe doch nichts, von Seiten des Pflegedienstes sei keine Unterstützung zu erwarten; ohne Beweise müsse sie die Konsequenzen ihrer Aktion ganz alleine tragen. Die Konsequenzen bestanden aus einer Drohung, Marion zu kündigen und der Erklärung, sie könne dann ihre Ausbildung nicht mehr fortsetzen. Weiterhin machte man der Schülerin Vorwürfe, sie würde dem Ruf des Betriebs schaden: Was solle denn da die Öffentlichkeit denken? Sie riskiere mit der Anzeige auch, dass der Betrieb wirtschaftlichen Schaden erleidet. Durch sie würde der Betrieb eine gute Kundin verlieren. Die Vorwürfe gipfelten in der Erklärung, dass alle anderen Mitarbeiter im Ernstfall gegen sie aussagen würden. Was für ein mieses Pack! Oder wie würden Sie das Verhalten bewerten?

Von der Geschäftsleitung fallen gelassen

Marion erkannte, dass sie unter diesen Umständen nicht mehr im Betrieb bleiben konnte, meldete sich krank und schrieb ihre Kündigung. Doch die Schikanen des Betriebs gingen weiter: Man ignorierte ihre Kündigung und schickte stattdessen eine zurückdatierte Kündigung. Während ich das schreibe, spüre ich wieder, wie ich wütend werde, wenn ich sehen muss, wie ignorante Arbeitgeber mit unserem kostbaren Nachwuchs umgehen. Was sind das für Kollegen? Marion ist eine glaubwürdige Person und die anderen wissen, dass sie die Wahrheit sagt. Wie kann sich ein ganzer Pflegedienst aus Profitgier und Feigheit gegen eine gute und pflichtbewusste Schülerin stellen?

Die Schülerin sagte: »Ich verstehe es nicht mehr, ich komme mir vor, als wäre ich im falschen Film.« Und fügte hinzu: »Ich weiß mittlerweile selbst nicht mehr, ob richtig oder falsch gehandelt habe und stehe jetzt ganz alleine da.« Nach meiner Vorstellung ist das überhaupt keine Frage.

Hier sind wir Kolleginnen und Kollegen gefragt, einem so mutigen Menschen den Rücken zu stärken. Damit dieses vorbildliche Verhalten Schule macht. Es darf nicht sein, dass diejenigen, die Missstände aufdecken, um alte Menschen vor Gewalt zu schützen, Angst haben müssen, ihren Arbeitsplatz zu verlieren. Möge das Beispiel von Marion Schule machen! Und es ist wichtig, dass den sogenannten Nestbeschmutzern der Schutz der Öffentlichkeit sicher ist. Marion überlegt inzwischen, nicht nur bei diesem Betrieb zu kündigen, sondern die Ausbildung ganz abzubrechen, da sie zutiefst enttäuscht über die Reaktion des Arbeitgebers und der Kollegen ist. Profit vor Menschenwürde – so wolle und könne sie nicht arbeiten. Der Mangel an Azubis ist nichts weiter als eine logische Konsequenz unseres ignoranten Umgangs mit dem Nachwuchs.

Was machen wir, wenn doch diese großartigen jungen Menschen in Aufbruchsstimmung und mit dem festen Willen, das Gelernte zum Wohl der Heimbewohner anzuwenden, zu uns in den real existierenden Betrieb kommen? Die Auszubildenden werden von Pflegekräften, Heimleitungen und Pflegedienstleitungen verheizt und ausgebeutet. Vielen Schülern sagt man, dass sie das in der Ausbildung Gelernte gleich wieder vergessen können. Wie krass! Hier sind wahrlich echte Motivationskünstler zugange! Als Programm für die Pflege wird der Leitsatz »Malochen und malochen« ausgegeben. Was für ein Absturz für die ambitionierten Newcomer. Sie werden als vollwertige Kräfte missbraucht. Es gibt Schüler, die davon berichten, die Schicht in ihrem Haus leiten zu müssen. Oft auch noch mit einer Zeitarbeitskraft, die selbst neu im Haus ist und keine Ahnung hat von den Bewohnern und deren Anforderungen an die Pflege.

Malochen statt pflegen

Dabei ist gesetzlich vorgeschrieben, dass in jeder Schicht eine examinierte Pflegefachkraft anwesend sein muss. Wenn Probleme auftauchen, wird den überforderten Anfängern allzu oft erklärt, sie sollten sich aus einem anderen Bereich Hilfe holen. Dort, wo eine Fachkraft die Aufsicht habe. Die besagte Fachkraft ist jedoch in der Regel ebenfalls überfordert und hat nicht die Zeit, sich um Schüler aus anderen Abteilungen zu kümmern. So machen Schüler und Helfer tagtäglich Arbeiten, die sie nach den Vorschriften gar nicht machen dürfen. Viele Schüler bekommen überhaupt keine Praxisanleitung durch erfahrene Kräfte, wie es eigentlich vorgesehen ist. Denn in diesen Diensten sollten sie sich das erforderliche Wissen aneignen, um die Prüfung zu bestehen.

Schüler steht vor oder nach dem Schulblock ein freies Wochenende zu, um zu lernen. Doch in vielen Fällen bekommen sie nicht mehr frei. Ja, schlimmer noch: Es gibt Arbeitgeber, die Schüler aus dem Unterricht in die Arbeit rufen, da im Heim nicht genügend Personal zur Verfügung steht. Weiterhin verwehrt man den Schülern immer häufiger den Außeneinsatz. Dabei handelt es sich um das reguläre Praktikum in einer anderen Einrichtung, damit die Schüler verschiedene Häuser kennenlernen. Stattdessen werden sie im eigenen Haus weiter als Vollkräfte missbraucht. Als extrem billige Vollkräfte wohlgemerkt!

Die Situation an den Wochenenden ist besonders schlimm. Hier arbeiten die Schüler nicht selten auf sich alleine gestellt. Ihre Kollegen, die Pflegekräfte und die Vorgesetzten, leiten sie schon in der Ausbildung an, Leistungen abzuzeichnen, die sie nicht erbracht haben. Ausgenutzt und zu illegalen Handlungen angestiftet – so stellt sich für viele angehende Pflegekräfte der erste Kontakt mit der Realität in ihrem Beruf dar.

Das ist in mehrfacher Hinsicht ein Verstoß gegen die gesetzlichen Bestimmungen. Vor allem ist es auch ein Tiefschlag gegen die Motivation und gegen den Idealismus dieser ambitionierten jungen Leute. Ein wahrer Vernichtungsfeldzug gegen die Idee einer qualitativ hochwertigen Pflege. Eine unglaubliche Schande!

Feldzug gegen hochwertige Pflege

Viele Schulen wissen über diese schlimme Praxis Bescheid. Aber auch sie können nicht viel ausrichten, um ihre Schüler vor der Ausbeutung zu schützen. Da die Schüler in einem Abhängigkeitsverhältnis zum Arbeitgeber stehen, trauen sich viele nicht, sich zu wehren. Sie haben Angst. Doch Angst vor wem? Angst vor den eigenen Kollegen, denn diese sind es, die sie verheizen. Ich sehe hier – im Gegensatz zur landläufigen Kritik – nicht die Politik als erste Instanz und mit einer Bringschuld, die Verhältnisse zu bessern. Der Personalmangel ist in erster Linie hausgemacht. Er ist vor allem die Folge eines vollkommen inakzeptablen Umgangs schon mit den Auszubildenden, noch bevor diese richtig in den Beruf einsteigen.

Wen wundert es, dass Auszubildende Mangelware werden? Wer mag unter diesen Bedingungen den Beruf überhaupt noch ergreifen? Wie können junge Leute sich mit dem Beruf unter diesen Umständen identifizieren? Diesen gerne ausüben? Viele Schüler schimpfen hinter vorgehaltener Hand, aber trauen sich aus nachvollziehbaren Gründen nicht, ihre Probleme in der Öffentlichkeit zu benennen. Viele halten diese Situation nicht mehr aus und brechen die Ausbildung ab. Andererseits werden schwache Schüler von den Schulen »durchgezogen«, da jede helfende Hand dringend benötigt wird. Es gibt Lehrkräfte, die anonym zugeben, dass die Hälfte der Schüler, die die Prüfung bestehen, nicht in die Pflege gehören, und dass sie diesen zukünftigen Pflegekräften ihre Angehörigen nicht anvertrauen würden.

Wir Pflegekräfte sind dafür da, uns für die Bewohner sinnvoll und wirkungsvoll einzusetzen, indem wir den Mund aufmachen und das gespenstische Schweigen brechen. Wir sind den alten Menschen eine fachliche und menschenwürdige Pflege schuldig. Wenn die Presse über Missstände berichtet, ist der Aufschrei in der Pflege groß. Die Kollegen werfen den Medien vor, sie würden unseren Beruf schlechtreden. Dies ist schlichtweg Unsinn, da uns das Verharmlosen und Leugnen der Missstände nicht weiterbringt und die missliche Lage der Bewohner und der Pflegekräfte verschärft. Die Missstände müssen noch viel stärker zum Thema gemacht werden.

Missstände öffentlich machen

Wenn wir wirklich und aufrichtig etwas verändern wollen, dann müssen wir uns zusammentun und endlich die Wahrheit sagen. Und nicht aufschreien, wenn verzweifelte Angehörige und Pflegekräfte sich anonym an die Öffentlichkeit wenden, weil sie die unzumutbaren Verhältnisse in den Pflegeeinrichtungen nicht mehr aushalten. Pflegekräfte halten ihr eigenes Elend und das der Bewohner aufrecht, die unnötige Not erleiden müssen, indem sie das System der chronischen Unterversorgung, der Verwahrlosung und der eigenen Überlastung nicht anzeigen.

Die uns ausgelieferten Senioren sind von mutigen Nestbeschmutzern abhängig, sie haben keine Zeit zu verlieren. Nestbeschmutzer sollte bis auf Weiteres, bis sich die Umstände gebessert haben, ein Ehrentitel in der Altenpflege werden. Heute werden diese ambitionierten Pflegekräfte von den eigenen Kollegen und Vorgesetzten gemobbt und als Spinner und Besserwisser, als anmaßend und unkollegial beschimpft. Mobbing ist ein weitverbreitetes Thema in der Pflege. Und auch hier traut sich kaum jemand, darüber zu sprechen. Doch Mobbing seitens der Kollegen und Vorgesetzten ist ein weiterer Grund, weshalb sich so viele Pflegekräfte nach einer relativ kurzen Zeit aus dem Beruf verabschieden.

Es ist unglaublich, in welcher Weise bei uns unfähige Vorgesetzte mit ihren Mitarbeitern umgehen, obwohl auf der anderen Seite ein riesiger Konkurrenzkampf um Fachkräfte besteht. In vielen Betrieben wirbt man sogar mit Kopfprämien um neue Arbeitskräfte, oder Mitarbeiter bekommen Prämien, wenn sie neue Pflegekräfte anwerben. Wir Pflegekräfte haben in dieser Mangelwirtschaft eigentlich eine sehr starke Verhandlungsbasis. Warum lassen es Pflegekräfte zu, dass auf ihre Kosten das ausbeuterische und für die Pflegeheimbewohner so riskante Spiel weiter betrieben wird?

Druck durch Mobbing und Betrug

Das System der Angst funktioniert. Wer sich gegen die illegalen Praktiken in der Pflege stellt, muss mit Mobbing rechnen. Mitarbeiter und Schüler berichten, dass ihnen die Tabletten vertauscht werden, um ihnen Pflegefehler und Unachtsamkeit vorwerfen zu können. Eine sehr erfahrene und empathische Pflegekraft berichtete, dass sie in solchen Teams die Tabletten, welche sie gestellt hat, fotografiert, um sich vor diesen gemeinen und verlogenen Anschuldigungen zu schützen. Wer die hohe Arbeitsbelastung und die Verrohung beziehungsweise den Kommandoton gegenüber dem Personal und den Bewohnern nicht mehr erträgt, der wird mit einem Lächeln als übermotiviert oder zu sensibel abqualifiziert.

Man schikaniert diese Pflegekräfte mit Anschuldigungen, die an den Haaren herbeigezogen sind. Den »Aufmüpfigen« werden private Probleme unterstellt, wenn sie Überlastungsanzeigen schreiben. Man unterstellt ihnen psychische Erkrankungen, bis hin zur Sucht, nur um sie vorübergehend aus dem Arbeitsverhältnis zu entlassen und sie später wieder mit Zeitverträgen einzustellen. Eine Praxis, die für die Heimbetreiber den schönen Nebeneffekt hat, dass die bei einer Festanstellung übliche regelmäßige Steigerung des Gehalts für Zeitarbeiter entfällt. Außerdem lassen sich Zeitarbeiter problemlos kurzfristig aus dem Betrieb entfernen, wenn sich herausstellen sollte, dass es sich bei ihnen um Querulanten handelt.

Diese Pflegekräfte sprechen in der Regel nur anonym über solche Begebenheiten. In aller Regel ist die Angst zu groß, dass man ihnen – etwa vor Gericht – nicht glaubt. Und diese Angst ist berechtigt. Wie wir im Fall von Marion gesehen haben, müssen diese Nestbeschmutzer damit rechnen, dass der Kollegenkreis im Falle eines Falles geschlossen gegen sie aussagt. Hinzu kommt, dass die meisten Kollegen nach all den Strapazen im Pflegealltag nicht mehr die Kraft haben, sich in eine solch kräftezehrende Auseinandersetzung zu begeben. Die Schikane nimmt bisweilen wirklich groteske Formen an. Es gibt Leitungskräfte, die den Personalschlüssel für die Toilette verstecken, damit Pflegekräfte nicht zur Toilette gehen können. Wieder andere verbieten den Mitarbeitern, sich im Stationszimmer auf ihren Stuhl zu setzen, wie ein Schüler berichtete. Nach dem Motto: Bei uns wird nicht gefaulenzt. Dabei sind Arbeitspausen gesetzlich vorgeschrieben.

Schlechte Pflege ist lukrativ für Heimbetreiber

Es gibt vereinzelt motivierte Leitungskräfte, die aufrichtig etwas in der Pflege zum Besseren verändern wollen. Diese werden ebenfalls im Stich gelassen. Sie erhalten von den Arbeitgebern keine Rückendeckung. Die ökonomischen Daten, die wirtschaftlichen Erträge sind für die Heimbetreiber bei einer schlechten Pflege einfach besser. Und irgendwann geben die ambitionierten Führungskräfte auf. Pflegekräfte, die arbeiten wollen, wie sie es gelernt haben, werden in dieser Umgebung frustriert und enttäuscht. Sie werden häufig krank oder kündigen. Viele von ihnen stumpfen aber auch ab, werden gleichgültig und emotionslos in ihrer Arbeit mit den Senioren. Was für eine verkehrte Welt!

Viele Pflegekräfte sind mittlerweile als Freiberufler in der Pflege unterwegs, da sie sich so den Arbeitgebern nicht unterwerfen müssen. Doch diese Freiberufler laufen Gefahr, dass die Rentenversicherung ihnen Scheinselbstständigkeit vorwirft. Mit der Begründung, dass sie ja wie Festangestellte in die Strukturen des Heims eingebunden sind. Nach meiner Meinung ist dies reiner Unsinn. Gerade weil Freiberufler sich in aller Regel an Pflegestandards halten und nicht an die rigorosen Vorgaben der Heimbetreiber. In Wirklichkeit stören sich Arbeitgeber daran, dass sie diese Pflegekräfte nicht gefügig machen können. Freiberufler können gehen, wann sie wollen und können auch ihre Arbeitstage selbst bestimmen. Heimleitungen werfen den Freiberuflern gerne vor, Rosinenpickerei zu betreiben, da sie sich angeblich die besten Jobs aussuchen. Ich finde, dann sollen sich die Arbeitgeber gefälligst die Mühe machen, ihre Heime auf den Stand fachgerechter Pflege zu bringen.

Kleinkrieg in Heimen

Die meisten deutschen Pflegeheime haben sich große Mühe gegeben, gute Fachkräfte aus dem Beruf zu mobben, um an den Personalkosten viel Geld einzusparen. Und wie werden die Lücken gefüllt? Mit Pflegekräften aus dem Ausland! Gesundheitsminister Spahn hat im Sommer 2019 stolz angekündigt, dass man auf diesem Gebiet verstärkte Anstrengungen unternimmt. Anstatt die Arbeitsbedingungen so zu verändern, dass nicht so viele qualifizierte Kräfte aus dem Beruf flüchten! Erschwerend kommt hinzu, dass das Personal in den Heimen Kleinkriege untereinander führt. Pflegehelfer fühlen sich nicht anerkannt durch examiniertes Personal. Die Pflegehelfer werden ausgenutzt, indem sie für weniger Geld zu Arbeiten herangezogen werden, für die examinierte Pflegekräfte mehr Geld bekommen. Examinierte Pflegekräfte fühlen sich andererseits für dumm verkauft und fragen sich, wofür sie drei Jahre gelernt haben, wenn doch in der Praxis jeder alles machen darf. Nur die Verantwortung, die müssen die Examinierten tragen – notfalls mit gefälschten Dokumentationen.

Entschuldigen Sie bitte, wenn ich in den folgenden Absätzen etwas leidenschaftlich werde. Aber ich möchte die Gelegenheit nicht auslassen, dieses Buch auch für einen Appell an meine Kollegen zu nutzen.

Wann sind wir endlich wütend genug, um zusammenzuhalten und diese entwürdigenden Arbeitsbedingungen zu beenden? Wann stehen wir auf? Gemeinsam! Wir müssen kollektiv Nein sagen zu unangemessenen Forderungen wie ständiges Einspringen und der Vernichtung unserer privaten Erholungszeit. Wir müssen Nein sagen zu übertriebenen Überstunden. Es gibt viele Kollegen, die 200 und mehr Überstunden »vor sich her schieben«. Wir sind selbst schuld, wenn wir ständig einspringen und krank zur Arbeit gehen. Erinnern wir uns wieder an unsere Ausbildung: Der Bewohner steht im Vordergrund und nicht die Wirtschaftlichkeit. Wir lassen uns dazu verleiten, überreden und unter Drohungen dazu erpressen, dass wir Dokumentationen fälschen. Das macht letztlich nicht der Arbeitgeber, das tun wir. Das muss aufhören! Viele beschweren sich im Kreis von Gleichgesinnten und hoffen, dass es endlich mal knallt und das ganze System zusammenbricht, machen aber sonst den Mund nicht auf.

So wird das nichts! Jammern hilft keinem. Stattdessen sollten wir Pflegekräfte uns endlich miteinander solidarisieren und protestieren – gemeinsam! Wir haben unser Schicksal selbst in der Hand. Darf ich folgenden Vergleich anstellen? Kein ausgewachsenes Rind würde sich auf einen Tiertransporter verladen lassen, wenn es wüsste, dass dieser zum Schlachthof fährt. Wir dagegen wissen sehr wohl, wohin die aktuelle Form der Altenpflege führt. Und wenn das Rind wüsste, wie stark es körperlich ist, würden wir das alle zu spüren bekommen. Ähnlich verhält es sich mit der Altenpflege. Würde sie sich widersetzen, hätten alle ein Problem. Die Arbeitgeber, die Angehörigen, die Gesellschaft und die Politik. Wenn die Altenpflege sich auf die Macht besinnen würde, die sie hat, könnte es sehr schnell gehen mit den positiven Veränderungen. Wir müssen nur die Allianz des Schweigens durchbrechen. Pflegekräfte, Heimleiter, Angehörige, Besucher, gesetzliche Betreuer, Notärzte, Bestatter, Mitarbeiter des Medizinischen Dienstes der Krankenkassen (MDK) und der Heimaufsicht, alle wissen Bescheid und machen mit, schweigen zu den Missständen. Das muss aufhören!

Wer schämt sich dafür, dass unter den gegebenen Umständen die Demütigung und Erniedrigung der alten Menschen aufrechterhalten wird? Die Arbeitgeber freuen sich über so viel Dummheit und so wenig Empathie seitens des Pflegepersonals und füllen ihre Taschen mit den sprudelnden Überschüssen. Noch können wir die Richtung zu unseren Gunsten und denen der alten Menschen verändern. Oder ist der Leidensdruck beim Pflegepersonal noch immer nicht groß genug? Wie gesagt, die Lösung durch Veränderung kann nur von uns kommen. Kein Einspringen mehr, keine Anrufe außerhalb der Dienstzeiten entgegennehmen, keine Mehrarbeit bei reduzierten Stellen. Stattdessen Dienst nach Vorschrift, also Ruhezeiten und Hygienevorschriften einhalten (zum Beispiel Hände desinfizieren!). Und keine Dokumentationen für Leistungen, die nicht erbracht wurden.

Alle Energie der Pflegekräfte muss in den Boykott der entwürdigenden Arbeitsbedingungen gehen. Wenn alle Pflegekräfte sofort aufhören, sich von ungeeigneten Heimbetreibern und Vorgesetzten kriminalisieren zu lassen und dieses perverse System boykottieren, ist unser Problem gelöst! Dazu gehört Zivilcourage von vielen, die sich solidarisieren. Wenn wir weiterhin falsch dokumentieren, ist uns nicht zu helfen. Unter den von uns aufrechterhaltenen Zuständen kann es gute Pflege nicht geben. Dabei kann uns niemand wirklich zwingen, schlechte Pflege zu leisten. Wir wollen geldgierige Investoren nicht mit schlechter Pflege noch reicher machen. Boykottiert das System! Wachen wir endlich auf und lassen wir uns nicht weiter deprofessionalisieren. Entledigen wir uns selbst unserer Ausreden und beenden das Selbstmitleid. Handeln statt jammern.

Jede Wahrheit braucht einen Mutigen, der sie ausspricht. Es gibt keine Rettung von außen, diese kann nur von uns selbst kommen. Die Pflege braucht etwas, das die ganze Gesellschaft und alle Beteiligten aufrüttelt und aus der Lethargie reißt. Es muss eine Erschütterung im System geben, damit alle kapieren, dass jetzt Schluss ist. Es müssen in der Altenpflege wieder die Alten im Vordergrund stehen. Diese sind die wahren Opfer der aktuellen Verhältnisse.

»Echte Veränderung in der Gesellschaft muss beim Einzelnen beginnen.«

(Dalai Lama)

5. Physische und psychische Gewalt in der Pflege

»Na Opi, wie geht's?«

Stellen Sie sich einmal vor: Sie hatten beruflich etwas erreicht und waren gesellschaftlich angesehen. Vielleicht hatten Sie sogar ein eigenes Unternehmen, waren Vorgesetzter, geschätzter Mitarbeiter oder haben Kinder großgezogen? Freut sich nicht jeder auf einen Lebensabend mit noch ein paar schönen Erlebnissen? Aber leider passt das nicht in unsere Leistungsgesellschaft. Wir leben mittlerweile in einer Kultur, in der der Wert und die Wertschätzung einer Person von ihrem vollen Terminkalender und ihrer uneingeschränkten Leistungsfähigkeit abhängig gemacht wird. Wir definieren uns über unsere Produktivität. Und wer aus diesem Raster fällt, bekommt das Gefühl der Wertlosigkeit in unserer Gesellschaft zu spüren. Jung, dynamisch und erfolgreich sein lautet die Devise. Und dazu passen Alter, Krankheit und Sterben nicht. Wie fürchterlich!

Überhaupt definieren wir uns doch mehr oder weniger über Titel, Bankkonto, einen tollen Beruf und gesellschaftlichen Status. »Das kann mir keiner mehr nehmen«, denken wir. Und was, wenn doch? Im Alter besteht die Gefahr, dass sich all diese Meriten in Luft auflösen. Es ist eine traurige Tatsache, dass ältere Menschen in unserer Gesellschaft nicht mehr als vollwertige Mitbürger angesehen und oft nicht mehr ernst genommen werden. Dies spiegelt sich in Pflegeheimen häufig in der Sprache wider. Da redet man alte Menschen des Öfteren mit Oma und Opa, Vornamen, Kosenamen und Du an oder redet in einer herabwürdigenden Kindersprache mit ihnen. Ich mag mir nicht ausmalen, wie sich das anfühlt. Es muss eine Kränkung und Demütigung sein, das Gefühl vermittelt zu bekommen, dass alles, was man sich in Jahrzehnten erarbeitet hat, keinen Bestand mehr hat. Plötzlich ist man nur noch alt und nutzlos.

Dazu kommen noch Einsamkeit und Isolation, wenn keine Angehörigen, Freunde oder Nachbarn zu Besuch kommen. Es gibt keine Ziele mehr zu erreichen. Nur noch die Option des Todes vor Augen. Die Einsamkeit in den Pflegeheimen ist das Schlimmste. Wie muss es sein, den ganzen Tag alleine im Bett zu verbringen und die Wand anzustarren? Keine Ansprache zu haben, ist grausam und eine unentschuldbare Vernachlässigung, die wir im Bereich der Altenpflege als Normalität zulassen. Wir müssen den Menschen in diesem Lebensabschnitt eine angemessene soziale Lebenswirklichkeit ermöglichen. Dazu gehören ganz wesentlich Zuwendung und Kommunikation. Stellen Sie sich vor, wie kafkaesk es ist, alleine im Flur oder in einem Aufenthaltsraum abgestellt zu werden. Wenn Sie vielleicht auch nicht mehr so gut darin sind, sich zu artikulieren, ihren Bedürfnissen Ausdruck zu verleihen. So haben etliche Bewohner in ihrem ganz alltäglichen Lebensumfeld Angst, begleitet von einer tiefen Traurigkeit, welche ich in ihren Gesichtern so häufig lesen musste.

Es ist schlimm, von den Senioren zu hören, dass sie lieber sterben wollen, als uns weiter »zur Last zu fallen« und dass sie den Tod als eine Erlösung herbeisehnen. Diesen Menschen fehlt in der Regel die Möglichkeit zum Protest gegen die geringschätzende Behandlung durch das Pflegepersonal. Dabei wäre es eigentlich unsere Aufgabe, den Bewohnern Sicherheit zu vermitteln, anstatt sie mit ihren Ängsten alleine zu lassen. Dazu gehört, die Bewohner in den Kompetenzen zu stärken, die ihnen noch geblieben sind. Wenn die alten Leute sich ihre Brote noch selber schmieren können, sollen sie das auch tun. Und die paar Schritte, die Neuzugänge beim Heimeintritt noch laufen können, sollten wir aufmunternd begleiten. Das bedeutet der Begriff Aktivierende Pflege. Doch die Praxis sieht oft ganz anders aus. Wer zu langsam ist, bekommt fertig geschmierte Brote. Die paar Schritte, die manche noch laufen könnten, werden ignoriert. Im Rollstuhl geht's doch viel schneller. Es wird in Kauf genommen, dass die Muskeln binnen kürzester Zeit so geschwächt sein werden, dass der Bewohner tatsächlich nicht mehr laufen kann. Die Abwärtsspirale ist vorprogrammiert.

Sicher haben Sie schon mal den Satz gehört, »Seitdem er im Heim ist, hat er stark abgebaut.« Ist das nicht schrecklich? Heimaufenthalt als vorprogrammierter Niedergang! Dabei ist die physische Abwärtsspirale nach meiner festen Überzeugung auch ein Ergebnis der psychischen Vernachlässigung. Die Menschenwürde wird leider im Rahmen der streng getakteten Minutenpflege nicht berücksichtigt. Wenn man den Vorgang der Altenpflege rein ökonomisch betrachtet, ist Minutenpflege durchaus konsequent: industriell durchgeplant, Handgriffe mit der Stoppuhr ausgetimt. Aber menschlich ist das nicht! Jede Pflegesituation ist individuell verschieden. Dem muss Rechnung getragen werden! Im individuellen Kontakt mit den Pflegebedürftigen. Es gibt glücklicherweise immer noch engagiertes Personal, welches die pflegerische Aufgabe ernst nimmt. Doch diese Kolleginnen und Kollegen scheitern meist am abgestumpften, frustrierten und desinteressierten Personal in ihrer Umgebung. Sie werden von den eigenen Kollegen als ungeeignet hingestellt und bekommen zu hören, sie arbeiteten zu langsam. Es ist sehr frustrierend, für gute Arbeit bestraft zu werden! Dieser Zeitdruck wirkt sich auch oft sehr belastend auf das Verhältnis zwischen Pflegekraft und Bewohnern aus. Die Senioren spüren das. Und sie leiden unter dem Gefühl, Sand im Getriebe zu sein.

Sand im Getriebe

Die Heimbewohner kennen das Gefühl, dass sie uns Pflegenden zur Last fallen. Nicht selten haben sie deshalb Angst vor uns. Und das ist absurd. Wir arbeiten in einem Altenpflegeheim! Es geht darum, dass sich die Senioren hier wohlfühlen. Stattdessen erfahren sie Gewalt, physisch oder psychisch, was sich in Vernachlässigung, Schubsen, hartem Anfassen, Anschreien und so weiter äußert. Es ist schockierend, was viele Senioren da erleben müssen.

Ich erinnere mich an folgenden Fall: Eine 92-jährige Seniorin, der es bis zu ihrem Heimaufenthalt immer gut gegangen war, sagte zu ihrem Sohn: »Nun musste ich doch 92 Jahre alt werden, um noch geschlagen zu werden.« Eine Pflegekraft hatte ihr auf die Finger geschlagen. Das war – physisch betrachtet – keine schwerwiegende Misshandlung. Aber die Frau hatte fast ein Jahrhundert ohne diese Erfahrung zugebracht. Würden Sie das akzeptieren? Niemand von uns hat die Garantie, nicht in ein Pflegeheim zu müssen. Jeder von uns läuft Gefahr, solche Erfahrungen machen zu müssen. Gewalt in Pflegeheimen wird immer noch zu wenig in der öffentlichen Berichterstattung thematisiert. Pflegekräfte trauen sich kaum, solche Vorkommnisse öffentlich zu machen. Ihnen wird vorgeworfen, ihren Beruf schlechtzureden, dem Ruf des Hauses zu schaden und zu übertreiben. Man versucht, die Aussagen zu bagatellisieren oder als unglaubwürdig darzustellen. Dazu kommt die Angst vor Kollegen und Vorgesetzten. Eine verhängnisvolle Schweigespirale.

Eine Schülerin erzählte mir – sichtlich schockiert – von einem Vorfall, der sich während des Mittagessens im Pflegeheim zugetragen hatte. Eine demente Dame sei zu ihr gekommen und habe um eine zweite Portion Schokoladenpudding gebeten, den sie so gerne essen würde. Es sei noch genügend Pudding da gewesen. Eine Pflegekraft ging dazwischen mit den harschen Worten: »Gib der ja nichts mehr, sonst scheißt sie den ganzen Nachmittag wieder!« Niemand wandte sich gegen diese Entgleisung, sagte die Schülerin. Und sie selbst habe sich nicht getraut, sich der energischen und aggressiven Kollegin entgegenzustellen. Was für eine armselige und primitive Art, die eigene Macht an wehrlosen alten Menschen auszuleben. »Gib einem Menschen Macht und du erkennst seinen Charakter.«

Mehr Bewohner, weniger Personal

Die jahrelange Vernachlässigung, die Geringschätzung unseres Berufs rächt sich vor allem darin, dass der Nachwuchs ausbleibt. Der gegenwärtige Personalmangel ist schon seit Jahren abzusehen. Besonders durch den demografischen Wandel verschärfen sich die Verhältnisse zusehends. Diese Entwicklung hat zur Folge, dass für mehr Heimbewohner immer weniger Pflegepersonal zur Verfügung steht. Kein Wunder, dass die Heimleitungen nehmen, was sie bekommen können. Die Qualität des Personals spielt – wenn überhaupt – eine untergeordnete Rolle. Was das für die Heimbewohner im Pflegealltag bedeutet, interessiert die Leitung in der Regel nicht. Aber wollten Sie die Konsequenzen am eigenen Leibe spüren? Stellen Sie sich einmal vor, Sie hätten chronischen Durchfall, was schon für sich eine psychische und physische Belastung darstellt. Möchten Sie dann auch noch von einer Pflegekraft angeschrien werden: »Du alte Sau, hast du wieder ins Bett geschissen?«

Dies passierte Frau G., einer 85-jährigen bettlägerigen Dame. Frau G. wurde nicht mehr mobilisiert und verbrachte den Rest ihres Lebens im Bett eines Pflegezimmers. Ihr letztes Zuhause. Grund dafür waren ihre starken Kontrakturen – Einschränkungen der Beweglichkeit infolge von Muskelverkürzungen. Man konnte sie aufgrund ihrer körperlichen Deformierung nicht mehr in einen Rollstuhl setzten. Verstehen Sie mich bitte nicht falsch. Das Lebensende ist sicher in der Regel kein Ponyhof. Jeder kann sich vorstellen, dass die Verhältnisse in dieser Situation doch oft sehr weit von dem entfernt sind, was man sich wünscht. Aber bestimmte Standards des achtungsvollen Umgangs miteinander dürfen einfach nicht unterschritten werden. Und ich plädiere vehement dafür, dass diese Standards gewahrt werden, indem Personal eingestellt wird, das diese Standards aufgrund seines Ethos und seiner Bildung einzuhalten befähigt ist. Anders kann sich Pflege nicht in einem menschenwürdigen Rahmen entfalten.

Frau G.s einziger Kontakt zur Außenwelt bestand im Pflegepersonal, welches die Mahlzeiten anreichte und die Pflege übernahm. Die für sie zuständige Pflegerin, eine einfach gestrickte Frau, wollte nach Hause und empfand es als persönliche Schikane von Frau G., dass diese während ihres Dienstes in die Hosen machte. Sie schrie die alte Frau tatsächlich wie oben beschrieben vollkommen herabwürdigend an. Ich kam hinzu, da ich im Flur die Worte vernahm und sah, wie Frau G. zusammengekrümmt im Bett lag und dieser Furie hilflos ausgeliefert war. Es ist mir leider nicht gegeben, in solchen Situationen wirklich die Contenance zu wahren. Ich schrie die Kollegin an, sie solle sofort das Zimmer verlassen und sich schämen. Frau G. hauchte mir weinend mit ihrer dünnen, piepsigen Stimme ein »Danke« zu. Wie seelisch verwahrlost muss ein Mensch sein, um derart pietätlos mit alten und kranken Menschen umzugehen? Solche Leute haben in der Pflege nichts verloren! Ich finde deren Verhalten vollkommen indiskutabel. Es geht hier um die würdevolle Behandlung von alten Menschen in ihrem letzten Lebensabschnitt. Ja, sie haben zum Teil gravierende »Fehlfunktionen«, was die Kontrolle von grundlegenden Körperfunktionen anbelangt. Aber nein: Sie dürfen deshalb nicht wie Menschen 3. Klasse behandelt werden. Wir müssen für die Pflege Personal einstellen, das auch in unappetitlichen Situationen imstande ist, die Menschenwürde unserer Senioren zu wahren.

»Du altes Schwein!«

Unsere Senioren mögen alt und krank sein, doch sie sind deshalb in der Regel noch lange nicht geistig umnachtet. Es sind Menschen, die fühlen wie wir, die wir noch mitten im Leben stehen. Es ist beschämend, dass ich dies hier überhaupt erwähnen muss. Doch die Wahrscheinlichkeit ist leider nicht gering, dass auch Sie im Pflegeheim wie ein Idiot behandelt werden. So wie es Herr P. erleben musste. Der 82-Jährige war ein gebildeter und gesprächiger Mann, Geschichtslehrer von Beruf und in seiner Profession eine Autorität für seine Schüler. Er war verwitwet und lebte in der eigenen Wohnung, bis er durch einen unglücklichen Sturz auf Hilfe angewiesen war und zu uns in das Pflegeheim kam. Herr P. war es gewohnt, noch lange bis in die Nacht Fernsehen zu schauen, da er nicht schlafen konnte. Er war ein Bewohner, den wir als pflegeleicht bezeichneten, da er nur läutete, wenn er wirklich etwas brauchte. Als Herr P. in dieser Nacht läutete, war ich gerade unterwegs.

Manfred, ein älterer Kollege, der immer als freundlich und hilfsbereit galt, war schneller als ich und befand sich schon im Bewohnerzimmer, bevor ich dazu kam. Ich hörte gerade noch, wie Manfred den alten Mann anfauchte: »Du altes Schwein, der Fernseher bleibt jetzt aus. Du sollst nachts schlafen.« Herr P. schaute in seinem eigenen Zimmer, seinem Zuhause, einen Pornofilm. Manfred nahm ihm die Fernsteuerung weg, schaltete das Gerät ab und legte die Fernbedienung auf dem TV-Tisch ab, der für Herrn P. unerreichbar war. Ab welchem Alter ist es einem Menschen nicht mehr erlaubt, seine erotischen Fantasien zu leben? Was meinen Sie, wo die Grenze ist? Ab 50, 60, 70, 80, 90? Wer maßt sich an, hier eine Grenze zu ziehen? Ein zutiefst beschämter Mann blieb zurück, dem gerade die Würde aufs Übelste beschnitten worden war. Auch hier blieb eine Beschwerde meinerseits über den Kollegen Manfred ohne Folgen. Ich versuchte auch, mit ihm über den Vorfall zu sprechen. Ihn darauf hinzuweisen, dass es nicht in der Befugnis des Pflegepersonals liegt, die Heimbewohner derart zu bevormunden. Die Bewohner bezahlen – wie auch immer finanziert – mehrere Tausend Euro pro Monat für ihr Zimmer. Sie sind keine Bittsteller, sie sind keine Empfänger von Almosen oder von Mildtätigkeit. Sie haben ein Recht auf eine Privatsphäre, die sie selbstverständlich nach ihren Belangen definieren dürfen. Das Gespräch mit Manfred führte leider zu keiner Einsicht. Aber mein Ruf der Nestbeschmutzerin, der Querulantin, verfestigte sich und ich wurde immer unbeliebter bei den Kollegen.

Auf Nachfragen bei anderen Kollegen, warum diese nicht mal den Mund aufmachten und sich über entsprechende Entgleisungen von Kollegen beschwerten, bekam ich die Antwort, sie wollten keinen Ärger, und ich würde schon sehen, dass ich mir auch noch die Hörner abstoße und ruhiger werde. Ich merkte tatsächlich, dass ich ruhiger geworden war. Doch dies bedeutete nicht, dass ich mich an die menschenunwürdigen Behandlungen alter, wehrloser, uns anvertrauter Menschen gewöhnen konnte. Das wollte ich auch nicht. Täglich machte ich die Erfahrung, dass von der Heimleitung die Kollegen geschätzt wurden, die ohne zu klagen scheinbar ihr Pensum abarbeiten. Auch wenn sie in erheblichem Umfang Leistungen dokumentierten, die sie gar nicht erbracht hatten.

Später tauschte ich mich mit einer ebenfalls kritischen Kollegin aus, welche in einem anderen Pflegeheim arbeitete. Sie berichtete, dass eine Pflegehilfskraft von ihrer Wohnbereichsleitung genötigt worden war, eine Flüssigkeitsbilanzierung zu fälschen. An jenem Tag betrug die Außentemperatur 30 Grad. Die Bewohnerin hatte ihre Flüssigkeit nicht bekommen, doch die Kollegin sollte die Leistung dennoch abzeichnen. Die mutige Kollegin fragte nach, weshalb sie etwas abzeichnet, was sie nicht gemacht hatte, und bekam die trockene Antwort: »Weil die Wohnbereichsleitung es so will.« Viele denken bei Gewalt in der Pflege an Schläge, doch die Mehrheit der Gewalttaten ist viel subtiler und gemeiner. Den Bewohner ignorieren, ihm die Glocke entziehen, damit er nicht läuten kann, Unfreundlichkeit, lächerlich machen, in Babysprache mit ihm reden und ihn seiner Biografie berauben. Pflegekräfte können sich den meist hilflosen Senioren gegenüber in der Regel jede Frechheit herausnehmen.

Dabei ist natürlich das genaue Gegenteil von Frechheit die anzustrebende Umgangsform: wertschätzende Kommunikation. Heutzutage kommen Menschen in die Heime, die gesellschaftlich oft einen höheren gesellschaftlichen und beruflichen Status hatten als die meisten Pflegekräfte, die sie betreuen. Wir haben Staatsanwälte, Politiker, Schauspieler, Akademiker, Handwerker, Landwirte, Hausfrauen. Breit gefächerte Biografien. Und hier bedeutet es für die Bewohner schlicht Lebensqualität, sich mit uns auf einem guten Niveau unterhalten zu können. Sie sehen darüber hinaus auch, wie wichtig es ist, Mitarbeiter zu beschäftigen, die der deutschen Sprache mächtig sind.

Geschichten erzählen

Die Bewohner wollen uns ihre Geschichten erzählen, einen Schwank aus ihrem Leben. Und die frühere Lehrerin freut sich riesig über unsere Zeit, wenn wir ihr beim Harfenspiel zuhören. Mich befriedigt es keineswegs, dass diese Menschen mit ihren spannenden Biografien einfach mit dem Argument, jetzt keine Zeit zu haben, abgewimmelt werden. Ich habe auch viel zu sehr Angst, Signale auszustrahlen, die dazu führen, dass sich die Senioren wie ein lästiges Nichts vorkommen. Niemand sollte je das Gefühl haben. Aber Sie bekommen dieses Gefühl heute in der Alltagswirklichkeit im Heim sehr schnell vermittelt.

Ein banales Beispiel: Ein Bewohner klopft an die Tür des Stationszimmers, während die Übergabe stattfindet. Und noch bevor er im Raum ist, hört er von einer Pflegekraft mit rotzig-frecher Stimme die Worte entgegenschleudert: »Raus hier!« Die alten Menschen werden zu oft einfach nicht ernst genommen. Nicht mehr als Personen respektiert. Ein anderer Senior wird wie ein ungezogenes Kind ins Bett geschickt, wenn er am Abend noch nicht müde ist und im Gang umhergeht. Er wird als Störenfried wahrgenommen. Obwohl er der legitime und selbstverantwortliche Bewohner der Einrichtung ist, die er schließlich finanziert, wird er behandelt wie ein Querulant. Manche Bewohner fangen an zu schreien oder zu weinen, da sie diese unwürdige Behandlung nicht mehr ertragen. Andere ziehen sich zurück und werden depressiv, da sie sich nicht trauen und auch keine Energie mehr aufbringen, sich gegen diese Behandlung zu wehren.

Manche werden auch – wie ich finde – aus nachvollziehbaren Gründen aggressiv. Doch kaum jemand geht den Ursachen auf den Grund. Eine ganz üble Praxis kommt stattdessen vieltausendfach zum Einsatz: Es reicht, dem Arzt zu stecken, dass der Bewohner aggressiv ist, und ganz schnell werden Beruhigungsmittel verschrieben. Oft, ohne dass die Mediziner den Bewohner gesehen haben. Das sind typische Gefälligkeitsverschreibungen! Das ist illegal! Hier müssten Betreuungsberechtigte in die Entscheidung einbezogen werden. Doch es wird ein lukratives Geschäftsmodell aufrechterhalten, das den Medizinern und den Heimen ihren Profit sichert. Sedierende Pillen statt Zuwendung – ich habe das bereits oben angesprochen. Dieser Tatbestand ist weitverbreitet und menschenverachtend. Eine einmalige Erwähnung ist angesichts der Dimension dieses Verbrechens nicht genug. Albtraum Pflegeheim!

Gewalt in der Pflege

Dass es keine wirklich belastbaren Zahlen zum Ausmaß der Gewalt in der Altenpflege gibt, ist nicht überraschend. Es fängt damit an, dass es schwer zu definieren ist, wo Gewalt in der Pflege eigentlich anfängt. Für mein Empfinden müssen nicht erst blaue Flecken entstehen, damit ich den »Zugriff« der Pflege auf die Schutzbefohlenen als Gewalt ansehe. Schon einen ungeduldigen, ruppigen Umgang etwa bei Hygienemaßnahmen müssen Heimbewohner und Bewohnerinnen als entwürdigend und unangemessen empfinden. Traurigerweise fehlt im Pflegeberuf in der Regel noch immer der Mut oder das Bewusstsein, das Thema Gewalt offen anzusprechen. Dabei sind die oft erschreckenden Berichte in den Medien wahr! Und solange dies der Fall ist, dürfen wir keine Ruhe geben, der Öffentlichkeit diese Grausamkeiten zuzumuten, denen alte Menschen ausgeliefert sind.

Völlig fassungslos und traurig reagiere ich immer noch auf Berichte, in denen von Schlägen gegen die Bewohner die Rede ist. Ich persönlich finde es schon widerlich, wenn sich Fußballfans – oder sagen wir Hooligans – eine Schlacht liefern. Aber die begegnen sich wenigstens auf der gleichen »physischen Augenhöhe«. Doch physische Gewalt gegen Alte spielt sich in einem ganz anderen Koordinatensystem ab. Pflegekräfte sind den zu Pflegenden in aller Regel körperlich haushoch überlegen. Reflexe, um sich zu schützen, sind bei den betagten Menschen längst nicht mehr so gut ausgebildet wie Jahrzehnte zuvor. Der Körper ist insgesamt erheblich geschwächt – sonst wären die Opfer ja nicht in einem Pflegeheim. Mir fällt kaum etwas ein, das ich niederträchtiger und feiger finden kann, als Gewalt gegen hinfällige Senioren auszuüben.

Zwar werden immer wieder einzelne Fälle bekannt und sorgen dann einen Tag lang für reichlich Empörung. Doch dann gehen wir wieder zur Tagesordnung über und in der medialen Öffentlichkeit zieht nach kurzer Zeit ein ganz anderer Skandal die Aufmerksamkeit auf sich. Ich habe auch schon genervte Stimmen gehört, wenn im Fernsehen mal wieder ein Bericht über Gewalt in Pflegeheimen ausgestrahlt wurde. »Was geht das uns an?«, scheinen die meisten zu denken. Hat das eventuell damit zu tun, dass wir es tatsächlich so genau gar nicht wissen wollen? Was ich nicht weiß, macht mich nicht heiß. Die meisten Fälle gelangen auch erst gar nicht an die Öffentlichkeit. Pflegekräfte – meist die Täter – und sicher auch die Heimleitungen werden sich nicht darum kümmern, diese Fälle publik zu machen. Das ist klar.

Und auch die Opfer vermeiden es nach Ansicht der Experten leider zu oft, diese Straftaten anzuzeigen. Aus verschiedenen Gründen. Dabei sind physische und psychische Gewaltakte in den Pflegeheimen keine Einzelfälle, was mittlerweile auch jeder Heimaufsicht bekannt ist. Müsste nicht jeder Pflegekraft sofort gekündigt werden, wenn sie Gewalt gegenüber wehrlosen Senioren ausübt? Nein, die meisten Täter müssen sich da keine Sorgen machen: Personalmangel! Zu viele Einrichtungen können ihre Dienstpläne nicht mehr mit Fachkräften aufrechterhalten. Deshalb schaut man einfach weg. Eher müssen Pflegekräfte um ihre Anstellung fürchten, die Gewalt gegenüber Bewohnern melden. Wie krass ist das denn? Wir sollen es ohne Widerspruch akzeptieren, dass Pflege schnellschnell gehen muss. Kollateralschäden werden da offenbar akzeptiert. Wer sich in dieses Schema kritiklos einfügt, gilt der Heimleitung als eine gute Pflegekraft. Wer dagegen opponiert, ist ein Nestbeschmutzer. Albtraum Pflegeheim.

Anlaufstellen für kritische Pflegekräfte

Wir benötigen dringend Anlaufstellen, bei denen Mitarbeiter von Pflegeinrichtungen Vorkommnisse mit Gewalt melden können. Anlaufstellen, bei denen sie ernst genommen werden und vor allem anschließend geschützt werden. Geschützt vor Mobbing von Seiten der schweigenden Kollegenschar aus ihrem Betrieb. Vor ein paar Jahren wandte ich mich in meiner Verzweiflung an die städtische Beschwerdestelle für Pflegeheime und berichtete über Gewalt gegen Bewohner. Von der zuständigen Psychologin erntete ich ein Achselzucken. Sie erklärte, sie könne da auch nichts machen. Glauben Sie mir, wer sich für Bewohner und deren Unversehrtheit einsetzt, braucht ein starkes Rückgrat. Ein Fallbeispiel dazu: Ich erinnere mich an eine ältere Kollegin. Klara war eine ausgebildete Krankenschwester, die nachts völlig überfordert war und die Bewohner in einem ziemlich ruppigen Ton ansprach, sie auch mal etwas fester anfasste, sodass die Bewohner nach ihrem Dienst schon mal blaue Flecken davontrugen.

Demente Bewohner waren Klaras bevorzugte Opfer, und es fiel auf, dass ein Bewohner, der es sich sonst zur Gewohnheit gemacht hatte, nachts auf dem Gang spazieren zu gehen, im Bett blieb, wenn diese Kollegin Dienst hatte. Auf unsere Nachfragen erklärte die Kollegin, dass sie dem alten Mann einfach mehr Neuroleptika gegeben habe. Neuroleptika sind – wie schon oben beschrieben – stark wirkende Beruhigungsmittel. Im Zusammenhang mit der Anwendung von Neuroleptika wird auch gerne das Wort abschießen gebraucht. Wir sollten dies auch tun, erklärte die Kollegin, wenn wir unsere Ruhe haben wollten. Am nächsten Tag meldeten wir dies der Pflegedienstleitung.

Doch die Leitung versuchte uns zu beschwichtigen und meinte, Schwester Klara gehe doch eh bald in Rente. Und wir wollten doch jetzt nicht noch den Aufstand proben. Und außerdem fehle dann wieder eine Vollzeitkraft. Anstatt Klara eine Abmahnung zu geben, wie es im humanitären Rahmen einer Pflegeeinrichtung angemessen gewesen wäre, versuchte man, uns ein schlechtes Gewissen zu machen. Uns wurde suggeriert, wir würden der Kollegin mit unserer Kritik schaden. Weil sie im Ernstfall in ihrem Alter woanders keine Arbeit mehr bekommen würde. Es wurde mit keinem Wort erwähnt, welchen Schaden der wehrlose Bewohner durch die eigenmächtige, illegale Medikamentenausgabe erlitten hat. Es handelt sich ja nicht nur um den strafrechtlich relevanten Tatbestand der Freiheitsberaubung. Neuroleptika können besonders bei Hochbetagten auch gravierende medizinische Schäden verursachen. Hier ging es um eine einzelne Pflegekraft, und es wäre leichter gewesen, gegen sie vorzugehen als gegen ein ganzes Team.

Sie löschten die Glocke

Es gibt aber auch ganze Stationen, die einem Bewohner gegenüber feindselig eingestellt sind. Dies betrifft häufig Bewohner, die öfter läuten. Ich kam einmal auf eine solche Station und traf auf ein in sich geschlossenes Team. Man sagte mir gleich: »Die Bewohnerin von Zimmer 15 musst du länger läuten lassen, damit sie merkt, es kommt keiner.« Die Tochter verwöhne sie so sehr, und deshalb glaube sie, bei uns könne sie Extrawürste bekommen. Sie läute nur aus Schikane und dagegen müssten wir alle zusammenhalten.

Ich bin es gewohnt, mir ein eigenes Bild zu machen und so tat ich es auch in diesem Fall. Als Zimmer 15 läutete, ging ich hin und fand eine weinerliche Bewohnerin vor, mit einer dünnen, fast kindlichen Stimme. Sie hatte etwas Vornehmes an sich, was sich in ihrem sprachlichen Ausdruck bemerkbar machte. »Ach bitte Schwester, kann ich einen Schluck Wasser haben«, bat sie. Und weiter: »Und könnten Sie das Fenster schließen und würden Sie bitte noch den Blumen etwas Wasser geben? Dies macht sonst meine Tochter, doch sie kommt heute nicht.« Frau P. war bettlägerig und so kam ich ihren Wünschen nach, bemerkte jedoch, dass es ihr nicht nur um das Trinken ging. Ich spürte ihre Einsamkeit, unterhielt mich kurz mit ihr, bevor ich das Zimmer wieder verließ.

Als ich ins Stationszimmer zurückkam, zwecks Übergabe, läutete Zimmer 15 wieder und wieder. »Da siehst du, was du angerichtet hast«, der Vorwurf war nicht zu überhören. »Na dann geh auch zu deinem Liebling, wenn du nicht auf uns hören willst.« Das Team hatte beschlossen,

Zimmer 15 warten zu lassen. Danach ging einer zu Frau P., löschte die Glocke und schimpfte mit ihr. Sie hatten es untereinander abgemacht, dass sie kein Wort mit der Bewohnerin sprechen, während sie die Glocke außer Funktion setzten. Der Stationsleiter war der Anführer, und niemand im Team stellte seine Anordnung in Frage, Frau P. einfach läuten und warten zu lassen. Keiner war offenbar bisher auf die Idee gekommen, nach den Gründen für ihr Verhalten zu fragen.

Die Bewohnerin bekam einfach den Stempel »schwierig und fordernd« aufgedrückt. Ihr wurde unterstellt, sie wolle das Personal mit ihrem Verhalten nur schikanieren. Tatsächlich läutete sie weniger, nachdem sie merkte, es kommt jemand. Die Erklärung hierfür ist ganz einfach: Frau P. spürte, dass sie nicht alleine war. Im Ernstfall kam ich. Mein Handeln hatte eine beruhigende Wirkung auf sie. Gespräche sind für die Bewohner so wichtig, da viele von ihnen ohne uns völlig vereinsamen. Mit welchem Recht enthalten wir ihnen diese Zuwendung vor? Es gestaltet sich mühsam, alleine gegen ein – sorry, ich muss es so ausdrücken – gewaltbereites Team vorzugehen. In diesem Fall hätte es auch des Austauschs mit der Führungskraft bedurft. Eine Leitung, die das Ganze aus Gründen der Effizienz ja nicht nur unterstützte, sondern auch noch anzettelte.

Ich möchte das einfach noch einmal betonen: Natürlich sitzt das Team am längeren Hebel. Das Team kann Bewohner nach Belieben auskontern. Doch wie oft könnte ein wenig Zuwendung das Problem lösen. Und damit so unglaublich viel sozialen Reibungsverlust verhindern. Wir können mit wenig Aufwand Lebensunglück stiften bei Menschen, die uns Pflegekräften auf Gedeih und Verderb ausgeliefert sind. Hier kann man sehen, wie wichtig sowohl sozial als auch fachlich kompetente Führungskräfte sind. Wir haben das Problem, dass in der Altenpflege zu wenig gut ausgebildete und kompetente Leitungen arbeiten. Wir benötigen diese dringend, um destruktive Kollektive aufzulösen, wie jenes, das

Frau P. das Leben im Heim zur Qual machte. Stattdessen wird geleugnet, weggeschaut und bagatellisiert. Das ist psychische und physische Gewalt in der Altenpflege.

Wenig kompetente Führungskräfte

So sind vor allem auch demente Heimbewohner oft gar nicht mehr in der Lage, Gewalterfahrungen einzuordnen. Sie haben Angst und empfinden Schmerzen. Aber sie begreifen nicht die Tatsache, dass ihnen Unrecht geschieht. Sie haben in der Regel keine kommunikativen Strategien zur Abwehr – etwa für eine Beschwerde. Und selbst wenn sie sich Dritten, den Angehörigen, Mitbewohnern oder unbeteiligten Pflegekräften gegenüber äußern, ist das Risiko hoch, dass die Anschuldigungen als Hirngespinste wahrgenommen werden. Ist es nicht viel wahrscheinlicher, dass die verwirrte Alte sich etwas einbildet, als dass ein Vertreter dieses caritativen Berufsstandes sich an der Seniorin »vergreift«?

Die psychische Situation der Heimbewohner wird oft von Brutalität bestimmt. Ich muss das so hart ausdrücken, da die betagten Menschen häufig in einem Klima der Angst leben. Wenn sie »aufmucken«, laufen sie Gefahr, von den Pflegekräften, von denen sie ja abhängig sind, bestraft zu werden. Und Pflegekräfte haben ein großes Spektrum an mehr oder weniger subtilen Strategien zur Verfügung, um es den Bewohnern »heimzuzahlen«, wenn diese sie anschwärzen. Das Dramatische an der Sache ist, dass sich psychische Gewalt nicht so leicht erkennen lässt und dass diese auch keine so einfach sichtbaren Spuren hinterlässt. Ein Bewohner, der keine Angehörigen mehr hat und auch sprachlich nicht mehr in der Lage ist, Hilfe zu holen, ist auf die Hilfe aufmerksamer und kritischer Pflegekräfte angewiesen. Und diese Pflegekräfte, die nicht wegschauen, brauchen die Unterstützung von ihren Vorgesetzten. Kritik an den inakzeptablen Verhältnissen in vielen Heimen muss in der Gesellschaft als ein wichtiges Korrektiv wahrgenommen und geschätzt werden. Und nicht als Nestbeschmutzung verunglimpft werden.

Gewalt in der Pflege hat viele Schattierungen. Vernachlässigung ist die einfachste Strategie. Sie verringert – wie praktisch – auch noch das Arbeitsaufkommen. Deshalb ist diese Strategie wohl die beliebteste von allen. Das Repertoire der Repressalien im Umgang mit den »Petzen« reicht von Kurzangebundensein über Unfreundlichsein, Harschheit und Ruppigkeit bis hin zu wiederum gewalttätiger »Zuwendung«. Und hier reicht das Spektrum wiederum von Unfreundlichsein über Festanfassen bis zu expliziter Gewalt in Form von Schlägen. Die Pfleger haben durch ihren täglichen Umgang mit den betagten Menschen meist eine genaue Vorstellung davon, mit wem sie so umspringen können. Demente Bewohner, die sich nicht mehr artikulieren können, und Bewohner, die keine Besuche mehr bekommen, sind am meisten davon betroffen. Es könnte sonst ja doch etwas durchsickern. Ist das nicht fürchterlich? Diese Bewohner müssen sich vorkommen wie Robinson auf seiner einsamen Insel, der auch noch täglich davor Angst haben musste, dass die Eingeborenen kommen und ihn bedrohen. Was für ein Albtraum!

Zärtlichkeit – im Alter unanständig?

Wir hatten einmal einen Bewohner und eine Bewohnerin, beide Rollstuhlfahrer, welche geistig vollkommen klar waren. Eines Tages saßen die beiden Händchen haltend und lächelnd im Gang und erfreuten sich sichtlich ihres »Dates«. Da schoss eine Kollegin schimpfend aus dem Stationszimmer auf die beiden zu, schlug ihnen auf die Finger, trennte die beiden und schimpfte, dass sich so etwas nicht gehört. Den verdutzten Herrn schob sie in den Aufenthaltsraum und die ebenfalls konsternierte Seniorin in ihr Zimmer.

Die Pflegekraft erteilte zwei Menschen, die sich über ihre Zweisamkeit freuten, Stubenarrest, wie das möglicherweise eine Aufsichtsperson in einer Jugendherberge im Umgang mit Zwölfjährigen tun kann. Aber bitte nicht im Umgang mit Siebzigjährigen! Wer entscheidet, ab welchem Lebensjahr Erotik oder auch nur Zärtlichkeit unanständig sind? Sie sind es nie! Diese Art von Übergriffigkeit hatte ich bis dahin noch nicht erlebt. Und ich empfinde solche Vorkommnisse als beschämend. Zumal auch hier im Gespräch mit der Pflegekraft keine Einsicht zu erreichen war. Erwachsene Menschen so zu behandeln, grenzt an Größenwahn. Die Pflegekraft hat eindeutig ihre Macht missbraucht. Und man bekommt anhand dieses Beispiels ein Gefühl dafür, dass es nicht immer Schläge sein müssen, die am meisten schmerzen. Finden Sie nicht auch?

Mieses Klima macht gewaltbereit

Dabei muss man sich vergegenwärtigen, dass in vielen Altenpflegeheimen ein Klima herrscht, das der Bereitschaft der Pflegekräfte zur Gewalttätigkeit im Umgang mit den Heimbewohnern Vorschub leistet. Die Pflegekräfte sind im Dauerstress. Sie erleben jeden Tag, dass sie nicht imstande sind, das ihnen gesetzte Pensum zu erfüllen. In einer Nachtschicht für 30, 60 und mehr Heimbewohner zuständig zu sein und einzig die Option zu haben zu scheitern, ist eine extrem frustrierende Erfahrung. Weiterhin arbeiten die Pflegekräfte viel zu viele Tage am Stück. Acht, zehn und mehr Tage in Folge sind keine Seltenheit. Von den überaus anstrengenden Diensten sind die Pflegekräfte psychisch und physisch oft vollkommen erschöpft. Viele Kolleginnen und Kollegen haben bis zu 200 Überstunden oder mehr auf dem Konto. Sie arbeiten im Laufschritt, denn die Stationen sind chronisch unterbesetzt. In einer solchen Stresssituation stellt ein »begriffsstutziger« oder ein langsamer Heimbewohner, der dem Pflegepersonal die ohnehin schon zu kurze Zeit »stiehlt«, die Geduld der Pfleger auf eine harte Probe. Und so ist die Wahrscheinlichkeit, Opfer von Gewalt in der Pflege zu werden, bei Dementen und bei Heimbewohnern mit einem hohen Pflegebedarf am größten. Das ist tragisch. Weil das oft auch die Bewohner sind, die eigentlich mehr Zuwendung bräuchten.

Die Pflegekräfte haben häufig über viele Monate nicht die ihnen zustehende Freizeit, die sie benötigen, um sich von der Arbeit zu erholen. Sie werden aus dem Urlaub zur Arbeit gerufen, weil es personelle Engpässe gibt. Oder sagen wir, weil sich der übliche personelle Engpass durch Krankheit oder Kündigung dermaßen verschärft hat, dass die Heimleitung signalisiert: »Land unter! Wenn du nicht sofort kommst, bricht hier alles zusammen.« Und die Pflegekräfte wollen sich nicht nachsagen lassen, dass ihr »Egoismus« für das Leiden der Heimbewohner verantwortlich sei. Das ist perfide! So ist es nicht verwunderlich, dass immer mehr Pflegekräfte abstumpfen und Fehler vorprogrammiert sind: einerseits durch völlige Überlastung, andererseits durch die Tatsache, dass immer geringere Ansprüche an die Kompetenzen der Pflegekräfte gestellt werden.

Die Politik sieht einfach zu, wie Heime mit immer weniger Personal arbeiten. Zwar hat Gesundheitsminister Spahn im Sommer 2019 erste Ansätze gezeigt, Personal fairer zu entlohnen und die Personalschlüssel in der Pflege zu erhöhen. Aber das Kompetenzproblem wird er damit nicht lösen. Es ist Ihnen sicher schon aufgefallen: Ich spreche hier nicht von der Produktion von Strümpfen. Hier könnte man mit mehr Personal den Output problemlos erhöhen. Ich spreche über die Art und Weise, wie wir mit unseren Eltern und Großeltern umgehen. Mit einer Erhöhung der Quantität beim Personal lässt sich die Situation der Heimbewohner nur bedingt verbessern. Ohne eine Qualitätsoffensive wird der strukturellen Gewalt in den Heimen Tür und Tor geöffnet bleiben. Ein Mehr an Personal kann fehlende Empathie und soziale Kompetenz nicht ausgleichen. Wer lange in der Pflege gearbeitet hat und noch nicht völlig abgestumpft ist, weiß: Das Schlimmste für die Bewohner ist die Einsamkeit. Ob sich ein Pfleger nicht für eine/einen zu Pflegenden interessiert oder zwei Pflegekräfte ihnen gegenüber vollkommen gleichgültig sind, bleibt für das psychische Wohlbefinden der Bewohner unerheblich.

Ich habe es wiederholt mit ansehen müssen: Der Mund wird bei der Essenseingabe gewaltsam geöffnet und das Essen in den Bewohner hineingestopft, oft mit einem zu großen und zu vollen Löffel, sodass der Nahrungsbrei an beiden Mundwinkeln wieder hinausläuft. Da wird ein Schnabelbecher schneller geleert, als der Bewohner eigentlich schlucken kann. Da werden Bewohner nachts gewaschen, damit der Frühdienst entlastet ist. Auch dazu werden Bewohner ausgesucht, die sich nicht wehren können. Bewohner werden beim Essen auf den Toilettenstuhl gesetzt, um ihr Geschäft während der gemeinsamen Mahlzeit im Beisein der Zimmernachbarin zu verrichten. Das sind »Schläge«!

Nicht von Haus aus Sadisten

Selbst wenn viele Pflege(hilfs)kräfte eine professionelle – das heißt eben auch eine persönlich zugewandte – Einstellung zum Pflegebetrieb vermissen lassen, heißt das noch lange nicht, dass die gewaltbereiten Pfleger unter ihnen von Haus aus Sadisten sind. Viele Pflegekräfte gehen einfach seelisch auf dem Zahnfleisch. Dann können auch Kleinigkeiten das Fass zum Überlaufen bringen. Die Pflegerin/der Pfleger rastet aus und es kommt zu aggressivem Verhalten gegen die betagten und schutzlosen Alten, die doch ihre Schützlinge sind.

Ich erinnere mich an die Bewohnerin Frau R. Ich komme in ihr Zimmer, um das Geschirr vom Mittagessen abzuräumen. Dabei fällt mir sofort der üble Gestank im Zimmer auf. Zwei Seniorinnen sitzen an ihrem Tisch und starren vor sich hin. Beim Näherkommen sehe ich, wie eine der beiden Frauen mit Nachthemd und Bettjäckchen bekleidet auf ihrem Toilettenstuhl sitzt. Beim Essen! Frau R. ist eine große und sehr hagere Erscheinung mit schulterlangen weißen Haaren, die sehr ungepflegt wirkte. Ihre Haare hingen strähnig herab. Sie war ganz offensichtlich schon länger nicht frisiert worden. Vielleicht mag Ihnen der Service der Frisur als etwas Luxuriöses erscheinen. Ich verbinde ihn in meinem Beruf aber mit dem Begriff der Menschenwürde. Ganz abgesehen von der Frisur war es ein unerträglich trauriger Anblick, diese Frau in einer so entwürdigenden und beschämenden Situation zu sehen.

Deshalb bot ich ihr an, sie ins Bad zu bringen. Ich wollte sie aus dieser unwürdigen Situation befreien. Doch als ich näherkam, fing sie an, wild mit beiden Händen nach mir zu schlagen. Ich trat einen Schritt zurück und sah in ihr verzweifeltes und tief gedemütigtes Gesicht. Es war durchzogen von tiefen Falten. Ich sah Furchen in ihre Wangen und ihre Stirn gegraben. Es war bestürzend zu sehen, wie tief sich die Demütigung in ihren Augen und der ganzen Mimik wiederspiegelte. Aus sicherer Entfernung erklärte ich ihr, dass ich ihr nichts Böses wolle. Sie sah mit leeren Augen an mir vorbei, doch sie ließ es geschehen, dass ich sie mit dem Toilettenstuhl ins Bad brachte, um sie zu säubern. Danach konnte sie sich angezogen im Rollstuhl an den Tisch setzen.

Sie kann sprechen

Frau R. hatte keine Angehörigen mehr und besaß nichts Persönliches, außer ihrer Kleidung und ihrem Leben. Es war ein heißer Sommertag und auf ihrem Tisch befand sich noch ein Nikolaus aus Schokolade, der im Heim an die Bewohner zu Weihnachten verteilt worden war. Sie zeigte auf den Nikolaus und sagte, ich solle ihn mitnehmen, sie wolle ihn mir schenken. Erst jetzt bemerkte ich, dass Frau R. sprechen konnte. Wie krass! Wenn auch nur wenige Worte aus ihrem Munde hervorkamen, in denen zudem auch keine Kraft mehr steckte, keine Lebensfreude. Aber immerhin: Da meldete sich ein Mensch! Ich bedankte mich für dieses Geschenk. Mir hatte sie mehr als einen Weihnachtsmann geschenkt. Sie hatte es geschafft, trotz der kränkenden Erfahrungen, Vertrauen aufzubauen und mit mir in Beziehung zu treten. Und ich hatte hier wieder einmal erfahren, dass auch Bewohner, denen wir zunächst gar keine intellektuelle oder emotionale Teilhabe am Leben mehr zutrauen, sich in einer sehr intensiven emotionalen Beziehung mit uns befinden. Können Sie sich vorstellen, in welchem Ausmaß Menschen wie Frau R. in Pflegeheimen gedemütigt werden? Tausendfach geübte Missachtung, die mich fassungslos macht.

Als sie starb, hielt ich ihre Hand. Hier war für mich eine Geschichte zum Ende gekommen. Einen Menschen bis zu seinem Tod in Würde zu begleiten, ist etwas Besonderes. Bevor sie starb, vermachte sie mir noch ihre Bettstiefel aus Lammwolle. Ich habe sie als Erinnerung an Frau R. aufbewahrt. Ich hoffe, Sie – liebe Leserin, lieber Leser – haben nicht das Gefühl, dass ich mich hier als Mutter Teresa (eine zwiespältige Figur) der Altenpflege aufspiele. Ich erzähle diese Geschichten, um zu unterstreichen, dass es in den Pflegeheimen gar zu oft – wen kann das überraschen – um absolut existenzielle Situationen geht. Hier erleben Menschen, die am Ende ihres Lebens stehen, Erniedrigungen, die wir keinem Tier zumuten möchten.

In der Station von Frau R. stand ein jahrelang eingespieltes Team den Bewohnern gegenüber, das nach meiner Wahrnehmung extrem abgestumpft und dessen Haltung von Gleichgültigkeit gekennzeichnet war. Neue Mitarbeiter hatten es schwer, etwas zu verändern. Doch es war nicht unmöglich, wie das Beispiel meiner Begegnung mit Frau R. zeigt. Es gibt seit einigen Jahren im Teambuilding, in der Unternehmenskommunikation, so gute Konzepte, wie man die intrinsische Motivation von Mitarbeitern steigern kann. Es geht hier – kurz gesagt – darum, dass sich die Mitarbeiter die Ziele des Unternehmens zu eigen machen.

Ich spreche hier allerdings nicht von den Zielen einer Heimleitung, die auf Gewinnmaximierung aus ist. Ich spreche hier von den Zielen einer ernst gemeinten, den Menschen zugewandten Altenpflege, die angetreten ist, das Dasein der Alten an ihrem Lebensabend möglichst angenehm zu gestalten. Nichts weniger haben die Alten verdient! Diese Erkenntnisse aus aktuellen Managementmethoden sollten wir regelmäßig auch in der Altenpflege anwenden. Nicht nur als Fortbildungsmaßnahme, sondern auch um die Mitarbeiter davor zu bewahren, dass sie abstumpfen, in die Innerlichkeit flüchten und ihren Dienst nur noch in einer Minimalversion leisten. Ohne Anteilnahme und ohne die Chance, auch die beglückenden Momente dieses menschennahen Berufes erleben zu können. Wir brauchen eine Qualitätsoffensive in der Altenpflege, sowohl durch Rekrutierung von motivierten Kräften wie auch im laufenden Betrieb.

»Schwester, ich möchte sterben«

Ein abgestumpftes Team, in dem keine Freude herrscht, in dem wenig gelacht wird und nach dem Motto »Es ist schon immer so gewesen« gearbeitet wird, kann keine angemessene, zugewandte Pflege erbringen. Heimleitungen müssen hier die Initiative ergreifen. Es geht darum, die Teams in den Pflegeheimen für das Programm »Behandlung und Belohnung der Alten« zu begeistern. Das ist eine schöne und befriedigende Tätigkeit. Das Personal in den Pflegeheimen muss mit den Alten gemeinsam das fördern, was die Alten noch können. Damit sich die betagten Menschen nicht nur als bedürftig, sondern auch noch als kompetent empfinden können. So kann eine gesunde Atmosphäre im Pflegeheim funktionieren. Wie grausam ist es im Gegensatz dazu, wenn das Personal aus Frustration und permanenter Überforderung zu einem Dämon wird, seine Macht missbraucht und alte Menschen misshandelt und unterdrückt und ihnen damit die Lebensfreude nimmt.

Solches Herangehen hätte zur Folge, dass wir nicht immer wieder hören müssen: »Schwester, ich möchte sterben.« Das mag im Einzelfall ein nachvollziehbarer Wunsch sein. Und sicher gibt es Umstände, in denen auch die beste Pflege nicht imstande ist, das Leben der Alten so zu verbessern, dass sie zu einer positiven Lebenseinstellung zurückfinden. Aber es darf nicht sein, dass der Grund für die Verzweiflung und eine Todessehnsucht in der schlechten Betreuung durch die Pflegekräfte liegt. Aber das ist im Albtraum Pflegeheim in Deutschland – wie fürchterlich – nach meiner Erfahrung leider häufig der Fall.

Hausgemachte Probleme beim Umgang mit Dementen

Besonders heikel ist der Umgang mit dementen Menschen. Natürlich ist die Gefahr groß, sie zu bevormunden, sie einfach als umnachtet hinzustellen. Naheliegend. Aber für den menschlichen Umgang mit ihnen und für die humanitäre Kultur im Pflegeheim ist das extrem kontraproduktiv. Demente Menschen haben nach meiner Erfahrung immer noch ein ausgeprägtes Empfinden dafür, welche Achtung, welche Wertschätzung ihnen von ihrer Umgebung entgegengebracht wird. Wenn sie spüren, dass sie als Person nicht mehr ernst genommen werden, verunsichert sie das. Das stört das Betreuungsverhältnis fundamental. Hier liegt ein wesentlicher Grund für viele Folgeprobleme, die in einem immensen Ausmaß Geld, Manpower und Ressourcen verschlingen. Ich bin sicher: Durch hausgemachte Probleme machen wir uns das »Geschäft« Altenpflege unnötig schwer. Demente Bewohner, die nicht das Gefühl ertragen müssen, von ihrer Umwelt als bekloppt wahrgenommen zu werden, sind viel kooperativer, als wir ahnen. Mir geht es hier nicht zuerst um einen Gewinn an Effizienz, sondern um einen Zugewinn an Menschlichkeit in der Pflege. Sicher kämen wir in vielen Situationen mit mehr Personal und mehr Geld leichter durch den Tag. Aber oft würde es schon viel bewirken, wenn wir intelligenter und empathischer mit den Menschen umgehen, die uns anvertraut sind.

In diesem Zusammenhang ist Bekleidung ein wichtiges Thema. Dass wir uns an- und ausziehen ist eine Tätigkeit, die wir jahrzehntelang selbstverständlich in unserem Alltag ausüben. Für Kleinkinder ist es ein großer Schritt in Richtung Selbstständigkeit und Selbstbewusstsein, wenn sie sich eigenständig anziehen können. Wenn wir diese Tätigkeit den Heimbewohnern abnehmen, nur weil wir es schneller oder besser können, schubsen wir sie zurück in einen unselbstständigen Kleinkindmodus. Für viele betagte Bewohner, für viele Demente, gehört das selbstständige Ankleiden zu den letzten Residuen ihrer Kompetenz. Es gehört zu den letzten Tätigkeiten, in denen sie sich noch als fähig zur Selbstbestimmtheit wahrnehmen können. Kleidung anziehen und ausziehen. Überlegen Sie einmal, wie fundamental das in Ihrem Alltag ist! Fundamental nicht in dem Sinne, dass Sie heute noch Selbstbewusstsein daraus schöpfen. Fundamental insofern, dass es unabdingbar zu jedem Tag gehört.

Selbstbewusstsein fördern

Aber natürlich kommt es nicht selten vor, dass dementen Bewohnern beim Anziehen etwas durcheinander gerät, freundlich ausgedrückt. Sie ziehen ihr Unterhemd oder ihre Unterhose über die Straßenkleidung. Natürlich haben wir den Reflex, das korrigieren zu wollen. In einem belehrenden Tonfall erklären zu wollen, dass das so nicht in Ordnung ist. Aber das ist höchst problematisch und die Bedeutung wird von Pflegekräften häufig nicht richtig eingeschätzt. Demente Bewohner werden deshalb sehr schnell ihrer letzten noch vorhandenen Kompetenzen beraubt.

Das wird als sehr demütigend empfunden. Und viele Bewohner werden, da sie sich nicht mehr verbal differenziert mit uns auseinandersetzen können, unruhig, weinerlich oder aggressiv. Sie schlagen mitunter auch zu. Das sieht natürlich in der Dokumentation nicht gut aus. Das muss man dem Arzt melden. Und der hat eine sehr einfache Lösung für das Problem zur Hand. Eine Lösung, die der Heimleitung gefällt und die dem Personal die Arbeit erleichtert. Eine pharmazeutische Lösung (siehe vorn, unter anderem im Kapitel »Angriff auf die Menschenwürde«). Das ist aber keine angemessene Reaktion auf das Problem! Die angemessene und menschlich einzig vertretbare Reaktion ist, Personal einzustellen, das aufgrund seiner fachlichen Befähigung imstande ist, sozial kompetent mit diesen Problemen umzugehen, in Ruhe mit den Heimbewohnern an der Sache zu arbeiten oder auch einfach mal alle fünfe gerade sein zu lassen. Sehe ich auf einer Station einen Heimbewohner mit einem schräg zugeknöpften Hemd, empfinde ich das als ein gutes Zeichen! Doch der anwachsende Pflegenotstand und die Tatsache, dass Menschen in der Pflege arbeiten, die weder fachliche noch soziale Kompetenzen haben, führt immer wieder dazu, dass solche Kleinigkeiten Anlass für gewalttätiges Verhalten seitens der Pflegekräfte geben.

Völlig überfordert

Ich bin ein sehr geduldiger Mensch. Und doch musste auch ich meine Grenzen kennenlernen. Ich war, nachdem ich wieder meine Arbeitsstelle gewechselt hatte, die einzige Fachkraft im Nachtdienst und für 90 Bewohner verantwortlich. Außerdem trug ich noch die Verantwortung für andere Stationen, da dort nur Pflegehelfer eingesetzt waren. Das heißt *Rennpflege*, jeder Handgriff muss sitzen. Es durfte in diesen Nächten nichts dazwischenkommen: kein Sturz, kein Bewohner, der Anzeichen einer Hypoglykämie (Unterzuckerung) aufwies, kein anderer Notfall und auch kein Sterbender. Doch es kommt meistens anders, als man das so gerne hätte. Mehrere Bewohner litten an Durchfällen und ich musste für die Helfer der anderen Stationen Blutzucker messen und Wunden behandeln, die diese aufgrund ihres Kompetenzprofils nicht behandeln durften. Mein ohnehin schon zu engmaschig gestrickter Zeitplan geriet völlig außer Kontrolle.

Die Bewohner zu säubern, die Betten zu beziehen, kostete Zeit, die ich nicht hatte. Den übrigen Bewohnern, die nach mir läuteten, gerecht zu werden, war unter diesen Umständen schlicht unmöglich. Ein nervenzehrendes Risiko. Man weiß ja nicht, wie dringend so ein Notruf wirklich ist. Ich hetzte von einem Zimmer zum anderen und hoffte, wenigstens meine drei Rundgänge in der Nacht zu schaffen. In meinem Bereich gab es eine sehr liebenswerte kleine Dame, zu der ich gerne ging. Sie lag in ihrem Bett und wartete auf mich. Ihre Frisur und ihr spitzbübisches Lächeln erinnerten mich an die Zeichnungen von Wilhelm Busch. Sie konnte nicht mehr sprechen. Doch das kindliche Lächeln, mit dem sie mich immer begrüßte, war unwiderstehlich. Nach der Pflege streichelte sie immer noch einmal über meine Hand, bevor ich ging.

Als ich in dieser Nacht beim dritten Durchgang zu ihr kam, war ich bereits psychisch und physisch völlig erschöpft und mein Moritz, wie ich sie in Gedanken nannte, saß erwartungsvoll in ihrem Bett und wartete wie üblich auf mich. Doch diesmal hatte es mit meinem Kommen länger gedauert. Wir erleben immer wieder, wie sensibel die Bewohner auf unser Timing reagieren. Moritz' Bett war voller Stuhlgang. Doch damit nicht genug. Sie hatte Kot im Gesicht, an den Wänden und überall dort verschmiert, wo sie mit den Händen herankam. Sie lächelte mich an und freute sich offensichtlich, dass ich endlich da war. Doch dieser Anblick war in dieser Nacht zu viel für mich. Ich wusste, ich schaffte in dieser Nacht meine Durchgänge nicht mehr. Ich musste andere Bewohner weiterhin läuten lassen. Glauben Sie mir, das ist keine angenehme Situation!

Wenn Kollegen Zeit haben, hilft man sich gegenseitig aus. Doch in dieser Nacht waren die anderen ebenfalls überfordert, da auch sie mehrere Bewohner mit Durchfällen versorgen mussten. Es kommt vor, dass eine

Magen-Darm-Grippe die Runde macht. Diese Nächte sind besonders hart. Ich stand völlig fertig im Zimmer, sah auf die lächelnde Bewohnerin, stampfte verzweifelt mit dem Fuß auf und schrie: »Scheiße! Scheiße! Scheiße!« Auch dies ist eine Form von Gewalt. Auch wenn Sie diese Reaktion sicherlich für nachvollziehbar halten. Aber für die demente Seniorin war mein Auftreten nicht verständlich. So kannte sie mich bisher noch nicht. Sie schien sichtlich erschrocken über meinen Gefühlsausbruch. Und ich erschrak ebenfalls über mich. Ich verließ erst einmal das Zimmer, um tief durchzuatmen. Ich wusste, ich konnte mir bei den beiden anderen Kollegen, die in der gleichen Schicht waren, keine Hilfe holen. Als ich mich wieder etwas gefasst hatte – ich kämpfte mit den Tränen, weil ich schon so erschöpft von der Nachtschicht war –, ging ich wieder zurück zu der Bewohnerin. Ich entschuldigte mich und duschte sie und bezog das Bett neu.

Während ich dann völlig entkräftet meine Übergabe mit dem Frühdienst machen wollte, empfing mich die Stationsleitung unwirsch und wollte mir eine Rüge verpassen, da ich die Wäsche nicht ordnungsgemäß in die richtigen Wäschesäcke eingeordnet hatte und weil ich die verkotete Bettwäsche nicht schon vorgewaschen hatte. Ungläubig sah ich diese an, welche in gebrochenem Deutsch zu mir sprach.

Bürokratie kommt vor Menschlichkeit

Da bin ich ausgerastet. Das ist eigentlich nicht meine Art. Ich schrie sie an, ob sie denn nicht mehr alle Tassen im Schrank habe. Sie solle froh sein, dass ich ihr die Bewohner lebend und unversehrt übergeben habe. Am anderen Tag musste ich mir dann von der Heimleitung die Frage gefallen lassen, warum ich die Vorgänge in der Nacht nicht sorgfältiger dokumentiert hätte. Können Sie sich vorstellen, wie einen das fertigmacht? Nach einer solchen Nacht auch noch mit diesem Bürokratenscheiß belästigt zu werden?

In Deutschland ist es damit ganz schlimm. Unter dem Siegel der Qualitätssicherung werden Mediziner und Pflegekräfte massiv an der Ausübung ihres Berufs gehindert. Zwanzig, dreißig und mehr Prozent der Arbeitszeit verbringt medizinisches Personal damit, seine Arbeit zu dokumentieren. Das ist lächerlich. Das ist skandalös. Manche Kollegen fügen sich drein, einige vielleicht sogar mit dem Gefühl »eigentlich leichter als die Arbeit an sich«. Aber das ist absolut kontraproduktiv. Und der Qualitätsgewinn, der dabei irgendwo in der Kontrolle oder in der wissenschaftlichen Evaluation vielleicht erzielt werden kann, steht in keinem Verhältnis zum Verlust an medizinischer und menschlicher Zuwendung, die durch dieses Bürokratiemonster verursacht wird. Vor allem, wenn man weiß – und alle Beteiligten wissen das – dass die meisten Dokumentationen gnadenlos frisiert sind.

Auf meine Beschwerden bei der Leitung wegen Arbeitsüberlastung bekam ich zu hören, ich sei wohl zu sensibel und nicht so belastbar wie meine Kollegen, da diese ihre Arbeit ohne zu klagen schafften. Spätestens hier fing ich an, mich innerlich von der Pflege im Heim zu verabschieden. Ich hatte immer wieder festgestellt, wer in der Pflege so arbeiten will, wie er es gelernt hat, steht mehr als oft alleine da. Und wie, bitteschön, soll ich unter diesen Umständen meinen Beruf noch schönreden? Die Rennpflege hat mit guter Pflege nichts mehr gemein. Die Abfertigung von hilflosen Menschen konnte ich mit meiner Vorstellung von professioneller Pflege nicht mehr in Einklang bringen.

Striemen im Gesicht

Ein anderes Mal gingen wir in der Nacht zu zweit in das Zimmer einer sehr korpulenten Bewohnerin, um sie frisch zu machen und zu betten. Die Dame wog circa 150 Kilo und es war mir unmöglich, diese alleine zu versorgen. Als ich ihr ins Gesicht schaute, sah ich die Querstreben des

Bettgitters, die sich als rote Striche auf ihrer Stirn abzeichneten. Kein gutes Zeichen! Meine Kollegin sagte: »Ach, da war wohl wieder Schwester Bärbel da. Die schmeißt sie immer etwas ruppig ins Bett. Und diesmal hat sie wohl vergessen, ein Kissen als Bremse vor das Bettgitter zu legen.« Die Kollegin half mir, der schweren Frau die Windel zu wechseln und sie zu lagern. Für meine Kollegin hatten die Striemen im Gesicht der Patientin offensichtlich nichts Empörendes. Sie waren vielmehr Ausdruck des Zeitmangels. Ergebnis einer Pflegetechnik, die eben darauf achten musste, keine Zeit zu verschwenden.

Ich hoffe, die Schilderungen der Überlastung des Personals hören sich nicht an wie der Versuch einer Entschuldigung von gewalttätigem Verhalten in der Pflege. Mit nichts lässt sich Gewalt gegen betagte Frauen und Männer rechtfertigen, die sich – vor allem in dieser Generation und ganz besonders deren Frauen – oft ein Leben lang für andere aufgeopfert haben. Ich möchte nur, dass klar wird: Die Verhältnisse, wie sie vielerorts in Heimen bestehen, begünstigen Gewalttätigkeit. Die permanente Überlastung der Pflegekräfte führt nahezu zwangsläufig zur Misshandlung der Senioren. Diese Verhältnisse müssen sich grundlegend ändern.

Das sind wir den alten Menschen schuldig. Und viele von uns werden selbst von diesen gefährlichen Mangelzuständen betroffen sein. Was sich ändern muss, habe ich in diesem Buch ja schon mehrfach angesprochen. Die – nach meiner Meinung – wichtigste Voraussetzung ist eine deutliche Aufwertung der Pflege in der öffentlichen Wahrnehmung. Pfleger müssen spüren, dass ihrer Arbeit die angemessene Wertschätzung durch die Gesellschaft entgegengebracht wird. Das würde die Identifikation mit den Zielen der Pflege immens stärken. Und das muss sich natürlich auch in monetärer Form bemerkbar machen. Unter Gesundheitsminister Spahn scheint da einiges in Bewegung zu geraten. Doch bis zum Redaktionsschluss dieses Buches hat sich noch nicht absehen lassen, welche

Ergebnisse tatsächlich zustande kommen. Ich fürchte, wie immer ist es nicht genug, damit qualifizierte Kräfte in dem erforderlichen Ausmaß in die Pflege kommen.

Gewalt in der Pflege

Lassen Sie uns den Versuch unternehmen, das Ausmaß an Gewalt in der Pflege zu quantifizieren. Keine leichte Aufgabe. In Stuttgart ist die Stiftung Zentrum für Qualität in der Pflege (ZQP) ansässig. Das ZQP hat sich der verdienstvollen Aufgabe unterzogen, die schüttere Datenlage zum Problem der Gewalt in der Pflege auf eine wissenschaftliche Basis zu stellen.

Dafür hat das ZQP die internationale Forschungsliteratur gescannt und anschließend in Deutschland 250 Heimleitungen zum Thema befragt. Im Bericht des ZQP heißt es: »47 Prozent der Befragten geben an, dass Konflikte, Aggression und Gewalt in der Pflege eine besondere Herausforderung für Pflegeheime sind.« Sie merken an der Formulierung »eine besondere Herausforderung«, dass die Heimleitungen sich schwer damit tun zu bekennen, dass Gewalt gegen Heimbewohner auch in ihrer Einrichtung Realität ist. Aber immerhin bekennt sich fast die Hälfte der Heimleiter zu diesem Problem. Dennoch halte ich es für unseriös, mit genauen Prozentwerten für physische Gewalt in der stationären Pflege aufzuwarten.

Doch ab wann werte ich pflegerisches Verhalten als Gewalt. Klar wird aus den Forschungsansätzen, dass es sich hier um ein extrem relevantes Thema handelt. Gewalt ist in vielen Pflegeheimen ein alltägliches Phänomen. In diesem Kapitel habe ich versucht, das weite Spektrum der Gewalt in der Pflege, beginnend beim unfreundlichen Wort über Vernachlässigung bis zur physischen Gewalt gegen Heimbewohner, darzustellen. Es besteht im Heim generell die Gefahr, die Schwäche der Senioren auszunutzen, da im Heim letztlich das Recht des Stärkeren gilt. Ich habe es allerdings auch immer wieder erlebt: Rüstige, sich klar artikulierende Bewohner können Hilfe einfordern und sind den Sprachlosen gegenüber weitaus im Vorteil.

Auch Pflegende sind Opfer von Gewalt

Es darf nicht unerwähnt bleiben, dass auch Pflegende in der Ausübung ihres Berufes Opfer von Gewalt werden können. Kognitiv eingeschränkte sowie betagte und desorientierte Heimbewohner schreien, spucken und treten nach Pflegern, beleidigen und traktieren sie im Ernstfall mit Schlägen. Ein Aspekt, der in der öffentlichen Diskussion über Gewalt in der Pflege selten thematisiert wird. Ein Aspekt, der natürlich in der täglichen Arbeit für Eskalationen sorgen kann. Aggression erzeugt Gegenaggression. Die prekären Verhältnisse in der Pflege begünstigen ein Klima, in dem Gewalt nahezu folgerichtig Raum greift. Gut ausgebildete Pflegekräfte, ein realistischer Personalschlüssel und ebensolche Rahmenbedingungen sind geeignet, die Situation vor Ort in den Pflegeheimen zu entspannen und könnten dafür sorgen, dass das Thema an Relevanz verliert. Ich bin sicher: Der ganze Sektor würde in der öffentlichen Wahrnehmung aufgewertet und die Bewerberzahlen würden für diesen – in den richtigen Rahmenbedingungen – anspruchsvollen und schönen Beruf steigen.

Das Thema Gewalt in der Pflege wird seit Jahrzehnten diskutiert. Und auch für die Ausbildung der Pflegekräfte gibt es Konzepte, die der Gewaltprävention dienen. Dort werden Deutsch und Gesprächskunde, Psychologie, Soziologie und Sozialkunde als Ausbildungsinhalte definiert, im Glauben, damit die sozialen Kompetenzen der Pflegekräfte positiv zu beeinflussen. Ich möchte dazu Stellung nehmen. Das ist Bullshit!

Ich erkläre gerne, warum ich diesen – auf den ersten Blick – so sinnvollen Ansatz für fragwürdig halte. Hilfreich ist da der Vergleich mit anderen Ausbildungsberufen. Nehmen wir einmal den Mediengestalter. Mediengestalter sind Arbeitskräfte, die nach der Ausbildung unter anderem in der Grafik, im Schnitt oder an der Kamera zum Einsatz kommen. Glauben Sie, dass sich da einfach jeder bewerben kann, in der Hoffnung, während der Ausbildung mit 40 Stunden Unterricht in Kreativität oder Bildkomposition schon zu einem wertvollen Mitarbeiter gereift zu sein? Mitnichten! Für eine Erfolg versprechende Bewerbung um eine Ausbildung zum Mediengestalter sollten Sie:

- über eine kreative Ader verfügen,
- technisch versiert sein,
- ein Auge für aktuelle Trends haben,
- sprachlich in Deutsch und Englisch fit sein,
- kaufmännisches Know-how besitzen,
- offen und kontaktfreudig sein.

Ansprüche an Bewerber

Sie ahnen es, worauf ich hinauswill. In einem Berufsfeld, das besondere Kompetenzen erfordert, zieht man nicht einfach ein beliebiges Schleppnetz durch den Ozean der Arbeitslosen. In der Hoffnung, dass sie in der Ausbildung schon die richtigen Qualitäten entwickeln. Nein! Man definiert als Arbeitgeber und natürlich auch schon als Ausbildungsbetrieb sinnvollerweise Ansprüche, die auf das Berufsfeld zugeschnitten sind. Und so wie bei einem Mediengestalter Kreativität, ästhetisches Gespür und Interesse für aktuelle ästhetische Entwicklungen vorauszusetzen sind, haben auch Altenpfleger spezifische Schlüsselqualifikationen mitzubringen. Empathie, soziale Kompetenz und Kommunikationsfähigkeit sind Eigenschaften einer Persönlichkeit, die nicht per se über

Unterrichtseinheiten erworben werden. Die Tatsache, dass wir diese Persönlichkeitsaspekte nicht definitorisch in die Zugangsvoraussetzungen für den Beruf der Altenpflege einarbeiten, rächt sich im Pflegealltag. Salopp gesagt: Das zieht einen ganzen Rattenschwanz von hausgemachten Problemen nach sich. Wir lassen unsere Senioren mit diesen Problemen und mit diesem ungeeigneten Personal erbärmlich im Stich. Senioren sind in vielen Heimen in einem unerträglichen Ausmaß umgeben von Pflegekräften, die den besonderen Anforderungen in einer Pflegeeinrichtung ungenügend gerecht werden.

Warum leisten wir uns beim Beruf das Mediengestalters den Luxus, Zugangsbedingungen zu formulieren, um die persönliche Eignung der Kandidaten für den Einsatz in seinem gewünschten Arbeitsgebiet sinnvoll auszuloten. Und warum nicht in der Altenpflege? Dem Themenbereich, der unser aller Lebensqualität in den letzten Lebensmonaten und Jahren so maßgeblich mitbestimmen wird? Wir erleben, dass sowohl ungeeignete Kräfte aus dem eigenen Land als auch ausländische Pflegekräfte eingesetzt werden, die allein sprachlich nicht imstande sind, auf die Probleme und Nöte der Heimbewohner adäquat zu reagieren. Politik und Protagonisten der Pflege scheitern grandios in einer Frage, die essentiell mit unserer Lebenszufriedenheit in Pflegeeinrichtungen verbunden ist wie keine andere. Lebhaft diskutieren wir so viele Probleme: Klimawandel, Mikroplastik, Artensterben, Stickoxide. Das ist alles wichtig! Doch wo bleibt der Rettungsschirm für unsere Senioren?

Bevormundung, Ignoranz gegenüber Anfragen von Bewohnern, Gespräche verweigern, Gesicht verziehen und Augen abwenden, genervte Blicke, keine Zeit haben, Kommandoton, schimpfen – jegliche physische und psychische Vernachlässigung ist Gewalt! Muss ich schreiben: Gewalt nach meinem Empfinden? Jegliches Eingreifen in die Selbstständigkeit und jegliches Handeln gegen den Willen einer Bewohnerin oder eines Bewohners ist Gewalt. Die Aufzählung erhebt keinen Anspruch auf Vollständigkeit. Ich glaube, wir brauchen relativ wenig Fantasie, um uns vorzustellen, wie einfach die Bedürfnisse von alten wehrlosen Menschen übergangen werden können. Aber genau das ist das grundsätzliche Problem unserer vornehmlich ökonomisch orientierten Altenpflege. Fürchterlich, alte wehrlose Menschen einfach nur zu bewirtschaften und ihrer seelischen Verfassung – in so vielen Heimen – keine Aufmerksamkeit zu widmen.

Heikles Thema: Intimpflege

Die Umstände der Intimpflege werden tausendfach von Seniorinnen in Pflegeeinrichtungen beklagt. Das Gros der Einwohner von Altenpflegeheimen sind Frauen. Sie leben im Schnitt drei Jahre länger als Männer und sind in den Partnerschaften in der Regel die Jüngeren. Also bleiben sie übrig, nachdem der Mann verstorben ist. Gleichzeitig sind vor allem Männer als Hilfskräfte in der Pflege unterwegs. Das hat vielleicht auf den ersten Blick nichts mit dem Thema Gewalt zu tun. Bei näherem Hinsehen aber sehr wohl. Sie können sicher nachvollziehen, dass viele Bewohnerinnen sich hier nicht adäquat versorgt fühlen? Ich spreche vor allem vom Bereich der Hygienemaßnahmen im Intimbereich. Für viele Frauen ist es nur sehr schwer zu ertragen, dass in diesem sensiblen Bereich wildfremde Männer zugange sind. Die geschlechterspezifische Versorgung zumindest im Bereich der Intimpflege in der Alterspflege ist ein Muss. Alles andere ist eine Demütigung.

6. Das Altenheim als Abstellkammer für Betagte

Zwischen Krankenhaus und Gefängnis

Erinnern Sie sich an die Pflege-Charta, die in diesem Buch im Kapitel »Einblicke in die Praxis der Pflege« zum ersten Mal angesprochen wurde? Formuliert im Auftrag des Ministeriums für Familien, Senioren, Frauen und Jugend. Eine Art Grundgesetz, das auch auf die Zustände in Altenheimen abzielt. Da heißt es schon im ersten Artikel, unter der Überschrift »Selbstbestimmung und Hilfe zur Selbsthilfe« explizit, dass jeder hilfe- und pflegebedürftige Mensch das Recht auf Hilfe zur Selbsthilfe habe sowie auf Unterstützung, um ein möglichst selbstbestimmtes und selbständiges Leben führen zu können.

Ein kluger erster Artikel! Denn hier wird etwas gefordert, das in zweierlei Hinsicht extrem sinnvoll bei der Betreuung von betagten Menschen in Pflegeheimen ist: erstens Hilfe zur Selbsthilfe und zweitens das Recht auf ein selbstständiges und selbstbestimmtes Leben. Diese beiden Forderungen für die Pflege sind unverzichtbar, sowohl in ethischer als auch in medizinischer Hinsicht. Selbstbestimmung ist selbstverständlich eine wesentliche Voraussetzung, die erfüllt sein muss, um allein schon Artikel 1 des Grundgesetzes gerecht zu werden.

»Die Würde des Menschen ist unantastbar.« Natürlich ist es dafür nötig, dass die Senioren letztlich diejenigen sind, die entscheiden, wie ihr Leben auszusehen hat. Bei Dementen müssen das die nächsten Angehörigen im Sinne der Pflegebedürftigen tun.

Das selbstständige Leben bedeutet in der Pflege – unter anderem –, an einem Tagwerk teilzuhaben, sich aus eigenem Antrieb zu bewegen, eigene Ziele zu verfolgen und so körperlich und geistig in Bewegung zu bleiben. Hier hat die Pflege Hilfe zur Selbsthilfe zu leisten, wo immer das nötig ist. Das ist essenziell für das physische Wohlbefinden der Pflegebedürftigen und hilft auch, wenn es konsequent beachtet wird, diverse pharmazeutische Strategien überflüssig zu machen. Zufriedene Heimbewohner sind kooperativer und benötigen weniger Schlafmittel, weniger Angstlöser und weniger Antidepressiva. Die Pharmaindustrie wird diesen Ansatz nicht begrüßen. Doch das sollte nicht unsere erste Sorge sein.

Die meisten Heime, die ich erlebt habe, sind von diesem, in der *Pflege-Charta* des Bundesministeriums formulierten ersten Leitsatz allerdings meilenweit entfernt. Die Pflegeheime werden heute immer mehr zur Abstellkammer für alte Menschen, für die wir in unserer auf Leistung getrimmten Kultur keine sinnvolle Verwendung mehr finden. Die Leitbilder der Häuser hören sich vielversprechend an. Den Senioren werden beim Einzug ins Pflegeheim Leistungen versprochen, die das Pflegeteam niemals einlösen kann. Man sagt den Neuankömmlingen nicht, dass sie damit rechnen müssen, im Heim nach und nach der Verwahrlosung anheimzufallen, da das Heim nicht über genügend ausgebildetes Personal verfügt, um ihnen einen angenehmen Lebensabend zu gewährleisten.

Es werden Aktivierungen – etwa Gymnastik – angeboten, welche man durch minimal ausgebildetes Personal ausführen lässt. Diese hier ganz speziell auf den Körper von betagten Menschen zugeschnittenen Übungen müssen aber von fachkundigen Kräften vermittelt werden. Sonst besteht die Gefahr, dass die Senioren mit ihrem oft schon fragilen Muskel- und Bewegungsapparat sich verzerren oder überdehnen. Oft finden diese Übungen aus Personalmangel dann überhaupt nicht statt.

Die liebevoll bebilderten Hochglanzbroschüren erwecken den Eindruck, als ob das Pflegeteam in diesem Heim von Empathie und sozialen Kompetenzen überquillt. Doch »lieb, nett und aufopferungsvoll« sollte man in der Pflege nicht mit Kompetenz verwechseln. Verstehen Sie mich bitte nicht falsch: Der Sonnenschein aus einem osteuropäischen oder asiatischen Land kann das soziale Klima und das Wohlbefinden der Heimbewohner durchaus positiv beeinflussen. Aber das reicht nicht, um die Selbstständigkeit der Senioren zu fördern oder auch nur zu erhalten. Hilfe zur Selbsthilfe und Aktivierende Pflege setzen die Kenntnis von Strategien voraus, die nicht aus der privaten Lebenserfahrung in den Pflegealltag zu übertragen ist. Diese Strategien sind Gegenstand einer wertigen Ausbildung für den Pflegeberuf. Eine Ausbildung, die immer weniger die in den Pflegeheimen beschäftigten Kräfte zu durchlaufen haben.

Verwahrt und verwahrlost statt gepflegt

Man kann immer öfter in den Pflegeheimen beobachten, wie Senioren in Aufenthaltsräumen und Gängen stundenlang einfach abgestellt werden und klaglos vor sich hindösen. Wie oft handelt es sich dabei um Menschen, die keine Angehörigen mehr haben oder die aus anderen Gründen auf sich allein gestellt sind. Diesen betagten Menschen in den Heimen sollte unser Mitgefühl zugutekommen. Diese Bewohner brauchen Verbündete. Menschen, die ein waches Auge auf ihr einsames Dasein haben. Lassen Sie mich bitte für einen Moment unumwunden deutlich werden: Wer fragt denn mal einen solchen einsamen Heimbewohner im Nachbarzimmer, der stundenlang in seiner Scheiße liegt, ob er gut gepflegt wird? Unsere Senioren haben ein Recht auf Kommunikation. Austausch mit Menschen ist nicht nur ein Geschenk für viele vereinsamte Alte, sondern beinhaltet auch die Chance, gegenüber den Pflegekräften Missstände anzusprechen und zu signalisieren: Diese Heimbewohnerin ist nicht »von allen guten Menschen verlassen«. Hier sind welche, denen fällt es auf, wenn Heimbewohner sträflich vernachlässigt werden. Aus diesem Grund möchte ich Sie ganz herzlich bitten, bei Heimbesuchen auch auf Heimbewohner zu achten, die nicht mit Ihnen verwandt sind.

Kommunikation muss im Zentrum der Pflege stehen. Nicht nur, weil keine Kommunikation fürchterliche Einsamkeit bedeutet. Sondern auch, weil viele Bedürfnisse der Alten nur im Austausch an den Tag kommen. Was machen wir stattdessen? Wir schicken Personal, das nicht genügend deutsch spricht, um die Bedürfnisse der Bewohner zu erkennen und auf diese Bedürfnisse eingehen zu können. Wenn ich bedenke, wie gut und wohltuend ein Gespräch mit einem Menschen sein kann, der mich versteht und auf mich eingeht, ist es doch inakzeptabel für einen Heimbewohner, sich – wegen Sprachbarrieren – nicht mehr über seine Erlebnisse und Sorgen austauschen zu können.

Es dürfte niemand in einem deutschen Seniorenheim eingestellt werden, der der deutschen Sprache nicht mächtig ist. Kommunikation gehört zu den ursprünglichen Bedürfnissen der Menschen. Stattdessen werden Hunderttausende unserer Senioren praktisch ohne persönliche Ansprache in den eintönigen Tagesabläufen in den Pflegeheimen abgefertigt. Für viele heißt es: 6 Uhr wecken und waschen, 8 Uhr Frühstück, 11.30 Uhr Mittagessen, 14 Uhr Kaffee und 17 Uhr Abendessen, also kommunikative Zuwendung durch vornehmlich fremdsprachiges Personal im Rahmen der jeweiligen Pflegefunktion zu beziehen – gestanzte Sätze über Essen und Körperpflege. Persönliche Ansprache sieht anders aus!

Viele Heimbewohner kommen erst gar nicht aus dem Bett. Und die, die aus dem Bett mobilisiert werden, kommen tage- oder wochenlang nicht an die frische Luft. Das ist grausam und grenzt für meine Begriffe an Folter.

Einsamkeit und Sprachbarrieren

Wenn Sie mit einem Vertreter aus der Leitungsebene eines Heims über dieses Problem sprechen, werden Sie zu hören bekommen: »Ja, was glauben Sie denn? Wenn wir genügend deutsches Pflegepersonal hätten, dann, ja dann bräuchten wir keine ausländischen Hilfskräfte anheuern. Aber so … ist das einfach illusorisch.« Na toll! Ich denke, hier stellt sich einmal mehr die Frage: Wer war zuerst – die Henne oder das Ei? Soll heißen: Wenn wir nicht durch eine jahrzehntelange Geringschätzung des Pflegesektors den Ruf und damit die Attraktivität dieser Arbeitswelt so nachhaltig geschädigt hätten, müssten wir heute auch nicht im Ausland nach Personal suchen – und ganz nebenbei – aus diesen Ländern sozial engagiertes Personal abziehen. Denn diese Arbeitskräfte sind ja nicht per se weniger wert als einheimisches Personal. Mit ihrer Motivation und ihrer – im Rahmen der Möglichkeiten – Zuwendung zu den Alten sind die Kräfte aus Osteuropa oft überdurchschnittlich gute, wenn nicht gar vorbildliche Mitarbeiter. Aber Pflege ohne funktionierende Kommunikation zwischen Pflegekraft und Bewohner ist nur eingeschränkt möglich. Womit rechtfertigen wir eigentlich diesen personellen Raubbau an engagierten Arbeitskräften in unseren Nachbarländern?

Leider gibt es in vielen Heimen immer noch Doppelzimmer. Das muss sich unbedingt ändern. Ich glaube, das ist nachvollziehbar. Wie würden Sie reagieren, wenn Sie ein Zimmer in einem Vier-Sterne-Hotel buchen und man legt Sie – ungefragt – mit einem wildfremden Menschen in ein Doppelzimmer? Wenn das Hotel Ihnen auch den Tagesablauf vorschreibt und miserables Essen anbietet. Was wäre, wenn Sie sich dann beschweren und eine Angestellte Sie daraufhin anschreit, es sei halt nicht genügend Personal da, um Sie anständig zu bedienen! Basta!

Die Unterbringung im Heim ist der Raum für unser Privatleben. Wie soll ich diesen Raum bis an mein Lebensende mit einer fremden Person teilen? In der *Pflege-Charta* ist explizit in Artikel 3. Dort heißt es, jeder hilfe- und pflegebedürftige Mensch habe das Recht auf Wahrung und Schutz seiner Privat- und Intimsphäre. Es lässt tief blicken, wenn es nötig ist, solch eine Selbstverständlichkeit in einer Sammlung von Leitsätzen festzuhalten. Und dann in der Pflegepraxis noch nicht einmal flächendeckend zu erfüllen. Noch ein Beispiel dafür, wie in der Pflege alltäglich Rechte, die schon aus dem Grundgesetz hervorgehen, mit Füßen getreten werden.

Ein Heimbewohner sagte einmal zu mir, wenn er nicht täte, was die Pflegekräfte wollen, ließen sie ihn das spüren. Der Senior kämpfte um seine Selbstständigkeit, da er schreckliche Angst hatte, von uns – dem Pflegepersonal – abhängig zu werden. Es ist schlimm, wenn ich das von einem Menschen höre, der mir anvertraut wurde. Wir alle sind gefordert, eine angstfreie Atmosphäre in die Pflegeheime einkehren zu lassen. Die alten Leute müssen ihr Unbehagen gegenüber der Institution Pflegeheim verlieren. Schließlich sollen Pflege und Heim im Vordergrund stehen. Und nicht die Angst.

Wo bleibt der Seniorenschutzbund

Mein Respekt gilt den Pflegekräften, die gegen dieses menschenverachtende System aufbegehren und es nicht weiter unterstützen. In vielen Fällen ist die Kirche heute weiter als die privatwirtschaftlich betriebene Pflege, da sie zugibt, lange geschwiegen und weggeschaut zu haben. Es gibt Inseln, auf denen sich Pflege heute positiv entwickelt. Aber gesamtgesellschaftlich fristet die Altenpflege immer noch ein Schattendasein. Ich nehme im öffentlichen Diskurs in den Medien relativ viel Betroffenheit wahr, wenn es um Qualzucht bei Hunden oder um die grässlichen Zustände in der industriellen Tierhaltung geht. Wie viele Natur- und Tierschutzvereine gibt es bei uns? Aber wie oft haben Sie in Ihrer Fußgängerzone schon Stände gesehen, an denen auf die unmenschlichen Zustände in vielen Pflegeheimen aufmerksam gemacht wird? Wieso gelingt es uns nicht, für die alten Menschen auf die Straße zu gehen und uns öffentlich zu empören, wie es die Tierschützer tun? Ist das nicht grotesk?

Einrichtungen, die sich für die Aktivierende Pflege einsetzen und sich aufrichtig um ihre Bewohner bemühen, müssen belohnt werden. Wir müssen den Mut haben, neue Wege zu gehen und die alten Pfade zu verlassen, die über Jahrzehnte so viel Leid über alte Menschen gebracht haben. Ein Umdenken muss stattfinden und die Selbstständigkeit der Bewohner muss gefördert und wieder als oberstes Ziel der Pflege begriffen werden. Dazu müssen wir ein Vergütungssystem in der Pflege etablieren, das nicht das seelische und körperliche Zugrunderichten der Heimbewohner durch die Einordnung in eine höhere Pflegestufe auch noch finanziell belohnt. Wundliegen und sonstige körperliche und seelische Schäden aufgrund von Vernachlässigungen müssten in einer geprüften und öffentlich zugänglichen Statistik – etwa im Internet – auftauchen. Das wäre ein Anreiz für die Heime, in einen Wettbewerb um Qualität einzutreten.

Die Gelder sind im System, sie müssen nur richtig eingesetzt werden. Es gibt funktionierende Heime (siehe Kapitel »Gelungene Pflege«), in denen Pflegende und Gepflegte ein zufriedenes – wenn nicht sogar glückliches – Auskommen miteinander haben. In diesen Heimen geht es allerdings nicht um Kapitalrendite, sondern um Menschlichkeit. Wir müssen es zu einer gesamtgesellschaftlichen Aufgabe machen, das Gros der Pflegeheime zu reformieren. Mal ehrlich: Wegen der drohenden Klimakatastrophe wird – völlig zurecht – öffentlich viel diskutiert, lamentiert und demonstriert. Und in der Politik – selbst wenn die Äußerungen dazu meist nur hohle Sprechblasen sind – steht die Klimakatastrophe immerhin fast täglich auf dem Programm. Aber was ist mit der Pflegekatastrophe? Wann wird endlich versucht, dieses Problem substanziell anzugehen?

»Manche sind ehrlich geworden,
nachdem sie entdeckt haben,
dass auch das sich lohnen kann.«

(Charlie Chaplin)

7. Gelungene Pflege nach der Eden-Alternative

Erfolgsrezept Normalität

Dieses Buch möchte nicht den Eindruck erwecken, die negativen Verhältnisse in der Pflege seien in Stein gemeißelt. Geldnot und Personalmangel seien die zwei Seiten einer unheilvollen Medaille, die eben unausweichlich zu den bedauernswerten Zuständen führen müssten, über die seit Jahrzehnten so sehr geklagt wird. Immer wieder entsteht der Anschein, dass alleine diese Tatsache – seit Jahrzehnten bewegt sich nichts zum Besseren – ein Beweis dafür sei, dass es eben nicht anders gehen kann. Der gesellschaftliche Wandel sei schuld. Das Auseinanderbrechen der Großfamilie. Frauen, die arbeiten gehen anstatt, wie früher üblich, bedürftige Angehörige zu pflegen (unmöglich!). Die demografische Kurve! Sachzwänge, die keine positive Alternative in der Altenpflege zulassen?

Nein! Ein Lamento über das scheinbar Unabänderliche ist nicht das Programm unserer Schrift. Vielmehr geht es darum, strukturelle Missstände zu benennen, die bisher nicht genügend Beachtung fanden. Hausgemachte Probleme jenseits von Geldmangel und Personalnotstand. Und es soll im Kontrast zu den Schilderungen der Malaise auch darum gehen zu zeigen, dass Altenpflege funktionieren kann. Mit zufriedenen Heimbewohnern und Pflegekräften, die ihre Arbeit gerne tun und nach der Schicht mit dem Gefühl nach Hause gehen, einen sinnvollen Beitrag zu einem funktionierenden, menschlichen Gemeinwesen geleistet zu haben.

Es ist das Maria-Martha-Stift der Evangelischen Diakonie Lindau am Bodensee, das hier ein positives Beispiel, ein Mutmacher ist. Die Geschäftsführerin und geistige Mutter des Heims ist Anke Franke. Im Internetauftritt heißt es: »Zuhause in einem Alten- und Pflegeheim – für viele Menschen ist dies ein Widerspruch in sich. Schließlich möchte jeder ein Leben lang in seinen eigenen vier Wänden oder im Kreis der Familie verbringen. Da dies leider nicht immer möglich ist, haben wir den Anspruch, den Menschen, die bei uns ihren Lebensabend verbringen, ein Umfeld und eine Atmosphäre zu schaffen, die dem Leben zu Hause nahekommen. Mit einem Wort: Wir leben Normalität. Um diesem Anspruch gerecht zu werden, arbeiten wir nach den Prinzipien der Eden-Alternative.«

Die Eden-Alternative

Wer im Internet nach Information zur Eden-Alternative sucht, hat es nicht schwer. Hinweise auf den biblischen Garten Eden sind nicht zu finden. Stattdessen stößt man auf den Begründer der Initiative Dr. William Thomas. Er ist heute eine internationale Kapazität auf dem Gebiet der geriatrischen Medizin. Zusammen mit seiner Frau Judith Meyer Thomas hat er diese Initiative schon vor fast 30 Jahren gegründet. William Thomas hatte ein Schlüsselerlebnis in einem New Yorker Seniorenheim, als eine Seniorin bei einem Besuch dort seine Hand ergriff, und ihm sagte, dass das Schlimmste in ihrem Heim die Einsamkeit sei.

Einsamkeit, Hilflosigkeit und Mangel an Selbstbestimmtheit galten Thomas und seiner Frau als gravierendere Ursachen für das negative

Erleben der Bewohner in Pflegeheimen, insbesondere im Kampf mit ihren körperlichen Unzulänglichkeiten. Diesem Wissen trugen sie mit ihrer neuen Konzeption der Arbeit in einem Altenpflegeheim Rechnung. Ein weiterer revolutionärer Schritt des Ehepaars Thomas war, dass sie in ihrem Konzept auch die Situation der Pflegekräfte in den Heimen einbezogen. Denn frustrierte Pflegekräfte sind nicht gerade ein Garant für zugewandte, respektvolle und professionelle Pflege in Heimen.

Auch Pflegekräfte brauchen Anerkennung

Bleiben wir noch bei diesem Gedanken. Der war revolutionär, weil er auch die seelischen Befindlichkeiten der Pflegekräfte im System der Pflege ernst nahm. Bis dahin waren die Pflegekräfte nur Angestellte, die abgesteckte Leistungen der Versorgung zu erbringen hatten. Dass es sich dabei auch um empfindende Menschen handelte, deren psychisches Wohlergehen sich auf ihren Umgang mit den pflegebedürftigen Senioren auswirkt, war bis dahin weitgehend ausgeblendet worden. Pflege ist kein Handwerk wie Balken sägen oder Kacheln kleben. Nichts gegen diese Handwerkskünste! Aber Pflege ist zwischenmenschlicher Kontakt. Da kommt der psychologischen Dimension einfach eine stärkere Bedeutung zu.

Das Grundprinzip der Eden-Alternative heißt: Soviel Normalität wagen wie möglich. Die Bewohner der Heime (nur zwei dieser Einrichtungen gibt es bisher in Deutschland) sollen ebenso so viel an Normalität im Alltag erleben wie es die Organisation des Pflegebetriebes ermöglichen kann. Die Bewohner eines solchen Altenheims helfen mit: beispielsweise in der Küche – natürlich betreut – beim Schnippeln von Gemüse oder beim Belegen der Tortenböden. Und glauben Sie nicht, dass sich dadurch Pflegekräfte einsparen ließen. Alte und zum Teil demente Heimbewohner brauchen umfangreiche Anleitung durch Pflegekräfte, damit sie diese Arbeiten verrichten können. Was für ein simpler Ansatz. Und was für ein überwältigender *Impact* im Pflegealltag.

Denn es rechnet sich. »Mithelfen müssen« ist ein super Ansatz für den Pflegebetrieb. Vor allem, weil die Heimbewohner dadurch zufriedener werden. Sie erleben sich nicht als nutzlose und passive Nutznießer einer Betreuungseinrichtung. Sie können ihre Alltagskompetenz in den Ablauf des Heimes einbringen. Das fühlt sich viel eher nach Familie, ja nach Zuhause an als nach einem konventionellen Heim, in dem die Bewohner betreut und verwaltet werden. Die Mitarbeit verstärkt das Selbstwertgefühl. Und den Wert dieses Gefühls kann man gar nicht hoch genug einschätzen. Selbstwertgefühl stabilisiert die Zufriedenheit. Es ist von großer Bedeutung für Kontaktfreude und soziale Kompetenz.

Selbstwertgefühl stärken

Wenn ich mich minderwertig fühle, habe ich Angst davor, dass meine soziale Umgebung das erkennt. Aber Schamhaftigkeit ist keine gute Basis für Kommunikation und soziale Interaktion. Ein schwaches Selbstwertgefühl blockiert die Zufriedenheit einer Persönlichkeit mit sich selbst. Spiegelbildlich dazu stabilisiert ein intaktes Selbstwertgefühl ganz allgemein die Persönlichkeit. Ja, ein intaktes Selbstwertgefühl hilft sogar beim Einschlafen. Denn ich laufe weniger Gefahr, mich in grüblerischen Selbstzweifeln zu verheddern. Notfallknöpfe werden weniger traktiert in Heimen, in denen die Bewohner zufrieden sind. In Heimen, die nach der Eden-Alternative geführt werden, wird weniger geklagt und gejammert. Es wird mehr gelacht.

Diese positive Atmosphäre wirkt wieder auf Bewohner und Pflegende zurück. Eine Aufwärtsspirale, wenn Sie so wollen. Das genaue Gegenteil der Abwärtsspirale, die so häufig in konventionellen Pflegeheimen anzutreffen ist. Die Richtungsgeber für diese Spirale heißen unter anderen Langeweile, Minderwertigkeitsgefühl, Zurückgezogenheit, Weinerlichkeit, genervte Pflegekräfte, fehlende Zuwendung, Angst. Ein enormer Unterschied – oder?

Ihre Mitarbeit bewahrt die Betagten vor der im Alter drohenden Erosion ihrer Würde. Denn sich dauerhaft ausschließlich als Objekt von Hilfeleistungen erleben zu müssen, ist ein erheblicher Angriff auf die Würde und das Selbstbewusstsein. Und nicht zuletzt aktiviert Mitarbeit körperlich und geistig kaum in einer künstlich geschaffenen Trainingssituation mit Geschicklichkeitsspielen oder Übungen zur geistigen Regsamkeit. Sondern ganz natürlich durch aktive Teilnahme an der Lebenswelt. Solche Heimbewohner haben weniger Ängste, sie fühlen sich nicht nur weniger einsam, sie sind es auch. Denn gemeinschaftliche Hausarbeit – etwa das Legen von Wäsche – stärkt das Gefühl von sozialem Zusammenhalt.

Kompetenz und Kommunikation

Was erlebt man beim Gang durch das Maria-Martha-Stift in Lindau? Seniorinnen sitzen an einem Tisch. Sie legen Socken, Spültücher und andere Wäschestücke zusammen. Das heißt, sie verrichten Arbeiten, die über Jahrzehnte zu ihrem Alltag gehört haben. Sie erleben Normalität. Hier können sie ihre Kompetenz beweisen. Bitte lachen Sie nicht. Auch diese »kleinen« Kompetenzen sind unendlich wertvoll im Vergleich zum Gefühl der Nutzlosigkeit und der Langeweile in einem der üblichen Pflegeheime. Einige Damen plaudern miteinander. Die Seniorinnen, die dort am Tisch gemeinsam Hausarbeiten verrichten, sind eine Gruppe! Hier funktioniert soziale Interaktion ganz von allein.

Zwei Pflegerinnen sind anwesend und greifen ein, damit die Arbeit in geordneten Bahnen verläuft. Denn natürlich sind auch in dieser Gruppe

Seniorinnen, deren Orientierungsfähigkeit stark eingeschränkt ist. Doch im Rahmen der gemeinsamen Arbeit, in einem Ensemble aus altbekannten Reizen und Aktivitäten um sie herum, fällt es ihnen vergleichsweise leicht, sich sinnvoll in die Arbeit einzubringen. Eine Pflegerin holt ein Waschbrett aus dem Requisitenkasten. »Wer von Ihnen kennt das noch?« Alle Damen reagieren auf diesen Impuls. »Natürlich! Das habe ich noch bis lange nach dem Krieg gehabt«, ruft eine. Die anderen nicken und einige lächeln versonnen. Als Nächstes präsentiert die Pflegerin ein Stück Seife. Der Verpackung nach aus den 50ern. »Und das hier?« Die Seniorinnen erinnern sich. Sie kennen noch den Herstellernamen. Es wird gewitzelt und gelacht. Erinnerungen werden wach. Die Damen wirken aufgeräumt und zufrieden.

Ähnlich sieht es in der Küche aus. Heute wird Apfelkuchen gebacken. Auch hier sind – neben den beiden Pflegerinnen – nur Seniorinnen anwesend. Sie sind in Pflegeheimen für gewöhnlich deutlich in der Überzahl. Einige Frauen sind im Umgang mit dem Schälmesser noch erstaunlich geschickt. Andere dürfen sich um den Teig kümmern. Der wird in die runde Springform geknetet und anschließend belegt. Eine schon recht demente Dame ist sich unsicher, ob sie ihr Apfelstück auch richtig platziert hat. Fragend blickt sie in die Runde. Ob das so richtig sei, will sie wissen. Positive Rückmeldungen kommen aus der Gruppe. Fast alle signalisieren ihr: Das habe sie prima gemacht. Auch wenn der Apfel im Muster des Belags tatsächlich ein wenig aus der Rolle fällt. Man spürt: Hier existiert eine soziale Gemeinschaft, die Sicherheit und Geborgenheit vermittelt.

Anke Franke, die Geschäftsführerin des Maria-Martha-Stifts, kommt durch die Tür. Sie müsse doch mal nach dem Rechten schauen, erklärt sie lächelnd. Setzt sich mit an den Küchentisch und schiebt sich ein Apfelstück in den Mund und verzieht das Gesicht. »Die sind noch ganz schön sauer, oder?« Eine der Seniorinnen schlägt vor, man könne ja eine süße Sahne dazu nehmen. Eine andere kichert daraufhin leise in sich hinein. Diese Szene ist bezeichnend für die Atmosphäre in einem Eden-Haus. Es herrscht ein Gemeinschaftsgefühl. Man hat gemeinsame Erlebnisse. Man versteht sich als wir. Normalität steht im Mittelpunkt.

Personalmangel da draußen

»Wir haben keinen Euro mehr für unsere Einrichtung als andere Pflegeheime«, erklärt die große, unprätentiös auftretende Geschäftsführerin mit den langen dunklen Haaren. »Und doch funktioniert die Pflege. Viele unserer Heimbewohner sagen: ›Wenn ich gewusst hätte, wie schön es hier ist, wäre ich schon viel früher gekommen‹. Wir haben auch keinen Personalmangel. Wir haben mehr Bewerber, als wir beschäftigen können.« Anke Franke muss nicht weiter erklären, dass der Personalmangel natürlich auch daher rührt, dass so viele Pflegekräfte diesen Beruf schon nach wenigen Jahren wieder verlassen. Weil die Bedingungen in den meisten Einrichtungen eine starke Belastung für die physische und psychische Gesundheit sind. Wären die Bedingungen in Pflegeheimen generell so, wie die Eden-Alternative es fordert, würden womöglich viele Berufsabbrecher in eine Anstellung in der Pflege zurückkehren wollen. Und diese Pflegekräfte würden von Heimen, bei denen nicht der Gewinn oder die Rendite der Aktionäre im Vordergrund stehen, auch eingestellt. Personalkosten sparen auf Teufel komm raus hat nichts mit guter Pflege zu tun. Personalmangel ade.

Auf einen Punkt legt Anke Franke Wert. Bei ihr arbeiten nur Deutsche oder perfekt Deutsch sprechende Kräfte. Und das habe nichts mit Fremdenfeindlichkeit zu tun. »Pflege ist eine sensible zwischenmenschliche Begegnung. Wie soll eine Pflegekraft aus Osteuropa, die nur gebrochen Deutsch spricht, auf die Bedürfnisse der Heimbewohner angemessen reagieren können?« Es gehe da doch oft um Details in Schilderungen, um

Informationen zwischen den Zeilen. Perfekt seien die Pflegekräfte, wenn sie aus der Gegend stammten und den Dialekt beherrschten, der hier in Lindau gesprochen werde. Natürlich kann eine Pflegekraft, die hier nicht *native speaker* ist, bestimmte Nuancen im sprachlichen Ausdruck der Heimbewohner einfach nicht verstehen. Wer sich etwas mit der Eden-Alternative beschäftigt, sieht auch sofort einen weiteren Grund für den heimischen Dialekt als Sprachstandard: Heimatgefühle! Der vertraute Dialekt vermittelt: Hier bist du Zuhause. Angeworbene Hilfskräfte aus Osteuropa bewirken mit ihrem gebrochenen Deutsch in aller Regel das Gegenteil.

Kontakt zu Tieren und Pflanzen

Zum Programm der Eden-Alternative gehört explizit auch, Heimbewohnern den Kontakt zur Natur, den Kontakt zu Pflanzen und Tieren zu ermöglichen. Immer wieder unternehmen die Pflegekräfte mit ihren Schutzbefohlenen Ausflüge in die nähere Umgebung. Besonders hoch im Kurs steht ein Erlebnis-Bauernhof wenige Kilometer vom Heim entfernt. Was für eine Sensation, den Esel mit Mohrrüben füttern zu können. Die alten Damen lachen und freuen sich über das burschikose und ein wenig störrische Tier. Eine Heimbewohnerin ist auf einem naheliegenden Bauernhof aufgewachsen, was sie ihren Mitbewohnerinnen unbedingt erzählen muss. Wie schön, eine Wachtel auf dem Schoß zu haben und ihr aufgeplustertes Gefieder zu streicheln. Auch die Meerschweinchen – zunächst noch scheu, lassen sich bald entspannt bei den Alten nieder. In der kleinen Reisegruppe herrscht eine Lebendigkeit, wie man sie kaum je in einem durchschnittlichen deutschen Altersheim unter den Bewohnerinnen antrifft.

Und wie ermutigend ist es, das zu sehen: Die teils hochbetagten Menschen sind keineswegs von vornherein dazu verdammt, in einem Speisesaal stumpf vor sich hinzublicken. Den Senioren, die an diesem Ausflug teilnehmen, glitzern die Augen. Der Austausch miteinander und mit den Pflegerinnen ist vital. Einige Bewohnerinnen lauschen gespannt den Ausführungen der Jugendlichen, die die Tiere mit ihren Eigenheiten vorstellen. Noch auf dem Heimweg ist in dem kleinen Bus die Euphorie zu spüren, die von den Heimbewohnerinnen an diesem Nachmittag Besitz ergriffen hat.

In der Pflege nach der Eden-Alternative arbeiten weltweit über 30 000 Menschen. Das von Anke Franke geleitete Heim in Lindau und das Senioren Zentrum Krefeld sind mehrfach mit Preisen ausgezeichnet worden: Von der »Eröffnung selbstbestimmter Handlungsräume für die Heimbewohner« bis hin zur »vorbildlichen Küche« reichten die Begründungen der Laudatoren. Warum setzt sich dieses Pflegeprinzip dennoch nicht stärker durch? Obwohl in den Medien wiederholt von der gelungenen Pflege berichtet wurde. Obwohl davon auszugehen ist, dass Verantwortliche in Politik und (Pflege-)Wirtschaft von diesem erfolgreichen Konzept wissen?

Wird das Eden-Prinzip vielleicht deshalb nicht so gefördert, wie es das verdient hätte, weil sich in diesem Betreuungsverhältnis deutlich weniger Pharmazeutika und andere medizinische Hilfsmittel absetzen lassen als in herkömmlichen Heimen? Immerhin geht es hier um rund 800 000 Kunden. Kunden, die unzufrieden und unglücklich als Markt für Medizinprodukte viel lukrativer sind als die zufriedenen Bewohner der Eden-Heime? Was auch immer die Gründe sein mögen: Es ist beschämend, wenn man weiß, dass Hunderttausende alte Menschen eine erheblich bessere Umgebung für ihren Lebensabend haben könnten, als das heute in der Regel der Fall ist.

Lassen sie uns das Kapitel über die Eden-Alternative abschließen mit den zehn philosophischen Leitsätzen. Nehmen Sie sich Zeit beim Lesen. Diese Leitsätze sind wie Brühwürfel der gelungenen Pflege, die ihr Potential erst entfalten, wenn man sie langsam im Geiste aufgehen lässt:

Die 10 Eden Prinzipen®

1. Einsamkeit, Hilflosigkeit und Langeweile sind wesentlich für die Leiden älterer Menschen verantwortlich.

2. Eine Gemeinschaft, die das Wohl älterer Menschen in den Mittelpunkt stellt, setzt sich dafür ein, eine Wohnumgebung zu schaffen, in der ein kontinuierlicher enger Kontakt mit Menschen, Tieren und Pflanzen gegeben ist. Es sind die persönlichen Beziehungen, die alten und jungen Menschen den Weg zu einem lebenswerten Leben weisen.

3. Eine liebevolle Gemeinschaft wirkt Einsamkeit entgegen. Ältere Menschen verdienen selbstverständlich die Nähe zu Menschen und Tieren.

4. In einer guten Gemeinschaft dürfen ältere Menschen sowohl Fürsorge empfangen als auch anderen angedeihen lassen. Für andere da sein zu dürfen, wirkt dem Gefühl der Hilflosigkeit entgegen.

5. Eine gute Gemeinschaft bereichert den Alltag durch Abwechslung und Spontaneität. Sie schafft ein Umfeld, in dem sich Unerwartetes und Unvorhersehbares ereignen kann und wirkt so dem Gefühl der Langeweile entgegen.

6. Sinnloses Tun zerstört den menschlichen Geist. Es ist ganz entscheidend für unsere Gesundheit, dass wir die Gelegenheit haben, Dinge zu tun, die wir selbst für sinnvoll erachten.

7. Medizinische Behandlungen sollten immer im Dienste aufrichtiger menschlicher Fürsorge stehen. Sie dürfen dieser niemals übergeordnet werden.

8. Eine gute Gemeinschaft bringt älteren Menschen Wertschätzung entgegen, indem sie die Selbstbestimmung bürokratischen Autoritäten und Hierarchien vorzieht. Entscheidungen werden so weit wie möglich den älteren Menschen selbst überlassen oder den Menschen, die ihnen am nächsten stehen.

9. Eine gute Gemeinschaft zu gestalten, ist ein nie endender Prozess. Dabei darf menschliches Leben niemals getrennt von menschlichem Wachstum gesehen werden.

10. Eine weise Führung ist der Schlüssel in allen Bemühungen, Einsamkeit, Hilflosigkeit und Langeweile zu vertreiben. Sie kann durch nichts ersetzt werden.

Quelle: http://www.eden-alternative.de/philosophie

8. Situation der Angehörigen im Heim

Ängstliche Bittsteller

In diesem Kapitel kümmere ich mich um ein Thema, das besonders für Angehörige unmittelbar handlungsrelevant ist. Es geht hier nicht um strukturelle Rahmenbedingungen unzureichender Pflege, nicht um Hintergrundinformationen zu dem prekären Milieu, aus denen viele Pflegehilfskräfte stammen, und auch nicht um Einblicke in kriminelle Machenschaften, etwa bei der Dokumentation von Pflegeleistungen. Es geht also nicht um Aspekte der Altenpflege, auf die Sie als Angehörige nur schwerlich Einfluss nehmen können. Sondern es geht um Sie. Es geht darum, was Sie in einem Pflegeheim bewirken können. Es geht darum, wie Sie den Rechten Ihrer Angehörigen im Heim Geltung verschaffen können.

Sehen Sie sich dazu bitte noch einmal die *Pflege-Charta* an, die ich diesem Buch schon mehrfach angesprochen habe. Wo kommt diese Charta her? Wer hat sie formuliert? Wie verbindlich sind die Forderungen, die dort in acht Artikeln aufgeführt werden? Beim Bundesministerium für Familie, Senioren, Frauen und Jugend heißt es dazu: es seien rund 200 Expertinnen und Experten aus allen Verantwortungsbereichen der Altenpflege an der Formulierung der acht Artikel beteiligt gewesen. Unter anderem Einrichtungsträger, Wohlfahrtsverbände, private Trägerverbände, Heimaufsicht, Pflegekassen, Interessenvertretungen der älteren Menschen, Wissenschaftler usw. In Arbeitsgruppen seien bis Herbst 2005 Handlungsempfehlungen zur Verbesserung der häuslichen und stationären Pflege und zum Bürokratieabbau erarbeitet worden. Diese Handlungsempfehlungen beinhalte die »Charta der Rechte hilfe- und pflegebedürftiger Menschen«. In der Charta, so heißt es dort, würde konkret beschrieben, welche Rechte Menschen in Deutschland hätten, die der Hilfe und Pflege bedürften.

Es waren also alle relevanten Institutionen und Interessensverbände (auch die privaten Heimbetreiber!) und entsprechende Wissenschaftler an der Formulierung der Charta beteiligt. Und es ist keine Goodwill-Erklärung, also keine unverbindliche Bekundung von Wünschenswertem. Denn es geht dort explizit darum, welche – so wörtlich – Rechte Menschen in Deutschland haben, die sich in einer Situation der Hilfsbedürftigkeit befinden und auf Pflege angewiesen sind. Rechte!

Pflegebedürftige haben Rechte

Lassen Sie mich zunächst ein Beispiel anführen, das zeigt, wie eine Intervention von Angehörigen nicht ablaufen sollte. Seinerzeit war ich von der Heimleitung alleine für 30 Bewohner im Spätdienst auf Station eingesetzt. Während ich die Medikamente zum Austeilen vorbereitete, kam die Tochter einer Bewohnerin zu mir und sagte, ihre Mutter hätte ein Getränk verschüttet und ich möge dies doch aufwischen. Ich sagte ihr, dass ich das nicht machen könne, da ich alleine für 30 Menschen verantwortlich sei und meinen Dienst den Prioritäten anpassen müsse. Weiterhin zeigte ich ihr, wo bei uns die Putzsachen sind und erklärte ihr, sie könne gerne selbst das verschüttete Getränk ihrer Mutter aufwischen.

Da begann die Angehörige, mich zu beschimpfen und drohte, sich über mich zu beschweren. Ich schaute die Dame jetzt sehr ernst an und antwortete ihr, dass sie mir damit einen riesigen Gefallen täte. »Bitte beschweren Sie sich über mich«, hakte ich nach. Ich hätte schon eine Überlastungsanzeige geschrieben und die Beschwerde von einer Angehörigen würde diese nur bekräftigen. Da stutzte die Tochter der Bewohnerin und entschuldigte sich. Sie könne ja nicht wissen, in welcher Situation ich sei. Sie wischte nun selbst bei ihrer Mutter auf, während ich die Medikamente austeilte. Sie half mir anschließend, das Abendessen an die Bewohner zu verteilen. Das war sehr entgegenkommend und half mir an diesem Abend etwas. Aber beschwert hat sie sich nach diesem Ereignis leider nicht. Vermutlich hatte sie die Befürchtung – nachdem wir so »nett« zusammengearbeitet hatten –, ihre Beschwerde könnte mir Probleme bereiten. Tatsächlich hat sie mir mit dieser Zurückhaltung keinen Gefallen getan.

Nach meinem Dafürhalten haben die Angehörigen die Pflicht, sich zu beschweren und Missstände anzuzeigen. Leider haben viele Angehörige Angst davor, sich zu beschweren, da sie Repressalien befürchten; negative Konsequenzen für die ihnen nahestehenden Heimbewohner und verärgerte Pflegekräfte, die ihren Frust an den Alten auslassen. Doch umgekehrt wird ein Schuh daraus! Wenn Angehörige sich über Missstände beschweren und Pflegekräfte gleichzeitig eine Überlastungsanzeige bezüglich der Missstände an die Heimleitung schreiben, fällt die Beschwerde nicht auf die Pflegekraft zurück, sondern sie wirkt zusätzlich wie eine Bekräftigung der Überlastungsanzeige. Diese »doppelte Intervention« ist sehr aussagekräftig – etwa, wenn es zu juristischen Auseinandersetzungen kommen sollte. Die Beschwerde plus Überlastungsanzeige setzt die Heimleitung erheblich wirksamer unter Druck, als es die beiden Interventionen einzeln bewirken können.

Druck durch doppelte Intervention

Wir Pflegekräfte möchten schließlich selbstverständlich gerne unter Rahmenbedingungen arbeiten, mit denen wir unsere Pflichten auch vernünftig erfüllen können. Wir wollen nicht nur in Bezug auf Hygiene, Medizin und Versorgung professionelle Leistung erbringen (was schon selten genug im Pflegealltag möglich ist). Wir wollen auch soziale Interaktion und menschlichen Austausch mit den Heimbewohnern pflegen. All das führt die *Pflege-Charta* als Rechte der Heimbewohner auf! Heute ist es häufig der Fall, dass Angehörige regelmäßig in den Heimen nicht nur zu Besuch sind, sondern sich aktiv in die Pflegeverhältnisse einbringen. Besonders diese sehr engagierten Angehörigen bekommen sehr bald einen vertieften Einblick in die Defizite der real existierenden Pflege im jeweiligen Heim. Die Angehörigen und die selbstständig denkenden Pflegekräfte müssen sich miteinander solidarisieren. Ihre Interessen haben den gleichen Fluchtpunkt: eine funktionierende Pflege.

Wenn die doppelten Interventionen bei der Heimleitung mehrfach auf taube Ohren stoßen, wird sich in der Regel spätestens in der nächsten Instanz – bei der Heimaufsicht – etwas bewirken lassen. Solidarisieren Sie sich mit uns Pflegekräften! Wir sitzen in einem Boot. Zumindest mit den ausgebildeten Pflegekräften, die sich bewusst für diesen Beruf entschieden haben. Angehörige spüren, wenn sie belogen werden – so, wenn es um die Betreuung der Bewohner beim Essen oder unzureichendes Engagement rund um das Thema Hygiene geht. Und dennoch schweigen immer noch zu viele von ihnen. Sie schweigen aus Angst. Sie schweigen aus Angst vor uns. Das darf nicht sein! Ich bitte Sie: Sprechen Sie uns an. Sprechen Sie über offensichtliche Defizite, ohne vorschnell Schuldzuschreibung gegen einzelne Pflegekräfte zu äußern. Natürlich gibt es auch Pflegekräfte, die persönlich für Missstände verantwortlich zeichnen. In der Regel ist aber die Überlastung die Ursache für diese Probleme. Wenn Sie der Pflegekraft signalisieren, dass Sie diese Zusammenhänge verstehen, ist die Chance groß, dass Sie zusammen mit Interventionen in Richtung Heimleitung Erfolg haben.

Noch stärker wird der Druck auf die Heimleitung natürlich, wenn mehrere Angehörige sich zusammentun. Aber lassen Sie sich in einem Gespräch mit der Heimleitung nicht mit fadenscheinigen Formulierungen abwimmeln, etwa Sie hätten unrealistische Ansprüche an die Pflege im Heim. Nehmen Sie die *Pflege-Charta* mit ins Gespräch. Die Heimleitungen wissen, dass dort nicht die Wunschvorstellungen irgendeiner Bürgerinitiative aufgelistet sind, sondern die Vorgaben vom zuständigen Bundesministerium.

Sich aufopfernde Angehörige

Vor Kurzem sprach ich mit einem Angehörigen, der tagtäglich für mehrere Stunden seine taube und blinde Mutter im Pflegeheim besuchte und selbst pflegte. Leider muss man zugeben, dass das heute in vielen Heimen die einzige Möglichkeit ist, eine adäquate Betreuung – gerade für betreuungsintensive Heimbewohner – zu garantieren. Ich bekam Gänsehaut, als er mir erzählte, er ertrage die ängstlichen und verzweifelten Augen der Bewohner nicht mehr. Sie urinierten auf den Boden, vor den Augen der anderen Bewohner und er könne die Scham der betroffenen Bewohner nicht weiter ertragen, die vollgekotet an ihm vorbeischleichen. Auch seine Mutter habe, als diese noch nicht wegen ihrer Inkontinenz mit Einlagen versorgt wurde, vor allen Bewohnern ihre Notdurft auf dem Fußboden verrichten müssen. Weil niemand auf ihre Hilferufe reagiert habe, erklärte er entsetzt.

Herr S. suchte das Gespräch mit der Heimleitung, doch anstatt auf seine berechtigte Kritik mit einem offenen Ohr zu reagieren, warf man ihm vor, er habe kein Vertrauen in die Pflege, und in diesem Fall soll er sich doch ein anderes Heim suchen. Die Heimleitung setzt mit einer solchen unverschämten Strategie auf die Ängste von Angehörigen, da die Wartelisten für Plätze in den Pflegeheimen in vielen Gegenden tatsächlich lang sind. Sie könnten froh sein, überhaupt einen Heimplatz zu haben. In ländlichen Gegenden lägen die Pflegeheime zudem erschwerend weit viele Kilometer von den Wohnorten der Angehörigen entfernt, so dass man nicht mal »schnell vorbeischauen« kann. Man warf Herrn S. auch vor, er sei der Einzige, der sich beschwere. Ein typisches Reaktionsmuster, mit dem man Angehörige gegeneinander ausspielt. Beim Medizinischen Dienst der Krankenkassen (MDK) gingen im Jahre 2017 allein in Bayern 461 Beschwerden ein. In 97 Fällen ging es um unzureichende Ernährung und Flüssigkeitsversorgung in den Pflegeheimen. Der Heimleiter des oben genannten Pflegeheims reagierte aggressiv auf die Beschwerde, berichtete Herr S. Er habe ihn im Zimmer der Mutter angeschrien und ein Hausverbot gegen ihn verhängt und die Polizei gerufen.

Dieser Schuss ging allerdings nach hinten los: Das Hausverbot wurde wieder aufgehoben und Herr S. erstattete seinerseits Anzeige gegen das Pflegeheim. Nicht alle Pflegekräfte seien so. Er wisse, wenn die richtige Kraft Dienst habe, so könne er auch beruhigt nach Hause gehen. Herr S. übernahm täglich mehrere Stunden die Arbeit der Pflegekräfte. Er übernahm die Intimpflege seiner Mutter, wenn sie vollgekotet war, zog ihr saubere Kleider an und versorgte sie mit Essen und Getränken. Das kann kein Dauerzustand sein! Er appellierte an die Angehörigen weiterer Heimbewohner, sich zu solidarisieren. Und er bat sie darum, ebenfalls Anzeige bei der Polizei zu erstatten. Einzelne Anzeigen – das erschließt sich sicher sofort – werden nicht ernst genommen.

Geschenke für Selbstverständlichkeiten

Viele Angehörige scheuen den Konflikt, scheuen die Beschwerde. Sie versuchen, die Pflegenden mit Geschenken auf ihre Seite zu ziehen. Ich habe diese Versuche immer als extrem peinlich empfunden. Angehörige stecken den Pflegenden Geld zu, mit der Bitte, doch nach ihren Müttern und Vätern zu schauen. Sie bitten darum, das Fenster zu schließen, wenn es zieht, und um weitere Selbstverständlichkeiten. Aber das kann es nicht sein! Das Heim bekommt für den Bewohner den vollen Pflegesatz zwischen 3500 und 4500 Euro. Oft leisten die Angehörigen einen erheblichen Beitrag zu dieser monatlichen Entlohnung.

Dennoch glauben viele Angehörige, die Angestellten für Leistungen, die natürlich zur »Grundausstattung der Pflege« gehören, zusätzlich mit Bezahlungen oder Geschenken motivieren zu müssen. Absurd! Sprechen Sie mit uns. Wenn Sie das Gefühl haben, es ist angebracht, dann loben Sie uns für unsere Arbeit. Wenn Sie Missstände entdecken, sprechen Sie uns darauf an. Aber bitte: Belohnen Sie uns nicht für unsere normale Arbeit mit Geschenken. Außer vielleicht an Weihnachten, wenn Ihnen danach ist.

Ich verstehe nicht, warum nur so wenige Angehörige ihre Unzufriedenheit öffentlich machen. Angehörige müssen sich zusammentun und gemeinsam mit den Pflegekräften auf die Missstände hinweisen. Sie können die Öffentlichkeit einschalten. Ein Bericht in der lokalen Presse multipliziert die Kritik wirkungsvoll. Angehörige und Pflegekräfte erreichen gemeinsam viel mehr, wenn sie Überlastungsanzeigen schreiben, die Heimaufsicht und den Medizinischen Dienst der Krankenkassen (MDK) informieren. Die Gremien sind dazu da, entsprechende Beschwerden entgegenzunehmen. Über diese Institutionen können die Angehörigen »Druck von oben« auf die Heimleitung ausüben. Bei wiederholten groben Pflichtverletzungen ist die angemessene Reaktion eine private Anzeige bei der Polizei. Das ist alles andere als »mit Kanonen nach Spatzen schießen«. Sie haben es in vielen Heimen buchstäblich mit krimineller Energie zu tun. Mit Gewinnmaximierung, die oft zu Lasten der grundlegenden Versorgungsansprüche der Heimbewohner geht. Der Bogen ist in vielen Heimen längst überspannt. Bitte wehren Sie sich! Es geht um die Rechte Ihrer Angehörigen. Wenn Sie sich unsicher sind, was Ihre Rechte anbelangt, schauen Sie in die *Pflege-Charta*.

Überforderte Angehörige

Es gibt im Prinzip kaum »schwierige« Angehörige, sagen selbst kritische Heimbetreiber. Eher sind die Angehörigen überfordert und traumatisiert. Sie seien eine große Herausforderung selbst für gut geführte Heime, da auch diese bei den heutigen Rahmenbedingungen kaum imstande sind, wirklich gute Pflege zu leisten. Unter »gut geführt« verstehe ich Heime, die unter anderem eine offene Gesprächsbereitschaft erkennen lassen. Das ist die Voraussetzung für eine funktionierende Fehlerkultur. Denn natürlich kann es bei den komplexen Dienstleistungen für die oft gebrechlichen Heimbewohner immer wieder zu Fehlern kommen. Das ist nicht verwerflich, wenn die Institution bereit ist, sich mit diesen Fehlern auseinanderzusetzen und sich Mühe gibt, Abhilfe zu schaffen. Stattdessen wird immer wieder der Pflegenotstand vorgeschoben. Es gehört schon zum guten Ton, die überlasteten Pflegekräfte zu bedauern.

Diese Geste scheint mittlerweile eine Strategie zu sein, um kritische Pflegekräfte und Angehörige ruhigzustellen. Ich habe es ja schon mehrfach in diesem Buch anklingen lassen: Diese scheinbar schicksalhafte Unterversorgung bietet den Heimbetreibern die besten Möglichkeiten, ihre Gewinne zu optimieren. Weil billige und unqualifizierte Hilfskräfte vielfach die Aufgaben qualifizierter – und damit besser bezahlter – Altenpfleger übernehmen (müssen). Daraus ergibt sich aber auf breiter Front die völlig inakzeptable Gefährliche Pflege. Jeder Lokführer, der zu spät kommt, muss mit einer Abmahnung durch seinen Arbeitgeber rechnen. Jede Verkäuferin, die sich schnodderig gegenüber Kunden verhält, muss um ihren Arbeitsplatz fürchten. Aber nur selten wird auf Pflegekräfte, die Bewohner nicht versorgen und so Gefährliche Pflege durch ihr Schweigen unterstützen, Druck ausgeübt.

Dabei sind Sie, die Angehörigen, die wichtigste Instanz, die das Heim auf diese Fehler hinweisen kann. Die Heimbewohner sind dazu häufig nicht imstande. Oft aus Bescheidenheit. Leider zu oft aus (berechtigter) Angst vor Repressalien. Und oft, weil sie gar nicht mehr fähig sind, Mängel in ihrer letztlich ja ungewohnten Lebensumwelt im Heim als Fehler in der Betreuung wahrzunehmen. Gehen Sie mit Ihren Vätern und Müttern im Bedarfsfall immer mal wieder die *Pflege-Charta* durch. Damit die Betagten begreifen, dass sie im Heimbetrieb keine kleinen Bittsteller sind, sondern Leistungsempfänger, denen eine angemessene Pflege rechtlich zusteht. Sie bezahlen das Heim ja! Sie haben Jahrzehnte in die Pflegeversicherung eingezahlt. Die Heimbewohner und ihre Angehörigen leisten oft erhebliche Zuzahlungen. Und auch die Beihilfen vom Staat bezahlen letztlich Sie. Schließlich sind diese Beihilfen steuerfinanziert. Wir also bezahlen die Heime. Und deshalb haben wir auch ein Anrecht darauf, für unser Geld eine anständige Pflegeleistung zu erhalten.

9. Lassen Sie uns über Geld reden

Intransparente Transparenz

Es herrschen viele Ansichten zu den Missständen in Pflegeheimen, die seit Jahrzehnten ins Feld geführt werden und die oft sehr plausibel klingen. Aber in der Regel treffen sie nicht den Kern des Problems. In Talk-Runden im Fernsehen (an denen ich mehrfach teilnehmen durfte – bei Frank Plasberg, bei Anne Will) werden diese Argumente immer wieder traktiert: »Es gibt zu wenig Geld für die Pflege. Und dadurch zu wenig Pflegekräfte. Und dadurch die oft unhaltbaren Zustände.«

Ich versuche zu zeigen, dass diese Argumentation zu kurz greift. Ja, natürlich: Mit mehr Geld kann man vieles erleichtern. Wer hätte nicht gerne mehr Geld? Doch: Die meisten jungen Menschen, die sich aus freien Stücken für einen Pflegeberuf entscheiden, gehen nicht dorthin, um viel Geld zu verdienen. Es sind – wie könnte es anders sein – Menschen, die eine altruistische Ader haben. Menschen, denen es ein tiefes Gefühl der Befriedigung gibt, hilfsbedürftigen Menschen Hilfe zu geben.

Ich finde es richtig, wenn sie dafür auch einen anständigen Lohn erhalten. Diese Arbeit ist anspruchsvoll, erfordert soziale und kommunikative Intelligenz und Empathie. *Soft Skills* – wie man neudeutsch sagt – sind extrem wertvoll für die Atmosphäre und die Zufriedenheit im Betrieb und damit wertvoll für die Effektivität der Arbeit. Wertvoll natürlich auch und vor allem im Kontakt mit den Kunden (hier mit den Alten). Pflegekräfte, die diese Fähigkeiten in ihren Beruf einbringen, sind nach meiner Meinung in Deutschland deutlich unterbezahlt. In diesem Zusammenhang ist es besonders bitter, dass die Pflegekräfte seit Mitte der 90er-Jahre in vielen Heimen daran gehindert werden, diese soziale Zuwendung an die Heimbewohner auch wirklich zu erbringen.

Minutenpflege ist pervers

In Deutschland wurde 1995 die Pflegeversicherung eingeführt und damit ein Regelwerk geschaffen, das die pflegerischen Leistungen in eine exakte Dokumentation zwingt. Es handelt sich um die in diesem Buch schon mehrfach angesprochene *Minutenpflege*. Die Minutenpflege ist in meinen Augen eine perverse und menschenunwürdige Art und Weise, Leistungen zu berechnen. Möchten Sie ein paar Beispiele für die Zeit, die wir für diverse Pflegeleistungen zugebilligt bekommen? Bitte sehr: Darm- und Blasenentleerung: Wasserlassen 2–3 Minuten, Stuhlgang (immerhin) 3–6 Minuten. Dabei ist zu bedenken, dass viele alte Menschen in dieser Zeit kaum vom Bett bis zur Toilette gehen können. Viele nehmen Diuretika (Entwässerungstabletten). Dadurch müssen sie häufiger das »kleine Geschäft« verrichten. Und der Stuhlgang dauert dadurch auch etwas länger. In drei Minuten kann ich als Pflegerin gerade mal einen Urinbeutel entleeren, aber nur ehemalige Marathonläufer schaffen ihre Notdurft in der vorgeschriebenen Zeit. Wer zu lange braucht, ist nicht wirtschaftlich. Ist ein Störfaktor im Ablauf. Ich habe es schon angedeutet: Offenbar hat hier die Akkordarbeit der Industrie Pate gestanden, wo jeder Handgriff ein definiertes Zeitbudget hat. Aber einen Menschen zu pflegen, ist nicht dasselbe, wie eine Maschine zusammenzubauen!

Die Personalkosten machen grob geschätzt die Hälfte der Kosten aus, die in der Pflege anfallen. Folgerichtig kommen hier die besonders schmerzhaften Sparmaßnahmen zum Einsatz. Schließlich geht es vor allem den Betreibern privater Heime in der Regel nicht um gute Pflege, sondern um gutes Geld. Die Heime sind Wirtschaftsunternehmen, keine Benefizveranstaltungen. Das muss man sich immer wieder vergegenwärtigen. Also werden immer mehr Bewohner auf immer weniger Pflegekräfte abgewälzt, und man kann sich ausrechnen, dass die vom Pflegerischen her eigentlich geforderte Arbeit längst nicht mehr zu schaffen ist. Hier beginnt die Gefährliche Pflege. Bewohner werden nicht mehr in den notwendigen Zeitabständen im Bett umgelagert (Dekubitusprophylaxe), sie bekommen oft nicht mehr ausreichend Flüssigkeit (siehe in Kapitel 3 »Aspekte unserer Ausbildung« den Abschnitt »Mangelnde Flüssigkeitszufuhr«). Selbst das Durchlaufen der Kochsalzinfusion abzuwarten, war der Pflegekraft zu viel! Und zur Toilette werden sie gar nicht gebracht.

Fatal für den gesamten Pflegesektor ist auch: Je mehr ungelernte Mitarbeiter (vor allem aus Kostengründen) eingestellt werden, desto weniger hat ein Arbeitgeber mit Widerständen zu rechnen, da den Ungelernten das Ausmaß der Gefährlichen Pflege nicht bewusst ist. Auch identifizieren sich ungelernte Hilfskräfte nicht in dem Maße mit den Zielen der Pflege wie Kolleginnen und Kollegen das tun, die sich bewusst für diesen Beruf entschieden haben. So wird der Pflegesektor systematisch deprofessionalisiert.

Auch dass die Dokumentationssysteme gegenüber der Aufsichtsbehörde MDK regelmäßig manipuliert werden, wurde schon angesprochen. Hier gehört der Medizinische Dienst der Krankenkassen (MDK) in die Pflicht genommen. Schließlich überprüfen ausgebildete Pflegekräfte die Sachlage. Dabei müsste ihnen auffallen, dass ein Bewohner, der nach seinem Trinkprotokoll 1,5 bis 2 Liter Flüssigkeit pro Tag zu sich nimmt, nicht so schnell mit einer Exsikkose (Austrocknung durch Abnahme des

Körperwassers) ins Krankenhaus eingeliefert werden kann. Das muss ein Fachmann bemerken! Warum ist der Staatsanwalt noch nicht in Pflegeheimen zu Gast? Auch der Betrug mit den Dienstplänen, in denen ein- und dieselbe Pflegekraft zweimal auftaucht (einmal im Frühdienst und dann auf einer anderen Station im Spätdienst), um vorzutäuschen, dass in jeder Schicht eine examinierte Fachkraft anwesend war, könnte mit ein wenig mehr Engagement auffallen. Und sollte streng geahndet werden.

Ein Fall für den Staatsanwalt

Ich möchte Ihnen noch ein besonders kurioses Beispiel geben für die Kreativität, die viele Heime an den Tag legen, um den Kassen möglichst hohe Pflegesätze aus den Rippen zu schneiden. Ein Täuschungsmanöver, das immer wieder gerne praktiziert wird. Dabei geht es um Bewohner, welche – aus Sicht der Heimleitung – »leider« noch überwiegend selbstständig sind und abgesehen von kleineren Hilfestellungen, wie etwa dem An- und Ausziehen von Kompressionsstrümpfen (für den Tag mit etwa 10 Euro abzurechnen), keine Betreuung benötigen. Das ist natürlich für eine Heimleitung, die gezwungen ist, ökonomisch zu denken, eine völlig unhaltbare Situation. Also setzen sie alles daran, geistig und körperlich relativ fitten Bewohnern Leistungen aufzuzwingen, welche diese nicht benötigen.

Eine Bewohnerin, einst Lehrerin von Beruf, war zu uns gekommen, da sie sich zu Hause nicht mehr sicher fühlte. Ihr war eines Morgens schwindlig geworden, sie hatte Angst, in ihrem Haus zu stürzen und dann nicht imstande zu sein, Hilfe zu rufen. Ansonsten kam sie mit Hilfe ihres Rollators eigentlich gut alleine zurecht. Aber sie hatte keine Pflegestufe. Das heißt, sie war – bis auf das Anlegen der besagten Kompressionsstrümpfe – noch vollkommen selbstständig. Ganz schlecht!

Womit sollte das Heim da ordentlich Geld verdienen? Die Stationsleitung erklärte ihr, sie brauche erst einmal eine Pflegestufe. Dazu muss der MDK die Bewohnerin überprüfen und eine Einstufung in einen Pflegegrad vornehmen. Die Bewohnerin wurde aufgefordert, von nun an nicht mehr alleine die Toilette aufzusuchen. Sie müsse nach uns läuten, damit wir sie zur Toilette begleiten, was peinlich für beide Seiten war. Doch das war eine Voraussetzung, um die Pflegestufe Eins – und damit mehr Geld – zu bekommen.

Die alte Dame wehrte sich anfangs gegen den sinnlosen Eingriff in ihre Intimsphäre und ging weiterhin alleine zur Toilette. Doch sie wurde von der Stationsleitung solange genötigt, bis sie dem Druck nachgab. So wurde dem Medizinischen Dienst bei der Begutachtung »wahrheitsgemäß« berichtet, dass die Bewohnerin nicht mehr alleine zur Toilette gehen könne. Selbstverständlich wurde das auch regelmäßig dokumentiert. Die Bewohnerin bestätigte bei der Befragung durch den MDK, dass sie nur in Begleitung zur Toilette gehen könne. Das System ist krank! Oder wie würden Sie das bezeichnen! Würden Sie den Schwerpunkt auf Betrug legen? Was ohne Frage ebenfalls zutreffend wäre.

Gefälschte Protokolle

Die Mitarbeiter werden sehr oft von den Vorgesetzten dazu angehalten, Leistungen abzuzeichnen, die sie gar nicht erbracht haben. Deshalb ist dieser Straftatbestand in meinem Buch auch schon mehrfach angesprochen worden. Lagerungsprotokolle, Trink- und Essensprotokolle, Toilettengänge und so weiter werden auf dem Papier für die Abrechnung gefälscht. Zu den gängigen Maßnahmen, um das Betriebsergebnis zu verbessern, gehört es auch, Pflegeschüler als Vollzeitkräfte zu missbrauchen. Diese noch in der Ausbildung befindlichen, meist noch sehr jungen Berufsanfänger werden sogar als Schichtleitung eingesetzt infolge unvorhergesehener Krankmeldung. Diese darf aus gutem Grund nur von erfahrenen Kräften besetzt werden. Weiterhin werden Schüler von manchen Pflegeheimen nicht für ein auswärtiges Praktikum freigestellt, da sie dann nicht mehr als billige Arbeitskräfte zur Verfügung stehen. Es ist leichter, junge und unerfahrene Kollegen auszunutzen, als erfahrene Fachkräfte, welche ihre Rechte kennen und im Ernstfall eventuell noch den Mut haben, diese auch durchzusetzen.

Lidl zahlt seinen Mitarbeitern seit dem 1. März 2019 einen Mindestlohn von 12,50 Euro pro Stunde. In der Pflege sind es gerade mal 11,05 Euro pro Stunde. Bis 2020 soll dieser Lohn auf 11,35 Euro für die Bundesländer West beziehungsweise auf 10,85 Euro für die Bundesländer Ost steigen. Allerdings nur in der stationären Pflege. Die ambulanten Dienste werden deutlich schlechter entlohnt. Und dies bei einer körperlich schweren Arbeit, die mit einer sehr hohen Verantwortung verbunden ist. Dies ist eine vorzügliche Methode, den Pflegenotstand weiter aufrechtzuerhalten! Niedrige Löhne bestätigen die geringe Attraktivität des Arbeitsplatzes. Und das in einer Situation, in der alle möglichen Wirtschaftszweige wegen der geburtenschwachen Jahrgänge händeringend nach jungen Arbeitskräften suchen. Das Handwerk und die Bundeswehr haben diesbezüglich große Plakataktionen gestartet. Da kann ich mich beim besten Willen des Gedankens nicht erwehren, dass die Entscheidungsträger den Pflegenotstand liebevoll pflegen.

Focus online berichtet, dass in Hamburg ein Pflegeheim der AWO (Arbeiterwohlfahrt) schließen musste, weil die Einrichtung kein Personal mehr fand. Neun Vollzeitstellen konnten nicht besetzt werden. Mehr als 50 alte, teils schwer demente Bewohner mussten ihr Heim verlassen. Hat die AWO dies nicht vorherbestimmen können? Laut Ver.di ist die AWO schon vor zehn Jahren aus dem Tarifvertrag ausgestiegen. AWO-Sprecher Frank Krippner betont, dass man jetzt Tarifverhandlungen mit ver.di aufgenommen hat. Na toll! Zeugt das von unternehmerischer

Weitsicht? Geht man so mit Pflegebedürftigen und Pflegepersonal um? Ich kann solch ein fahrlässiges Verhalten nicht nachvollziehen. Pflegekräfte sind das meistgesuchte Personal heutzutage. Wie lange wollen sich gewissenlose Arbeitgeber es sich noch leisten, die Pflegekräfte zu vergraulen? Die Probleme sind hausgemacht. Misswirtschaft, verfehltes Personalmanagement, systematische, ökonomiegetriebene Abwertung der Pflege und der in der Pflege arbeitenden Kräfte und damit eine schwere Belastung der geistigen und sozialen Atmosphäre in den Häusern – das ist nach meiner Einschätzung der Kern des Pflegenotstands. Dieser Notstand wird von den Heimbetreibern geschürt und gerne in Kauf genommen. Weil sich die Renditen für Heimbetreiber und Aktionäre erhöhen.

Löhne müssen der Verantwortung angepasst werden

Eine Pflegekraft verdient nach fünf Berufsjahren in Westdeutschland zwischen 2661 Euro und 3000 Euro brutto monatlich, in Ostdeutschland (Sachsen-Anhalt) im Durchschnitt 2100 Euro brutto. Wundert es da noch jemanden, dass uns der Nachwuchs fehlt? Im Krankenhaus verdienen die Fachkräfte im Durchschnitt circa 600 Euro mehr als in der Altenpflege. Sollte uns diese Tatsache nicht zu denken geben? Altenpfleger haben eine sehr hohe Verantwortung. Die Überarbeitung dieser Dumping-Löhne ist längst überfällig! Löhne müssen der Ausbildung und der Verantwortung entsprechend angepasst werden.

Pflegekräfte aus der Altenpflege erwähnen des Öfteren, dass es ihnen in erster Linie nicht um das Gehalt geht, sondern um die Wertschätzung ihrer unbestritten wichtigen Arbeit: Sie wollen unsere Senioren betreuen, wie sie es verdient haben, und arbeiten, wie es ihrer Ausbildung entspricht. Das müssen wir uns leisten können. Die aktuell gezahlten Löhne sprechen eine deutliche Sprache, welchen Wert wir der Pflege unserer Väter und Mütter – die unser Land nach dem Krieg wieder aufgebaut haben – zumessen. Ich schäme mich.

Doch liegt es nicht nur an der knausrigen Bezahlung, dass wir einen Pflegenotstand haben, dass wir zu wenig Pflegekräfte haben. Schließlich gibt es Heime, die mit ihrem Budget auskommen und sowohl zufriedene Betagte wie auch zufriedene Pfleger haben (siehe Kapitel »Gelungene Pflege nach der Eden-Alternative«). Es sind – neben den wirtschaftlichen Gründen – vor allem hausgemachte Gründe, die die Atmosphäre vergiften und das Arbeitsgebiet der Altenpflege für zahlreiche potentielle Pflegekräfte so unattraktiv machen. Ich habe es mehrfach angesprochen. Stichwort: Personalpolitik.

Zu wenig Geld? Zu kurz gegriffen!

Ein Kapitel zum Thema Geld darf in diesem Buch nicht fehlen. Zumal das Thema in der öffentlichen Diskussion eine entscheidende Rolle spielt. Wir werden sehen, dass das Thema tatsächlich deutlich vielschichtiger ist, als es uns präsentiert wird. Denn die Finanzierung der Pflege ist kompliziert. Nicht wenige Fachleute sind zum Beispiel der Ansicht, dass an der Entscheidung über die finanziellen Rahmenbedingungen der Altenpflege zu viele – und zu viele fachfremde Kräfte – beteiligt sind. Vor allem aber: Die sogenannte »Selbstverwaltung der Pflege«, ein Gremium, das über Milliardenbeträge entscheidet, ist völlig intransparent. Kritiker sagen, dass im Vergleich dazu der Finanzsektor des Vatikans wie ein offenes Buch sei. Das Gremium verwaltet einen Jahresumsatz, von circa 50 Milliarden Euro.

Die Selbstverwaltung der Pflege besteht aus einer interessanten Konstellation. Auf der einen Seite sitzen die Verbände der Heimbetreiber, auf der anderen Seite die Pflegekassen und Sozialhilfeträger. Hier müssen sich also diejenigen, die Pflegeleistungen erbringen, mit denjenigen einigen, die das Geld dafür geben. Moment – … die das Geld dafür geben? Dazu gehören aber auch die Leistungsempfänger. Also die Heimbewohner. Die haben nun schon jahrzehntelang (seit 1995) in die Pflegekasse eingezahlt und zahlen aktuell für die Unterbringung im Heim und die Pflegemaßnahmen zusätzlich aus eigener Tasche zu. Ja, letztlich zahlen die Heimbewohner eigentlich alles. Denn selbst die Zuzahlung, die am Ende aus Steuermitteln geleistet wird, um auf den Endbetrag für die stationäre Pflege pro Monat zu kommen, zahlt letztlich der Bürger durch Steuern.

Bedauerlich ist: Die Heimbewohner, die nicht nur von der Pflegequalität unmittelbar betroffen sind, sondern die am Ende auch alles bezahlen, haben in der »Pflegeselbstverwaltung« keine Stimme. Sie haben kein Stimmrecht. Sie dürfen nicht mitentscheiden, wie ihr Geld für ihre Pflege eingesetzt wird. Und auch die Pflegekräfte sind bei der »Pflegeselbstverwaltung« außen vor. Was für eine brutale Ungerechtigkeit! Was für eine undemokratische Nische, in der über die Verteilung von mehr als 50 Milliarden Euro entschieden wird! Ich denke, man sollte das Gremium der Pflegeselbstverwaltung der Ehrlichkeit halber in Pflegeselbstbedienung umbenennen. Weil hier die Heimbetreiber so offensichtlich in einer Institution mitbestimmen, in der sie sich – hinter verschlossenen Türen – ihre Pfründe sichern.

Die das Geld geben, haben nichts zu sagen

Was ist überhaupt über die Arbeit der Pflegeselbstverwaltung bekannt? Erstaunlich, wie wenig man zu diesem Gremium im Netz findet. Eigentlich nur: Hier haben die Stimmen beider Parteien – die der Heimbetreiber und die derer, die das Geld der Bürger verwalten – gleich viel Gewicht. Das bedeutet unter anderem, dass die Heimbetreiber Beschlüsse verhindern können. Strengere Kontrollen beispielsweise! Aber die Heimbetreiber können sagen: Nö, das wollen wir nicht. Wir wollen weiterhin, dass Kontrollen angemeldet werden und der Umfang der Kontrollen vorher mit uns abgesprochen wird. Super Voraussetzungen für eine funktionierende Kontrolle – finden Sie nicht?!

Doch seit 2016 treffen sich Vertreter der beiden Parteien, der Heimvertreter und der Geldgeber in einem speziellen Ausschuss. Der Qualitätsausschuss Pflege hat seitdem mehrfach in Berlin getagt unter der Maßgabe, ein neues »Kontroll- und Transparenzsystem« zu erarbeiten. Klingt doch gut, oder? Nach dem Willen der Politik hätte das Gremium bis 2017 zu einem Ergebnis für neue Kontrollmechanismen kommen sollen. Von diesem Ergebnis fehlt allerdings bis heute jede Spur. Im Mai 2019 gab es eine Dokumentation über diese Zusammenhänge auf dem ZDF-Sendeplatz *Zoom*. Die Autorin Valerie Henschel bemühte sich redlich, Licht ins Dunkel dieser hermetisch geführten Verhandlungen zu bringen. Doch – als wäre es eine Satire-Nummer aus der Sendung *Die Anstalt* – sie stieß bei der Befragung der Vertreter des »Qualitätsausschusses Pflege« über das neue »Kontroll- und Transparenzsystem« auf eine Mauer des Schweigens.

Lachnummer Transparenzoffensive

Die Verhandlungen zur Transparenz seien geheim, erklärte ein Mitglied des Gremiums. Ein verlegenes Lächeln in seinem Gesicht verriet, dass er diese Geheimhaltung einer Transparenzoffensive eigentlich auch peinlich fand. Der Reporterin wurde allerdings eine Mail zugespielt, die eine Nachricht an die Teilnehmer der »Transpanenzverhandlungen« enthielt. Es war die Aufforderung, dem ZDF-Team keinesfalls irgendwelche Auskünfte zu den Verhandlungen zu geben. Wenn es nicht um so bestürzende und ernste Sachverhalte wie die Verhältnisse in der stationären Altenpflege ginge, könnte man einen Lachanfall bekommen: Geheime Transparenzverhandlungen! Die Verwendung der 50 Milliarden Euro wird weiter in einem hermetisch abgeschotteten Zirkel ausgekungelt. Unglaublich, dass sich offenbar noch keine Partei um eine Sprengung dieses ganz offensichtlich mafiösen Hinterzimmers bemüht hat.

Reporterin Valerie Henschel wandte sich nun an die deutsche Sektion von Transparency International. Eine Organisation, die versucht, Licht in Lobbyarbeit und politische Entscheidungsprozesse zu bringen, die in der Regel unter Ausschluss der Öffentlichkeit stattfinden. Zur Intransparenz der Transparenzoffensive des Qualitätsausschusses der Pflege sagt Wolfgang Wodarg von Transparency International: »Derzeit ist es so, dass in diesem System sehr, sehr viel Geld verdient wird. Und das geht nur, solange das System so intransparent bleibt. Sonst würden sich die Menschen an den Kopf fassen und fragen: Was macht ihr mit unserem Geld? Sonst würden sie etwas ändern wollen. Transparenz würde sicher zu grundsätzlichen Änderungen im System führen. Aber das will keiner der Beteiligten. Die möchten gerne mehr Geld haben in ihrem System. Aber nicht die Strukturen ändern.«

Wenn es um 50 Milliarden Euro geht, geht es auch um 6 Prozent Rendite für Aktionäre und um Millionengewinne für die Heimbetreiber. Es geht aber auch um völlig überlastete Pflegekräfte und um Hunderttausende Heimbewohner, die in diesem System unter Not, Angst und teils lebensgefährlicher Vernachlässigung leiden. Die Verhandlungen darüber in der Selbstverwaltung der Pflege – unter Ausschluss der tatsächlichen Geldgeber (wir Bürger) und der Betroffenen (Bewohner und Pflegekräfte) – geheim! Irre! Mir fällt kein anderes System in unserer Gesellschaft ein, in dem demokratische und humanitäre Belange so offensichtlich mit Füßen getreten werden wie in der Altenpflege. Ein Geschäftsmodell, das von der Selbstverwaltung der Pflege beschützt wird. Ein Albtraum!

Schauen wir uns das Ganze noch einmal auf Landesebene an. In jedem Bundesland werden die Rahmenverträge noch einmal von zwei Parteien ausgehandelt: Wieder sind es die Heimbetreiber auf der einen Seite und die Pflegekassen und die Sozialämter auf der anderen Seite. Auch hier müssen die an den Verhandlungen beteiligten Parteien zu einem einstimmigen Beschluss kommen. Zum Beispiel, was die Anpassung der Mittelzuflüsse an den gestiegenen Kostenrahmen (Inflation, Gehaltsanhebungen und so weiter) anbelangt. Jede einzelne Partei kann also die Beschlussfassung blockieren. Hier gibt es in der Regel eine klare Koalition. Weder die Pflegekassen haben ein Interesse an einer »großzügigen finanziellen Ausstattung« der Heime noch die Sozialämter. Doch sowohl die Kassen wie auch die Sozialämter zahlen (unser Geld!) in die Heime ein und verfügen nicht über unlimitierte Mittel. Außerdem unterstehen die Sozialämter den Kommunen. Und die sind in der Regel pleite. Aber warum legen die großen Pflegeheimbetreiber – Caritas, AWO, Diakonie und auch die privaten Heimbetreiber – nicht einfach ihr Veto ein und drängen beispielsweise auf deutlich höhere finanzielle Zuweisungen?

Der Spatz in der Hand

Einer der Gründe für das unterlassene Veto liegt in der Einschaltung von Schiedsgerichten, wenn sich die Parteien untereinander nicht einig werden. Ein Schiedsgericht braucht gerne mal ein Jahr, bis es eine Entscheidung fällt. In dieser Zeit müssen die Heimbetreiber auf Basis der alten Verträge ihre Dienste zu Markte tragen. Was bei den permanent steigenden Kosten (Inflation und so weiter) auf jeden Fall Verluste nach sich zieht. Außerdem wissen sie ja nicht, ob sie vorm Schiedsgericht Recht bekommen. Diese Hemmnisse bringen die Heime in den Verhandlungen über die Pflegesätze oft dazu, Finanzierungen abzunicken, die den Pflegeaufwand nicht angemessen honorieren. »Lieber der Spatz in der Hand, als die Taube auf dem Dach« – so könnte man diese Strategie beschreiben. Diese nicht unerhebliche Weichenstellung geht also ganz ohne den bösartigen Einfluss von privaten – also gewinnorientierten, börsennotierten – Heimbetreibern vonstatten.

Und damit sind wir bei dem Thema, das in der öffentlichen Diskussion die meisten Hassreaktionen auslöst: Hedgefonds – große, extrem finanzkräftige Beteiligungsunternehmen, kaufen zum Wohle ihrer Aktionäre immer mehr Heime auf, um sie durch das Säurebad ihrer Gewinnoptimierung zu ziehen und so Pflegekräfte und zu Pflegende schädigen. Es ist in der Tat eine miese Vorstellung: Circa 50 Prozent der Pflegeheime in Deutschland sind mittlerweile in privater Hand. Die privaten Heime haben – entgegen den freien und gemeinnützigen Einrichtungen der Kirchen oder der Kommunen – den Auftrag, mit der Pflege Geld zu verdienen. Sie versprechen den Investoren Kapitalrenditen zwischen 4,5 und 7 Prozent. Nicht schlecht in einer Zeit, in der das Geld auf dem Sparbuch kontinuierlich an Wert verliert. Viele Hundert Millionen Euro aus den Finanzmitteln der Pflege landen nicht im Pflegebetrieb, sondern in der Privatschatulle von betuchten Aktionären. Was für ein Irrsinn!? Wie kann die Politik so etwas zulassen?

Pflegeheime als Teil der öffentlichen Daseinsvorsorge

In Diskussionen kommt es immer wieder zu folgendem Statement: »Die kommunalen und gemeinnützigen Träger könnten gar nicht das Volumen an Pflegeplätzen bereitstellen, das wir brauchen.« Wie bitte? Das Geld ist doch da! Wenn private Heimbetreiber damit die entsprechende Infrastruktur bereitstellen können, warum soll es dann nicht möglich sein, mit diesen Geldern seitens der öffentlichen Hand genügend Pflegeplätze bereitzustellen? Das Kapital, dass sich die privaten Betreiber zusätzlich an der Börse besorgen, könnte – wenn nötig – mittelfristig über Kredite aufgebracht werden. Auch kommunale Pflegeheime, das wurde in der ZDF-Dokumentation »Pflegestillstand: Warum sich in unseren Altenheimen nichts ändert«, können Überschüsse erwirtschaften und zur Tilgung der Kredite einsetzen.

Zumal in diesem Fall nicht auch noch die Interessen der Aktionäre bedient werden müssen. Es stünde also unterm Strich – vor allem nach dem Abtragen der Kredite – sogar mehr Geld für die Pflege in den Heimen zur Verfügung. Nach meiner Meinung gehört Pflege zu den Leistungen der staatlichen Daseinsvorsorge. So wie die Bereitstellung von Trinkwasser oder Bildungs- und Kultureinrichtungen und andere. Die Pflege alter Menschen darf nicht etwas sein, woran sich Aktionäre gesundstoßen. Das ist inhuman! Das verursacht hunderttausendfaches Leid in unseren Pflegeheimen!

Lassen Sie uns noch einmal einen Blick auf weitere Aspekte des privaten Pflegebetriebs werfen. Zum einen sind die Pflegeheimbetreiber nicht verpflichtet, ihre Finanzströme öffentlich zu machen. Die Herren lassen sich einfach nicht gerne in die Karten schauen. Öffentlich sprechen die privaten Heimbetreiber von einem Gewinn von 5 Prozent. Das erscheint sozial noch einigermaßen kompatibel. Doch tatsächlich – sagen Experten – liegen die Erträge deutlich höher. Die zu verschleiern lässt sich beispielsweise bewerkstelligen durch komplizierte Firmenverschachtelungen.

Eine überall in der Wirtschaft beliebte Methode, um Gewinne zu verschleiern und Finanzbehörden und die Öffentlichkeit hinters Licht zu führen, ist die Gründung von Subunternehmen. Im Bereich der Pflegeheime werden beispielsweise Wäsche oder das Catering ausgelagert. Damit schrumpfen die Gewinne der Heime. Aber die Konzerne profitieren umso mehr durch die Gewinne der Subunternehmen. Beliebt ist auch das Verwirrspiel mit der Miete. Die Immobilien werden in Subunternehmen ausgegliedert, die hohe Mieten kassieren. Auch das schmälert nominell die Gewinne der Betreiber. So kann es im Ernstfall aussehen, als stehe der Heimbetreiber am Ende nur mit einem bescheidenen Gewinn da. Aber da sich der Heimbetrieb und die Immobilienfirma letztlich in derselben Hand befinden, können die Gewinne doch ordentlich sprudeln. Clever gemacht für die Unternehmen und eine Sauerei der Gesellschaft gegenüber!

Raubritter der Pflegelandschaft

Tatsächlich hat sich das Engagement internationaler Hedgefonds in der deutschen Pflegewirtschaft in den letzten 15 Jahren erheblich erhöht. Einer der Gründe liegt in der hohen Sicherheit, die Geldanlagen in unserem Pflegesystem versprechen: Was passiert, wenn in der freien Wirtschaft ein börsennotiertes Unternehmen bankrottgeht? Dann sind die Investitionen der Kapitalgeber verloren. In den diversen Finanzkrisen der letzten Jahrzehnte wurden so Werte im Billionen-Euro-Maßstab vernichtet. Deshalb sind die großen Fonds seitdem verstärkt auf der Suche nach sicheren Anlagemöglichkeiten. Und die finden sie in der deutschen Pflegewirtschaft. Unser Finanzierungssystem garantiert den Anlegern nahezu hundertprozentige Sicherheit.

Denn während in der freien Wirtschaft insolvente Kunden ein Unternehmen in den ökonomischen Abgrund reißen können, bekommen Pflegeheime für ihre Kunden, die Heimbewohner, ihr Geld auf jeden Fall. Wenn der Leistungsempfänger (der Pflegebedürftige) den Heimaufenthalt nicht selbst finanzieren kann, werden zuerst die Angehörigen 1. Grades zur Kasse gebeten. Übersteigen die Kosten auch hier das zumutbare Maß, springt der Staat ein, also letztlich der Steuerzahler. Kaum eine Investition bietet so viel Sicherheit wie die in die Pflege im deutschen Sozialsystem. Deshalb gab es in den letzten Jahren auch eine massiv zunehmende Präsenz ausländischer Investoren im deutschen

Pflegesystem. Einzelne Heime und ganze Ketten von Pflegeheimen wurden von internationalen Hedgefonds aufgekauft.

Anders als bei gemeinnützigen Pflegeheimen, den kirchlichen oder kommunalen Einrichtungen, haben die privaten Heimbetreiber – im Ernstfall Hedgefonds – den Auftrag, Gewinne zu erwirtschaften. Sie müssen die Renditeerwartungen ihrer Aktionäre befriedigen. Sonst verlieren die Manager dieser Fonds am Ende ihre oft millionenschwer dotierten Posten und ihre fetten Bonuszahlungen. Dieser Logik sind an der Börse alle weiteren Gedanken untergeordnet. Sylvia Bühler, Mitglied des ver.di-Bundesvorstandes und Leiterin des Fachbereichs Gesundheit, soziale Dienste, Wohlfahrt und Kirchen, ist in ihrer Organisation zuständig für die Gesundheitspolitik. Sie findet klare Worte, wenn sie diese Zusammenhänge anspricht: Hedgefonds seien die »Raubritter der Pflege« und »die Daseinsvorsorge verkommt hier zum skrupellosen Geschäft.«

Skaleneffekte steigern die Erträge

Lassen Sie uns genauer hinschauen, was hier tatsächlich geschieht. Zum einen muss man zur Kenntnis nehmen, dass durch die Zusammenlegung von – im Ernstfall – Hunderten Heimen die in der Wirtschaft typischen Skaleneffekte auftreten, die große Firmen kleinen Firmen gegenüber überlegen machen: Wenn Reinigungsdienste, Catering oder sonstige Arbeiten auf dem freien Markt eingekauft oder eigene Dienste mit diesen Leistungen beauftragt werden, können für 20 000 Menschen deutlich günstigere Preise pro Kopf kalkuliert werden als für 72 Menschen. Vor allem aus diesem Grund ist Lidl günstiger als der Tante-Emma-Laden. Im Bereich der Discounter haben wir uns daran gewöhnt, dass Tante-Emma-Läden ausgestorben sind. Ich sehe allerdings keinen Grund, weshalb sich diese Skaleneffekte bei Pflegeheimen in öffentlicher Hand nicht genauso – wenn nicht sogar in noch deutlich größerem Umfang – erreichen ließen. Schließlich sind (noch) etwa 5000 Pflegeheime in kommunaler oder kirchlicher Hand. Ein konzertiertes Vorgehen so vieler Heime bei der Beschaffung von outgesourcten Leistungen kann immense Skaleneffekte ermöglichen.

Auf dem Sektor der Pflegeheime ist es eine gespenstische Nachricht, wenn wir hören, dass die Korian-Gruppe im Jahr 2018 über 25 000 Pflegeheimplätze »herrscht«. Noch im Jahr 2013 war die Curanum AG die größte Kette in Deutschland, die nur etwa über die Hälfte der Pflegeplätze verfügte. Das zeigt, wie intensiv sich Börsenkapital in die deutsche Pflegewirtschaft einkauft. Man darf vermuten, dass sich dieser Trend in Zukunft weiter verschärft. Denn 2019 befinden sich bisher »nur« etwa 14 Prozent der deutschen Pflegeheime in der Hand der 30 größten Ketten. Insgesamt sind aber etwas über die Hälfte der Pflegeheime hierzulande in privatwirtschaftlicher Hand. Also am Markt, um Gewinne zu erzielen.

Es gibt allerdings auch Stimmen – der renommierte deutsche Pflegekritiker Claus Fussek gehört zu ihnen –, die davon ausgehen, dass sich die Verhältnisse in Zukunft gerade bei den großen Ketten für die Heimbewohner positiv entwickeln können. Nach einer aggressiven Wachstumsphase, die an den frühindustriellen Raubtierkapitalismus erinnert, könnte es in Zukunft, so Fussek, zu einer Konsolidierung kommen. Und dann könnten sich gerade die großen Ketten, bei denen ein positives Image gewinnträchtig auf Hunderte Heime abstrahlt, stärker einer besseren Qualität der Pflege zuwenden. Etwa so wie Aldi und Lidl extrem darauf bedacht sind, keine markenschädigenden Skandale in die Öffentlichkeit zu tragen. Ich bin da skeptisch. Vor allem, weil bei Aldi und Lidl viele gesunde, selbstbewusste Kunden unterwegs sind, während in den Altenheimen die Schwachen und Ängstlichen wohnen, die sich oft nicht trauen, Missstände anzusprechen oder gar öffentlich zu machen.

Kapitalgeber profitieren von Missständen

Ich möchte an dieser Stelle wiederholen: Nach meiner Erfahrung ist nicht der finanzielle Druck, sondern das negative Image des Pflegesektors verantwortlich für die Missstände in diesem Bereich. Missstände, die es den Betreibern der Heime ermöglichen, mit minderqualifiziertem Personal bei ihrem größten Kostenposten – den Personalkosten – zu sparen. Die erzielten Überschüsse aus den privaten Ketten wandern dann zu einem erheblichen Teil an ausländische Stakeholder. Diese Aktieninhaber sind in der Regel finanziell deutlich besser gestellte Personen, die ihr Kapital an der Börse – und hier über die Hedgefonds und die internationalen Pflegeheimketten – auf Kosten der Pflegeheimbewohner und des Pflegepersonals mehren. Ich sehe, dass hierzulande Heimbewohner im Ernstfall tagelang in ihren Fäkalien liegen müssen, damit reiche Menschen immer reicher werden. Das ist inakzeptabel! Das ist pervers! Die Pflegeketten haben eine starke Lobby. Kein Wunder: Schließlich geht es – ich sagte es bereits – im Jahr 2019 um einen Jahresumsatz von etwa 50 Milliarden Euro. Im Jahr 2030 – so die Schätzungen – werden es aufgrund des demografischen Wandels schon 85 Milliarden Euro sein. Naiv ist, wer denkt, dass solche Geldmengen nicht auch jede Menge kriminelle Energie auf den Plan rufen. Ich möchte in diesem Zusammenhang drei Strategien – oder sagen wir regulatorische Rahmenbedingungen – ansprechen, die dazu beitragen, dass in deutschen Pflegeheimen in vielen Fällen so erbärmliche Zustände herrschen.

Ruinöser Wettbewerb

Zum einen herrscht in der deutschen Pflegelandschaft – wie überhaupt im deutschen Gesundheitswesen – eine mangelhafte Transparenz. Das Beurteilungssystem des Medizinischen Dienstes der Krankenkassen (MKD), das im Schnitt allen Heimen etwa eine Bewertung von 1,2 gibt, ist eine Farce. Wie absurd ist es, wenn ein Heim eine Note Fünf aufgrund schlechter Pflege bekommt, dies aber mit einer Speisekarte ausgleichen kann, die in großen, leserlichen Buchstaben gedruckt ist (dazu mehr in Kapitel 10 »Überprüfung und Benotung durch den MDK«).

In der Regel ist ein persönlicher »inspizierender« Besuch der Angehörigen genauso wenig geeignet, sich einen realistischen Eindruck von der Qualität der Heime zu verschaffen. Wer versucht, sich ein Bild von der Situation vor Ort zu machen, wird in den meisten Heimen häufig nur in »Vorzeigeecken« geführt, die nicht den allgemeinen Zustand widerspiegeln. Gäbe es eine zuverlässige, unabhängige Testung des Produkts, wie es in den meisten Consumer-Bereichen der Fall ist (Stiftung Warentest, *Foto-Magazin*, *Öko-Test*), könnten die Kunden im Pflegebereich je nach ihrer persönlichen Preis-Leistungs-Präferenz angemessene Entscheidungen treffen. Da die Qualität eines Pflegebetriebs aber in der Regel von außen nur schwer erkennbar ist (dazu mehr im Kapitel 12 »Tipps für das passende Heim«), konkurrieren die Heime untereinander und im Wettbewerb um Kunden vor allem über den Preis. Das »Billig, billig« bei den Kosten bedeutet aber »schnell, schnell« bei der Pflege. Damit ist den Heimbewohnern nicht gedient.

Sehen wir uns dazu einmal eine der wenigen veröffentlichten Kostenaufstellungen in deutschen Pflegeheimen an. Sie stammt von einem Idealisten aus der Szene. Johannes Paetzold führt sein Haus im baden-württembergischen Heddesbach. Mit monatlichen Kosten von etwa 3100 Euro pro Bewohner liegt das Heim im unteren Mittelfeld in Deutschland. Johannes Paetzold und sein Team betreuen 17 Bewohner (Stand Frühjahr 2019) und so ist das Heim nicht ganz repräsentativ für die Branche. Doch gibt das Tortendiagramm immerhin eine erste Orientierung. Es zeigt auch, dass die Kostenstruktur natürlich vom Pflegegrad der Bewohner abhängt. Wohlgemerkt: Es handelt sich um das Heim eines Idealisten. Nicht um eine börsennotierte Kette von Pflegeheimen.

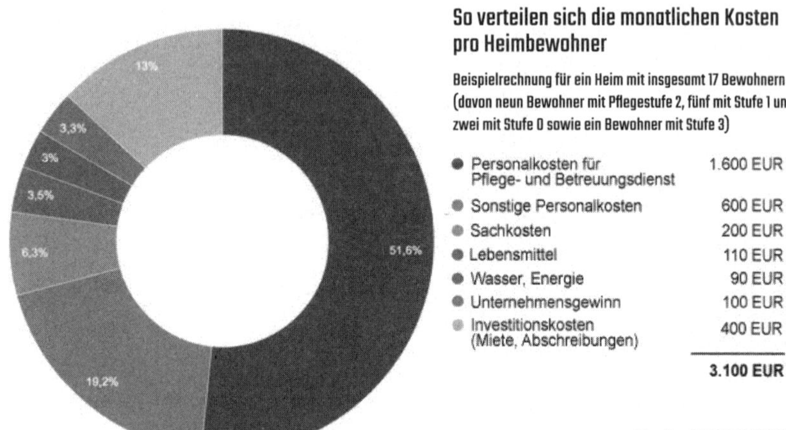

Quelle: CORRECTIV

Das Tortendiagramm zeigt deutlich, dass die Personalkosten für Pflege und Betreuung bereits mehr als die Hälfte der Gesamtkosten ausmachen, werden »sonstige Personalkosten« hinzugezählt (Heimleitung, Verwaltung …), sind dies bereits mehr als zwei Drittel der Kosten.

Durch die Tatsache, dass die Profilierung in der Öffentlichkeit wesentlich über den (günstigen) Preis geschieht, und der Auftrag der privat geführten Heime ist es, Rendite zu machen, kommt es an der Basis der Pflegeheime in aller Regel zu einem desaströsen Sparprogramm. Dabei sind die Personalkosten – wie die Grafik oben zeigt – der wichtigste Hebel. Einer der Tricks, mit dem die Heime sich finanziell optimieren können, sind Zeitverträge für das Pflegepersonal.

Die Befristung der Verträge auf ein oder zwei Jahre versetzt die Heimleitung in die »wirtschaftlich interessante« Lage, nach dem Ausscheiden des Personals nach neuem Personal suchen zu müssen. Da das Angebot an Pflegekräften aber so gering ist, vergehen oft Monate, bis die Stellen wieder besetzt werden können. Diese Personallücke ist bares Geld für die Heimbetreiber.

Außerdem haben Zeitverträge den Vorteil, dass die so eingestellten Kräfte schneller wieder entlassen werden können, wenn sie etwa auf die Idee kommen, sich zu wehren und auf ihre Rechte zu pochen. In der Zeit der Suche nach dem neuen Personal wird den Heimen von den Kassen weiterhin eine Vergütung gezahlt, die sich nach der Zahl der Heimbewohner und ihrer Pflegestufen bemisst. Obwohl sie den Pflegeschlüssel – die geforderte Zahl der Pflegekräfte pro Heimbewohner mit den geforderten Qualifikationen – nicht erfüllen. Die zwischenzeitlich unbesetzten Stellen bescheren den Wirtschaftsträgern der Heime schnelle Gewinne in der Höhe von mehreren Tausend Euro in der sogenannten »Orientierungsphase«.

Für die Pflegekräfte und die Heimbewohner verschärft diese Praxis natürlich den Notstand. Weniger Kräfte müssen das gleiche Pensum stemmen. Trotz Überstunden und Rekrutierung aus der Freizeit heraus sind die nötigen Arbeiten nicht zu schaffen. Um den formalen Anforderungen Genüge zu tun, werden – wie schon erwähnt – Leistungen abgerechnet, die real gar nicht erbracht wurden. Meine Kolleginnen und Kollegen müssten eigentlich streiken. Die Öffentlichkeit einschalten. Doch die Angst vor Repressalien durch die Heimleitung und die Sorge – wer kümmert sich denn jetzt um die Alten? – hält sie in der Regel davon ab.

Anonyme Personallisten

In das Repertoire der Regelungen im deutschen Pflegesystem, die dem Betrug Vorschub leisten, gehört auch folgende Seltsamkeit. Pflegekräfte müssen bei der Abrechnung nur nach der Anzahl, aber nicht namentlich aufgeführt werden. Ja, Sie haben richtig gelesen: Die Arbeitnehmer in den Pflegeheimen werden gegenüber den Kassen anonym geführt. In der freien Wirtschaft undenkbar! Stellen Sie sich vor, BMW würde gegenüber den Steuerbehörden erklären: »Wir haben 89 000 Mitarbeiter«, ohne deren Namen und Steuernummer mit Bezug auf den konkreten Arbeitsplatz kenntlich zu machen. Grotesk! In der Pflegebranche können aber vor allem die Betreiber von Pflegeheim-Ketten ihr Personal in mehreren Heimen anmelden, um überall die vorgesehenen Personalschlüssel einzuhalten. Es ist gar keine Frage: Die anonymisierten Personallisten müssen abgeschafft werden. Sie sind ein Steilpass für den Betrug gegenüber den Heimbewohnern, den Pflegekräften und dem Sozialsystem. Die anonymen Personallisten gehören zu dem dunklen Filz in der deutschen Pflegeheimlandschaft, der es den Betreibern so leicht macht, mit skrupellosen Machenschaften ihre Gewinne zu maximieren.

So sparen Heimbetreiber

Darüber hinaus ist natürlich jede nicht erbrachte Leistung ein Gewinn für den Betreiber des Heims beziehungsweise für die Aktionäre, die ihre Renditen aus den Heimen beziehen. Die Betreiber, die es darauf anlegen, haben jede Menge Stellschrauben, ihren Ertrag aus ihren Heimen zu »optimieren«: nicht nur durch fehlende Pflegekräfte, sondern auch durch nicht vorhandenes Material für Beschäftigungen, gespartes Wasser und Energie aus mangelnden Leistungen etwa bei der Köperhygiene sowie an der Sauberkeit im Heim. Und mögen auch einzelne Einsparungen auf ein Heim gesehen nicht spektakulär erscheinen: Multiplizieren Sie den Effekt bei den großen Ketten mit der Zahl 500, dann ergibt sich schon eine nennenswerte Summe. Jede Form von Pflegenotstand kommt den Heimbetreibern dabei zupass. Und immer wieder das groteske Spiel: Mitarbeiter versuchen, gegenüber der Heimleitung die Missstände anzusprechen. Die Heimleitung aber fungiert häufig als Puffer zwischen den Eignern und der Belegschaft. Schwach qualifizierte Führungskräfte versuchen, ihren mittelmäßig bezahlten Job zu verteidigen, indem sie ihre Untergebenen mit fadenscheinigen Versprechungen ruhig halten.

10. Überprüfung und Benotung durch den MDK

Pseudokontrollen im Heimbetrieb

Der Medizinische Dienst der Krankenkassen (MDK) und die Heimaufsicht sollten eigentlich der Schrecken aller schlecht geführten Pflegeheime sein. Unnachgiebig sollten sie Missständen in Heimen nachspüren und mit harter Hand Rüge und angemessene Noten verteilen, wenn sie ihrem gesetzlichen Auftrag nicht nachkommen und Senioren, die für zigtausend Euro im Jahr Residenz bezogen haben, kein würdiges Lebensumfeld bereitstellen. Dazu gehören eine anständige Verpflegung – wenn nötig mit Hilfe bei der Nahrungsaufnahme –, angemessene Hygiene-Maßnahmen und ein Mindestmaß an sozialer Zuwendung. Diese relevanten Punkte sollten vom MDK vornehmlich für eine Bewertung der Heimqualität herangezogen werden. Mit dem Ziel, auf dem Markt den Wettbewerb um Kunden mit Qualitätspunkten zu etablieren. Gute Heime bekommen leichter Kunden. Gut bewertete Heime können eventuell eine höhere Vergütung von ihren Kunden verlangen. Der MDK sollte hier quasi als TÜV und Stiftung Warentest den »Kunden« eine objektive Orientierung in puncto Heimqualität ermöglichen.

Könnte, sollte, hätte – die Wirklichkeit sieht anders aus. Tatsächlich ist der MDK ein Papiertiger, die bescheinigte Garantie für die Qualität der

Pflegeheime eine Farce. Das fängt schon damit an, dass das Prüfpersonal seinen Besuch im Heim ankündigt. Natürlich wird für diesen Termin im Heim gewischt und gebohnert. Natürlich wird dafür Personal zusammengezogen, wie es sich im ganzen restlichen Jahr in dieser Konzentration im Heim nicht beobachten lässt. Natürlich ist das, was die Kantine an diesem Tag ausgibt, echt lecker. Die Heimleitung wäre ja auch wirklich bescheuert, wenn sie diesen Steilpass der »Prüfinstanz« nicht dazu nutzen würde, um sich im besten Licht zu präsentieren. Eine ehemalige Mitarbeiterin des MDK sagte kürzlich in der schon angesprochenen ZDF-Dokumentation auf dem Sendeplatz *Zoom* über diese »Kontrolle«: »Stellen Sie sich einmal vor, Sie machen gerade ihr Abitur und besprechen mit den Prüfern vorher die Prüfungsfragen. Da wundert es keinen, dass am Ende nur Einser-Noten dabei herauskommen.« Ein treffendes Bild für die Kontrollen durch den MDK.

Dazu kommt, dass die Entscheidungen größtenteils von Menschen getroffen werden, die mit dieser Pflege ihr Geld verdienen. »Ist dies schon Tollheit, so hat es doch Methode« – um noch einmal Hamlet heranzuziehen. Die Arbeitgeber, also die Heimbetreiber, legen mit den Prüfungsinstitutionen gemeinsam fest, was geprüft werden soll. Und das ganze Spiel wird noch unverschämter und grotesker: Die Praxis sieht so aus, dass, sobald bekannt ist, wann eine Prüfung stattfindet, die zur Debatte stehenden Dokumente – im wesentlichen Berichte über Pflegeleistungen – in vielen Pflegeheimen von ausgesuchten, erfahrenen Pflegekräften »MDK-resistent« zurechtgestutzt werden. Es gibt Einrichtungen, die stellen sogar Mitarbeiter extra dafür ein, um die Dokumente auf den »aktuellen« Stand zu bringen. Dies ist Betrug auf der ganzen Linie und ganz und gar nicht im Sinne des Prüfvorgangs. Den Eindruck zu erwecken, dass doch alles in Ordnung sei, ist eine so dreiste wie illegale Manipulation der Dokumentation zu Lasten der Heimbewohner. Dabei kann man das Verhalten der Pflegekräfte, die sich an diesem Betrug beteiligen, durchaus als schizophren bezeichnen: Einerseits jammern sie über Missstände und andererseits spielen sie den Kontrollen vor, alles sei in bester Ordnung. Das ist krank. Das ist mafios. Das ist organisiertes Verbrechen auf Kosten von leidenden Heimbewohnern.

Pflegemafia in Aktion

Würden die Rahmenbedingungen stimmen, wären solche Scheinkontrollen gar nicht nötig. Wären Pflegekräfte zahlenmäßig und von ihrer Qualifikation her vor Ort vorhanden, wie es die Verhältnisse in den Heimen erfordern, würden sich die Kontrollen erübrigen. Wir ausgebildeten Pflegekräfte kennen die Standards und sind für unsere Arbeit qualifiziert. Wir müssten uns nicht kontrollieren und beraten lassen für etwas, das wir gelernt haben und ja auch anwenden wollen. Das ist so, als würde das Jugendamt in die Kita kommen und die Erzieherinnen dahingehend beraten, dass die Kinder am Morgen ein Frühstück brauchen. Eigentlich eine Demütigung.

Aber die Rahmenbedingungen sind nun einmal nicht so, wie sie sein sollten. Deshalb sind Kontrollen grundsätzlich keine schlechte Idee. Umso lächerlicher ist es in diesem Zusammenhang, dass die Kontrollierten regelmäßig Anstrengungen unternehmen, die Kontrolleure zu täuschen und die Kontrolleure wissen, dass sie getäuscht werden. Das ganze Kontrollgehabe ist eine einzige Farce.

Vor Kurzem durfte ich eine wunderbare Kollegin von der Heimaufsicht kennenlernen. Sie hat mittlerweile gekündigt, da sie es nicht mehr ertrug, den gegebenen Tatsachen ohnmächtig und hilflos gegenüberzustehen. Sie berichtete traurig und resigniert, dass sie immer wieder aufs Neue erschüttert sei, wie die alten Menschen in den meisten Heimen dahinvegetieren. Sie selbst nahm ihre Aufgabe und die damit verbundene Verantwortung sehr ernst und machte vor ihrem Dienstbeginn sogar ein Praktikum im Pflegeheim, um sich gut auf ihre Aufgaben vorzubereiten. Sie sagte: »Glauben Sie mir, ich war erschüttert, wie die Bewohner tagtäglich leben. Es wird alles (personalmäßig) auf die alten Leute losgelassen!« Sie meinte damit die weithin fehlende Fachkompetenz und oft nur spurenweise vorhandene soziale Kompetenz beim Pflege(-hilfs-)personal. Dies sind die Worte einer ehemaligen Mitarbeiterin der Heimaufsicht. Sie bittet darum, anonym zu bleiben, weil sie, wie die meisten anderen in diesem Gewerbe, auch Angst vor Repressalien hat.

Angst ist der rote Faden, der sich durch die ganze Pflegelandschaft zieht. Die ehemalige Mitarbeiterin sagte auch, dass die Träger und Heimleiter und auch manche Pflegedienstleiter wie knallharte Geschäftsleute auftreten. Diese mutige Frau hat sogar das Personal bei ihren Begehungen immer wieder angesprochen und gefragt, ob sie so gepflegt werden möchten, wie sie es hier als Pflegekraft realisieren können. Sie stellte den Pflegekräften auch die unbequeme Frage, warum die Pflegekräfte sich nicht wehren, wenn es ihnen eigentlich widerstrebt, unter den gegebenen Umständen zu arbeiten. Viele konnten die Frage gar nicht beantworten und andere begründeten es mit der Angst vor den Autoritäten im Heim – Angst vor den Pflegedienst- und Heimleitungen.

Die ehemalige Mitarbeiterin der Kontrollbehörde »Heimaufsicht« redete dem Personal ins Gewissen, indem sie erklärte, dass die Bewohner doch anständig betreut werden müssten, da sie ihnen völlig ausgeliefert seien. Am liebsten würde sie die Pflegekräfte bei den Begehungen »schütteln«, erregte sie sich, damit sie endlich aufwachten. Warum sehen so viele Pflegekräfte die Heimaufsicht und den MDK als Feindbild? Die Mitarbeiter dieser Kontrollinstanzen sind fast ausnahmslos unsere ehemaligen Kollegen! Sie kennen die Missstände vor Ort. Doch ohne Kronzeugen können sie nicht einschreiten.

Wehrt Euch!

Eine starke Aussage von einer Mitarbeiterin der Kontrollinstanz! Finden Sie nicht? Und ein weiteres Beispiel dafür, wie eine ambitionierte Kollegin im »System Pflege« gegen Wände läuft. Ich darf hier ihren Aufruf veröffentlichen:

»BITTE, wenn Ihr von Euren Vorgesetzten Zeiten vorgegeben bekommt, die nie und nimmer für eine menschenwürdige Pflege reichen können, dass die Bewohner nicht wenigstens einmal am Tag mobilisiert werden können, da kein Personal zur Stelle ist, dass die Windeln der Bewohner in der Nacht nicht gewechselt werden oder der Bewohner nur durch eine Pflegekraft in eine andere Position »gezerrt« statt fachkundig umgelagert wird:

WEHRT EUCH!

Wenn die Vorgesetzten wieder Unmögliches von euch verlangen zum Beispiel Menschen pflegen/waschen im Akkord, Essen eingeben im Akkord, lasst bitte nicht die Bewohner, lasst nicht die alten Menschen die Leidtragenden sein, denn diese haben keine Möglichkeit, sich zu beschweren, sich zu wehren.

WEHRT EUCH!

Gemeinsam! Gegen die Vorgesetzten! Für die Bewohner, für die alten Menschen. Nur gemeinsam könnt Ihr etwas bewegen.

Liebe Pflegekräfte, wieso arbeitet Ihr hier? Wenn Ihr keine Lust auf die Arbeit mit hilflosen alten Menschen habt, wieso seid Ihr dann hier? Die alten Menschen sind auf Eure Hilfe angewiesen. Wenn Ihr diesen

Menschen Schlechtes antut, dann ist es wirklich besser für alle Beteiligten, wenn Ihr in einer Fabrik Kartons faltet. Entweder ich kümmere mich um Menschen, die Hilfe brauchen, oder ich lasse es sein. Und wenn die Arbeitsbedingungen in Eurem Altenheim so schlecht sind, dann lasst es bitte nicht an den Bewohnern aus, sondern schließt Euch zusammen und kämpft gegen die Misshandlungen. Stellt Euch gemeinsam gegen Einrichtungsleiter und Pflegedienstleitungen.

Tut es für Euch und für die BEWOHNER. Wendet Euch an die Heimaufsicht. Sie ist auf Eurer Seite.«

Dies sind die Worte einer verzweifelten Mitarbeiterin der Heimaufsicht, welche gekündigt hat, da sie die schlechte Behandlung der Senioren in den Pflegeheimen nicht mehr mit ansehen konnte. Jeder weiß doch mittlerweile Bescheid. Was wir brauchen, sind unangemeldete Kontrollen, morgens, abends und nachts und am Wochenende, damit die Heime nicht weiter in aller Ruhe ihre betrügerischen Manipulationen fortführen und sich weiter in Sicherheit wiegen können. Wir brauchen eine realistische finanzielle Einstufung des MDK ohne Sparzwang. Sind angemeldete Kontrollen ein versteckter Hinweis, dass wir es doch so genau nicht wissen wollen? Sie glauben noch daran, dass die Würde des Menschen unantastbar ist? Gilt das Grundgesetz nicht auch für Pflegeheimbewohner? Weniger Qualifikation in der Pflege wirkt sich positiv auf die Finanzen der Heimbetreiber aus. Ein hoher Preis für Pflegekräfte und Bewohner, nicht wahr? Er kann Leben kosten!

Den Pflege-TÜV betrügen

Gehen wir einmal von unserem Pflege-TÜV aus. Es ist bekannt, dass ungelernte Pflegehilfskräfte, Pflegeassistenten und Schüler dazu missbraucht werden, Arbeiten zu erledigen, für die sie nicht oder noch nicht ausgebildet sind. In der Dokumentation macht dann eine Fachkraft ihr Kürzel im entsprechenden Kästchen und schon hat sie – juristisch gesehen – die Leistung erbracht. Lassen Sie mich diese Gepflogenheiten auf ein anderes Gebiet übertragen. Würden Sie Ihr Auto von jemanden warten lassen, der den Beruf nicht gelernt hat? Schon aus Gründen der Sicherheit. Völlig indiskutabel! Oder? Im Ernstfall geht es um Leben und Tod!

Ich verstehe nicht, warum wir bei unseren Alten niedrigere Maßstäbe ansetzten als im automobilen Bereich. Auch hier geht es im Ernstfall um Leben und Tod. Beim Auto überprüft der TÜV genauestens die Verkehrstauglichkeit unserer Fahrzeuge. Wenn Mängel bestehen, müssen diese behoben werden, bevor die Plakette aufs Nummernschild kommt. Das sollte sich der Pflege-TÜV zum Vorbild nehmen. Aber tatsächlich verschenkt er die Plaketten an die Heime! Selbst das Personal regt sich über so viel Scheinheiligkeit auf und kann es kaum ertragen, an den verlogenen Urkunden jeden Tag vorbeigehen zu müssen, die selbstverständlich stolz im Eingangsbereich der Heime zur Schau gestellt werden, um »Kunden« zu beeindrucken, oder plakativ im Internet veröffentlicht zu werden. Würden diese Auszeichnungen die Verhältnisse in den Pflegeheimen zutreffend wiedergeben, würden unsere Senioren in einem paradiesischen Umfeld leben.

Noch ein Schlupfloch im Netz der Kontrolle

Wenn es dem Heim trotz der komfortablen Vorankündigung des Kontrollbesuches nicht gelingt, eine gute Figur zu machen, gibt es noch weitere Schlupflöcher im Kontrollsystem. So lassen sich allen Ernstes gravierende Mängel – etwa in der Hygiene – durch eine altenfreundliche, in Großbuchstaben ausgefertigte Speisekarte ausgleichen. Es ist schon vorgekommen, dass ein Pflegeheim die Traumnote Eins bekommen hat und acht Wochen später wegen erheblicher Mängel geschlossen werden musste. Albtraum Pflegeheim.

Für die Elektronik in unseren Autos gibt es Fachleute. Für die Karosserie, die hochwertige Lackierung und sonstige Feinheiten ebenso. Die Altenpflege hat ebenfalls ihre Fachleute, die in der Psychologie des Alterns, der Wundversorgung, der Hygiene, der fachlichen Beratung und sozialen Betreuung sowie in der Gerontopsychiatrie, Demenz-Betreuung und so weiter ausgebildet sind oder ausbilden. Die Disziplinen werden zum Teil auch von Lehrstühlen an Universitäten vertreten. Ist das nicht ein Hinweis, dass es sich hier um anspruchsvolle Inhalte handelt? Um Kenntnisse, die man nicht einfach bei jeder x-beliebigen Hilfskraft als gegeben voraussetzen kann. Und doch hält sich in der Praxis – also in der Ausübung des Berufs der Altenpflege – hartnäckig die Einschätzung »Pflegen kann doch jeder«.

Bei der Pflege unserer Pkws legen wir weitaus höhere Maßstäbe an. Verrückt! Oder? Die alten Menschen haben es verdient, nach dem gelebten Leben und für das viele Geld, welches das Pflegeheim von ihnen fordert, mindestens ebenso pflichtbewusst gepflegt zu werden wie das Auto, des Deutschen liebstes Kind. Wie gesagt, wir haben Experten für diese verantwortungsvolle Aufgabe und wir haben kein Recht, viel Geld für schlechte Pflege zu verlangen. Dies ist nicht nur Betrug am Kunden, das ist menschenverachtend und lebensgefährlich.

Fallbeispiel Korian

Der Autobesitzer wird jede noch so kleine Schramme an seinem Fahrzeug reklamieren. Die Menschenrechtsverletzungen, die in Pflegeheimen jeden Tag an unseren Alten begangen werden, scheinen dagegen niemanden zu kümmern. Und schon gar nicht den Medizinischen Dienst der Krankenkassen (MDK), der den gesetzlichen Auftrag hat, die Qualität der Pflege in den Heimen zu überprüfen. Wer kann das verstehen? Jüngstes Beispiel dafür, was die Noten des MDK wert sind, zeigt der Skandal der Pflegekette Korian in Augsburg. Der Heimbetreiber hat für seine Augsburger Niederlassung die Note 1,3 bekommen, obwohl das Pflegeheim gravierende Mängel aufwies. Hier war in Hochglanzmagazinen ein »Altern in Würde« versprochen worden.

Angehörige waren ob der Umstände im Augsburger Heim in Angst und Schrecken versetzt und erhoben schwere Vorwürfe. Unter anderem wurden gravierende Hygienemängel, mit Kot verschmierte Toilettensitze und zu wenig Essen in der Beschwerdeliste aufgeführt. Eine Angehörige legte Bilder ihrer an Demenz erkrankten Mutter vor, die diese verdreckt, ungepflegt und mit blauen Flecken zeigte. Vor allem in den Abendstunden arbeitete dort offenbar ein völlig überfordertes Personal ohne Ausbildung. Es gebe eben nicht genügend ausgebildetes Personal, lautete die offizielle Entschuldigung der Heimbetreiber. Korian beteuerte dabei, in Augsburg den Pflegeschlüssel sogar noch angehoben zu haben. Und zwar um sechs Vollzeitkräfte. Damit sei sogar die ambitionierte Fachkraftquote erfüllt. Wie bringt man diese Aussagen mit den dokumentierten Missständen auf einen Nenner?

Angestellte des Hauses hatten eine Angehörige gebeten, bei der Heimaufsicht Meldung bezüglich der Missstände zu erstatten. Die Heimaufsicht ist eine Landesbehörde, die unter anderem die Aufgabe hat, über die Einhaltung der gesetzlichen Vorschriften in Betreuungseinrichtungen zu wachen. Dieser Versuch des Personals, »über Bande zu spielen«, also die Angehörigen für die Kritik zu instrumentalisieren, ist typisch für die Angst unter den Pflegekräften, von sich aus auf Missstände in ihrem Heim hinzuweisen. Tatsächlich gab es in diesem Fall etwas, wovon ich vorher und nachher nie wieder gehört habe: einen unangemeldeten Kontrollbesuch durch die Heimaufsicht. Und hier passierte, was nach meinem Wissen bisher ebenfalls einzigartig in der deutschen Pflegebranche ist: Das Unternehmen hat nichts beschönigt, stattdessen Fehler eingestanden und sich bei den Angehörigen entschuldigt. Die Betreiber der international agierenden Pflegeheimkette hat Besserungen versprochen.

Korian, der größte Betreiber von Pflegeeinrichtungen in Deutschland, hatte durch die Veröffentlichung der Missstände ein Imageproblem und muss nun um seinen Ruf kämpfen. Die Vorwürfe reichen von durchnässten Betten über schlechtes Essen, gestohlene persönliche Gegenstände bis zum Einbehalt des Taschengeldes der Heimbewohner. Aberwitzig! Eine mutige Angehörige kämpfte solange, bis sie den einbehaltenen (den gestohlenen) Betrag für ihren Angehörigen erstattet erhielt. Andere Angehörige hatten es längst aufgegeben, das Geld für ihre Verwandten in den Heimen einzufordern. Das Unternehmen Korian bestätigte, dass den Bewohnern das Geld zustehe und insofern seien die Vorwürfe »dramatisch«, berichtete die *Augsburger Allgemeine* in ihrer Ausgabe vom 6. Juli 2019. Korian musste die Flucht nach vorne antreten.

Die Leitung des betroffenen Hauses hat kurz darauf gekündigt und arbeitet nicht mehr im Seniorenheim. Korian kündigte an, den Pflegeskandal aufzuklären und versprach den Bewohnern, Mitarbeitern und Angehörigen, als Ansprechpartner einen Vertreter des Qualitätsmanagements zur Verfügung zu stellen. Weiterhin würden Speisepläne des Heims und Lieferanten überprüft, man stelle alles auf den Prüfstand, sagte Tanja Müller, die Sprecherin von Korian.

Gegen Missstände vorgehen anstatt abwiegeln

Ich finde es vorbildlich, die Angehörigen ernst zu nehmen und ihnen Besserungen zu versprechen. Der Heimbetreiber Korian geht sogar noch einen Schritt weiter und setzt sich mit der Altenpflegeschule in Verbindung, die Korian-Schüler in der Ausbildung hat. Die Schüler hatten schwer unter den furchtbaren Bedingungen dieses Hauses zu leiden und haben immer noch Angst, darüber zu sprechen. Korian erklärte, man wolle sich mit der Schule und den Schülern zusammensetzen und sich alles anhören, was die Schüler berichten, um gegen die benannten Missstände vorzugehen. Wenn sich aus diesem Ansinnen heraus tatsächlich deutliche Verbesserungen der Pflegeleistungen ergeben, könnte dieser Vorgang Modellcharakter für andere Pflegeheime haben.

Es gibt Pflegeexperten, die erklären, entsprechende Vorgänge werde es in nächster Zukunft häufiger geben. Die Raubtierphase (Wachstum, Übernahme, Ausbau der Marktanteile) in der Heimlandschaft nähere sich in Deutschland ihrem Ende. Jetzt würden die großen Ketten an der Qualität arbeiten. Um das Image am Markt aufzupolieren. Um Kunden mit guten Bewertungen zu beeindrucken und zu gewinnen. Ich frage mich allerdings: Mit welchem Personal wollen die Anbieter die geforderten Leistungen erbringen? Aber vielleicht gelingt es den Heimen ja tatsächlich, mit besseren Rahmenbedingungen und besserer Entlohnung einen Teil des Personals zurückzuholen, das den Heimen in den letzten Jahren frustriert den Rücken gekehrt hat. Hier existiert auf jeden Fall ein riesiges Reservoir an gut ausgebildeten Fachkräften. Es sind Menschen, die sich einst für den Pflegeberuf entschieden hatten. Und sich nur angesichts der desolaten Verhältnisse in der Pflegepraxis beruflich umorientiert haben. Ich glaube, die Chancen stehen nicht schlecht, einen großen Teil dieser Idealisten zu reaktivieren, wenn sie in eine wertschätzende und eine der Mission Altenpflege angemessene Umgebung zurückkehren können.

Wacht die Politik jetzt auf?

Erste Ansätze zur Behebung des Pflegenotstands lieferte die Politik durchaus im Sommer 2019. So erklärte Gesundheitsminister Spahn, er wolle Personaluntergrenzen einführen. Prima! Es fehlt zwar noch eine genauere Ansage, wie viele Bewohner in Zukunft von einer Pflegekraft versorgt werden, doch das ist immerhin ein Anfang. Zurzeit (und seit vielen Jahren) ist es immer noch so, dass in der Altenpflege in vielen

Heimen mit einer Notbesetzung gearbeitet wird. Wir sprechen intern – wie schon mehrfach angedeutet – von einer Gefährlichen Pflege! Alle Beteiligten wissen das. Doch im Allgemeinen wird der Deckmantel des Schweigens über diesen Missstand gelegt. Ich bin mir jedoch sicher, dass dieser Zustand auf Dauer nicht haltbar sein wird.

Allein die demografische Entwicklung wird den öffentlichen Druck erhöhen, dieses Thema endlich auf einen vorderen Platz der politischen Agenda zu setzen. Menschenrechtsverletzungen in der Altenpflege müssen zur Chefsache gemacht werden – und zwar nicht morgen, sondern sofort! Denn die betroffenen Menschen haben keine Zeit zu verlieren! Sie können nicht auf Lösungsmodelle warten, die noch in langatmigen Verhandlungen sondiert werden müssen. Bis die Verantwortlichen sich zum Handeln entschließen, sterben Tausende an schlechter Pflege und Zehntausende vegetieren in Angst und erbärmlichen Umständen in den Heimen vor sich hin. Es muss so schnell wie möglich gehandelt werden.

Der evangelische Kirchentag endete in diesem Jahr mit der Botschaft: »Wir lassen keine Menschen ertrinken!«. Gerne würde ich auch folgenden Satz einmal auf einem Kirchentag hören: »Wir lassen keine Menschen in Pflegeheimen verhungern und verdursten!« Oder hat der liebe Gott unsere Senioren vergessen? Von der Politik fordere ich, sofort zu handeln und dem Missstand in den Heimen einen Riegel vorzuschieben. Pflegeheime dürfen nicht weiterhin als rechtsfreie Räume existieren. Pflegenotstand ist unterlassene Hilfeleistung und Körperverletzung – oft mit Todesfolge.

Banken werden gerettet …

Wir machen aus dem Stegreif in der EU Hunderte von Milliarden Euro locker, um einen Rettungsschirm für Banken aufzuspannen. Milliarden fließen in die Hilfe für Flüchtlinge aus Bürgerkriegsregionen oder anderen prekären Lebensumständen. Eine wichtige Hilfeleistung! Andererseits lässt der Staat sich von Finanzhaien mal eben so 40 Milliarden Euro durch *Cum-Ex*-Geschäfte abluchsen. Und schaut machtlos zu. Was um Gottes Willen haben unsere Alten denn so Schlimmes verbrochen, dass hier keine Soforthilfe stattfinden kann? Wann hören wir endlich auf, das Leid der Alten zu leugnen, zu verdrängen oder gar noch zu beschönigen? Für was alles werden Spenden gesammelt und niemand geht auf die Barrikaden: für arme Kinder auf der ganzen Welt, für Naturschutzorganisationen, für Denkmalpflege, für Ärzte ohne Grenzen, für das Rote Kreuz. Nichts dagegen zu sagen. Aber für die Alten machen sich so wenige stark. Ein Notfallsegment, das weitgehend aus der öffentlichen Wahrnehmung fällt.

Es darf nicht sein, dass schlecht geführte Pflegeheime trotz Mangel an ausreichend geschultem Pflegepersonal nicht geschlossen werden können. Solange wir wegschauen, versagen wir als Gesellschaft. Der Heimaufsicht und dem MDK sind die Missstände und die Praxis der gefälschten Dokumentationen hinlänglich bekannt. Eine Straftat, die öffentlich toleriert wird. Somit sind die Kontrollinstanzen Heimaufsicht und MDK in ihrer jetzigen Form funktionslose Organe. Es kann doch nicht sein, dass wir weiter untätig zuschauen, wenn unsere Senioren in den Pflegeheimen im Stich gelassen werden.

Im Jahr 2019 scheint tatsächlich auch Bewegung in das Bewertungssystem durch den MDK gekommen zu sein. »Ein TÜV, bei dem fast jedes Heim das Prädikat ›Sehr gut‹ bekommt, verdient seinen Namen nicht«, sagte Bundesgesundheitsminister Jens Spahn (CDU) in einem Interview mit der Funke Mediengruppe. Er wolle das Bewertungssystem bis zum Herbst 2019 umstellen. Ziel der Pflege-TÜV-Reform solle sein, die Lebensqualität der Heimbewohner bei den Überprüfungen mehr in den Vordergrund zu stellen und nicht mehr die Dokumentation. Wichtigster Maßstab sei der Erhalt der Fähigkeiten der Heimbewohner. Wieder eine der Erklärungen seitens der Politik, bei der ich am liebsten – ich weiß nicht – in einen Lachkrampf oder in einen Heulkrampf verfallen möchte. Jetzt soll es plötzlich um die zu erhaltenden Fähigkeiten der Heimbewohner gehen. Unglaublich, Herr Spahn, zu welch einer epochalen Erkenntnis Sie sich hier endlich durchgerungen haben!

In dem Interview wurden sechs wesentliche Qualitätsaspekte genannt:

1. Unterstützung bei der Mobilität und Selbstversorgung: das bedeutet Unterstützung bei der Ernährung, bei der Flüssigkeitsaufnahme, der Körperpflege und beim Toilettengang.
   - Das ist ein verdammt wichtiger Punkt. Ihn an die erste Stelle zu setzen, zeugt davon, dass diejenigen, die diese Liste angefertigt haben, sich tatsächlich mit der Pflegeproblematik auseinandergesetzt haben.

2. Unterstützung bei der Bewältigung von therapiebedürftigen Anforderungen und Belastungen. Dazu gehören unter anderem die medikamentöse Therapie, das Schmerzmanagement und eine adäquate Wundversorgung.
   - Das sind alles Selbstverständlichkeiten, absolute Basics. Wie traurig, dass man etwa eine »adäquate Wundversorgung« an dieser Stelle einfordern muss.

3. Unterstützung bei der Gestaltung des Alltagslebens und der sozialen Kontakte. Sicherstellung der nächtlichen Versorgung, Beschäftigungsangebote und Hilfe bei der Tagesstrukturierung und der Kommunikation.
   - Ja, Herr Spahn! Das ist extrem wichtig und maßlos unterversorgt in der deutschen Pflegelandschaft. Soziale Kontakte! Gegen die fürchterliche Einsamkeit in vielen Heimen. Stufe drei in der Bedürfnispyramide von Maslow.

4. Unterstützung in besonderen Bedarfs- und Versorgungssituationen. Etwa Hilfestellungen bei der Eingewöhnungsphase. Gefordert wird eine Diskussion über freiheitsentziehende Maßnahmen und den Umgang mit Bewohnern, die sich herausfordernd verhalten oder psychische Probleme haben.
   - Absolut wichtig. Besonders die »freiheitsentziehenden Maßnahmen«. Da würde es allerdings schon helfen, einfach die gesetzlichen Vorgaben einzuhalten.

5. Bedarfsübergreifende fachliche Anforderungen. Darunter fallen biografieorientierte Unterstützungsangebote, die Einhaltung von Hygieneanforderungen, die Abwehr von Risiken und Gefährdungen, die Hilfsmittelversorgung und der Schutz von Persönlichkeitsrechten.
   - Einmal mehr: Was für ein Armutszeugnis, dass man dies im Jahr 2019 extra fordern muss.

6. Organisationsaspekte und internes Qualitätsmanagement. Dazu gehören die Qualifikation der Pflegedienstleistung. Die Begleitung Sterbender und ihrer Angehöriger sowie Maßnahmen, die Qualitätsdefizite vermeiden oder beheben sollen.
   - Ganz ohne Zweifel besteht hier ein immenses Verbesserungspotential.

Sinn des Ganzen soll sein, so heißt es, durch das Überprüfen die tatsächliche Qualität der Leistungen zu beurteilen und den Manipulationen weniger Spielraum zu lassen. Das hört sich wirklich vernünftig an, Herr Spahn. Das wird allerdings eine echte Herkulesarbeit. Vor allem – das ist meine Überzeugung aus einer jahrzehntelangen Arbeit in der Altenpflege – werden Sie nicht mit einer generellen Unterstützung der Heimbetreiber bei der Umsetzung dieser Forderungen rechnen können.

11. Sonderfall: Pflege auf der Intensivstation

Bewirtschaftung bis ans offene Grab

Betreten wir eine andere Welt. Die Welt der Hightechmedizin. Wir haben überlegt, ob dieses Kapitel zur Pflege auf der Intensivstation in ein Buch über albtraumhafte Zustände in Pflegeheimen passt. Viele der »Bewohner« von Intensivstationen sind ja Schwerkranke jeden Alters: Patienten mit Organversagen, Opfer von Unfällen mit schweren Verletzungen oder Verbrennungen. Doch viele Patientinnen und Patienten, die hier zwischen Türmen aus gestapelten medizinischen Apparaten liegen, sind – lassen Sie es mich bitte einmal so simpel ausdrücken – einfach nur sehr alt. Ihre Organe haben viele Jahrzehnte überragende Leistungen erbracht. Ihre Nieren haben in 80 Jahren aus 50 Millionen Litern Blut, die durch sie hindurchgeflossen sind, die Stoffe herausgefiltert, die sonst ihren Körper vergiftet hätten. Ein 86-jähriger Mann hat es mit seiner Lunge und seinem Zwerchfell (der Muskel, der den Blasebalg betreibt) im statistischen Mittel auf 540 Millionen Atemzüge gebracht, Sauerstoff in seinen Körper geschaufelt und Abgase nach draußen befördert. Das Herz hat bei einer 90-jährigen Frau fast drei Milliarden Mal geschlagen.

Diese Zahlen lassen erahnen: Irgendwann sind auch diese unglaublich leistungsstarken Arbeitspferde mit ihrer Kraft am Ende. Dann gibt es gute Gründe, sich nicht auf einen Kampf einzustellen, sondern anzuerkennen, dass die Schlacht geschlagen ist. Niemand sollte gezwungen werden, seine letzten Tage oder Wochen in den Mühlen der Hightechmedizin zu verbringen und – mit einer oft nur minimalen Chance auf ein paar Monate mehr bis zum unvermeidlichen Lebensende – dem Tod entgegenzudämmern. Gar zu oft werden entsprechende Ausfallerscheinungen an den Organen folgendermaßen beantwortet: »Ein Fall für die Intensivmedizin. Das bekommen wir schon wieder hin.« Die Vergütungen in unserem Gesundheitssystem, die Art, wie medizinische Leistungen bezahlt werden, veranlassen Klinikleitungen, sich vorzugsweise dieser Entscheidungsvariante zuzuwenden.

Besuch auf Intensiv

Vorbemerkung: Im Folgenden ein Kapitel, das sich ausschließlich aus dem Erfahrungsschatz meines Co-Autors Frank Wittig speist. In seiner Tätigkeit als Fernsehjournalist hat er im Rahmen einer Sendung über den Pflegenotstand eine Intensivstation in einer Klinik besucht. Wir waren gemeinsam der Meinung, dass sich diese Erlebnisse erhellend auch in das Thema »Albtraum Pflegeheim« einfügen.

Folgen Sie mir in die intensivmedizinische Abteilung einer großen Klinik in Deutschland. Der genaue Ort tut nichts zur Sache, denn die Verhältnisse ähneln sich: alles ist steril, helle Farben, hochwertige Kunststoffe und Edelstahl, abwischbar, Monitore überall. Die Atmosphäre erinnert ein wenig an die Brücke von Raumschiff Enterprise. Der Geruch von Desinfektionsmittel zieht durch die Gänge, wenn Mitarbeiter diese Flüssigkeiten an den entsprechenden Spendern abrufen und großzügig über Hände und Unterarme verteilen.

Die Möglichkeiten, die moderne Hightechmedizin auf Intensivstationen hat, um Menschen von Petrus' Schwelle auf die Erde zurückzuholen, sind ebenso faszinierend wie gespenstisch. Praktisch jedes Organ des Körpers kann durch externe Maschinen ersetzt werden: etwa die Herz-Lungen-Maschine oder die künstliche Niere (Dialyse). Häufig geschieht das, um die Organe während des Genesungsprozesses zu entlasten. Oder um akute Ausfälle zu kompensieren. Medikamente halten vitale Körperfunktionen in den von der Medizin als optimal definierten engen Grenzen. Köperfunktionen wie Blutdruck und Herzfrequenz werden von Sensoren ständig überprüft, bei Bedarf auch die Sauerstoffsättigung des Blutes.

Die Informationen wandern zu Dutzenden von Überwachungsmonitoren, die über die ganze Station verteilt sind, weiter. So können die Pflegekräfte die Werte von allen Patienten auf der Intensivstation praktisch überall auf der Station überwachen. Wobei: Eigentlich überwachen die Maschinen diese Körperfunktionen automatisch und geben Alarm, wenn ein Patient den eng definierten Korridor der richtigen Messwerte verlässt. Dann schlägt die Stunde der Intensivpfleger. In Absprache mit den Medizinern dosieren sie dann die Pharmazeutika hoch oder runter. Das heißt, die Infusionsautomaten werden ein wenig anders programmiert. Die Patienten bekommen davon meist nichts mit.

Hier und heute auf der Intensivstation, die wir gerade besuchen, sind es überwiegend Hochbetagte, die in den Krankenbetten liegen. Jeder hat sein eigenes Zimmer. Auch wenn Zimmer vielleicht ein irreführendes Wort ist. Ein normales Krankenzimmer ist vergleichsweise lauschig dagegen. Hier – auf der Intensivstation – gibt es nichts Persönliches, nichts Privates mehr. Nichts, das nicht einem medizinischen Zweck dient, nichts, was an die normale Unterbringung eines Menschen erinnert. Die Zimmer sind bis auf die Medizintechnik und die Kranken in ihren Betten leer. Warum auch nicht? Privates wäre nicht nur im Ernstfall unhygienisch, sondern in den meisten Fällen auch vollkommen überflüssig.

Die überwiegende Zahl der Patienten dämmert vor sich hin und würde ein Foto ihrer Lieben nicht von einem Blumenstrauß unterscheiden können. Also sind die Zimmer häufig nur Nischen oder – wenn Hochbetrieb herrscht – mit Paravents abgeteilte Parzellen, in denen unter Monitoren und umstellt von extrem teurer Medizintechnik oftmals sehr gebrechliche Hochbetagte mit eingefallenen, gelben Gesichtern und ausgemergelten Körpern ihrem Ableben entgegenschlummern. Sie merken: Ich möchte nicht, dass diese Beschreibung auf irgendeine Weise idyllisch wirkt. Denn tatsächlich waren das die verstörendsten Eindrücke, die ich in meinem Beruf als Fernsehjournalist in einer Klinik je wahrgenommen habe. Die Patienten wirkten wie Gestalten aus einem düsteren Science-Fiction-Thriller, in dem es letztlich um die Ausbeutung von Körpern geht.

Im Reich der Träume

Viele Patienten werden in ein künstliches Koma versetzt. Narkosemittel und Schmerzmittel werden – neben zig anderen Pharmazeutika – über Infusionsautomaten kontinuierlich in die Adern der Patienten gepumpt. Im künstlichen Koma – so wird es den Angehörigen verkauft, und bei »normalen« Patienten mag das auch stimmen – kann sich der Körper besser regenerieren. Aber darf ich einmal eine etwas provokante These wagen? Die hochbetagten Patienten werden hier natürlich auch in einem für den Pflegebetrieb recht komfortablen Zustand gehalten. Hier muss niemand gefüttert werden: die perkutane (durch die Haut geführte) Magensonde erledigt das computergesteuert. Das »kleine Geschäft« geht durch den Katheter. Prima! In Narkose wehrt sich niemand gegen die schmerzhafte Einführung und die Gefahr, mit dem Katheter den Harnweg zu schwächen und Inkontinenz zu erzeugen. Urinbeutel an jedem Bett zeugen von dieser »praktischen« Maßnahme. Das Ganze erinnert mich auf fatale Weise an die hunderttausendfache pharmazeutische Sedierung, an die medikamentöse Ruhigstellung von Alten in Pflegeheimen.

Vielleicht denken Sie: Wie soll man es bei den Schwerkranken auch anders machen. Die können doch in diesem Zustand gar nichts. Richtig: In diesem Zustand – unter dem massiven Einfluss von Narkotika – können sie gar nichts. Doch es gibt längst andere Konzepte für die Intensivmedizin. Denn Patienten immobil zu halten, hat erhebliche negative Konsequenzen. Die Muskeln bauen ab, sodass die Rückkehr in ein normales Leben nach der Intensivmedizin extrem schwer ist. Es kommt zu Entzündungen der Haut durch Wundliegen, Entzündungen im schlecht versorgten Mundraum, Lungenentzündungen. Langes Liegen – gar bewusstloses Liegen – ist für viele Patienten definitiv der Einstieg in den Ausstieg.

Der profitable Dämmerzustand

Außerhalb von Deutschland gibt es Initiativen auf Intensivstationen, die darauf abzielen, die Patienten so früh wie möglich wieder mobil zu machen. Hier geht man davon aus, dass die Selbstheilungskräfte in einem aktiven Körper stärker sind. Übrigens, um die Gefahr des Wundliegens zu verringern, kommen heute auf Intensivstationen in der Regel automatische Matratzen zum Einsatz, Matratzen, die sich regelmäßig in verschiedenen Mustern aufpumpen, um den Druck des Liegens immer wieder auf andere Körperpartien zu verteilen. Früher haben das auf den Intensivstationen Pflegekräfte gemacht. Man nannte es Umlagern. Und es gehörte zu den wenigen menschlichen (Körper-)Kontakten, die Patienten zugutekamen.

Die Praxis, Patienten auf Intensivstationen in einen Dämmerzustand zu versetzen, hat weitere »Vorteile« in der Logik der ökonomiegetriebenen Medizin: Niemand bittet um lästige Hilfe beim Besuch der Toilette. Die Peristaltik des Darms wird künstlich angeregt. Auch das Wechseln der Windel ist bei einem Bewusstlosen eine relativ unproblematische Angelegenheit. Rücksicht auf Schamgefühl ist nicht nötig und kostet ja im Ernstfall auch nur Zeit. Die Tatsache, dass auf der Intensivstation ein Pfleger für zwei bis drei Patienten verantwortlich ist, wirkt nur im ersten Moment befremdlich. Denn die Frage drängt sich auf: Was machen die da den ganzen Tag zwischen all den Komapatienten, die still und leise vor sich hindämmern?

Um nicht ungerecht zu sein: Es bleiben einige wenige Pflegeaspekte übrig. Und es gibt sicher auch idealistische Pflegekräfte, die das Wort an die Narkotisierten richten, sie berühren und streicheln, in der Hoffnung, den Dahindämmernden positive Signale in ihr narkotisches Reich zu schicken. Auch ist etwa die Pflege von Mund und Nase sehr wichtig. Pflegekräfte sind für die Versorgung dieser sensiblen Zonen verantwortlich. Wenn diese Pflege vernachlässigt wird, sind Lungenentzündungen häufig die Folge. Weil sich Keime aus der Mund- oder Nasenhöhle in die Lunge hinein ausbreiten. Haben Sie schon einmal davon gehört, dass Lungenentzündungen ein Problem auf der Intensivstation sind? Ich habe das schon häufig gehört.

Killer Lungenentzündung

Es gibt einen weiteren Grund für das häufige Auftreten von oft tödlichen Komplikationen infolge Lungenentzündung auf der Intensivstation: die attraktive finanzielle Vergütung für die künstliche Beatmung. Die Beatmung mag in vielen Fällen zunächst eine medizinisch notwendige Maßnahme sein. Aber ein auch nach vielen Jahren nicht behobener Webfehler im Vergütungssystem setzt einen starken Anreiz, die Patienten länger zu beatmen, als es medizinisch nötig ist. Nach vier Tagen Beatmung – genau nach 96 Stunden – erhöht sich die Vergütung für diesen Maschineneinsatz beträchtlich. Dafür gibt es zwar keinen nachvollziehbaren medizinischen Grund, aber eine folgenschwere Konsequenz: Patienten werden über das Maß des medizinisch Nötigen hinaus beatmet, damit die Klinik in den Genuss der Extravergütung gelangt. Und das, obwohl jede zusätzliche Stunde Beatmung das Risiko einer Lungenentzündung erhöht. Der Fremdkörper in der Luftröhre ist ein Einfallstor für gefährliche Keime. Jeder auf Station weiß das! Aber jeder auf Station weiß auch, dass es dafür besonders viel Kohle gibt.

Auf den Intensivstationen werden Hochbetagte zu oft zu Tode gepflegt. Das hört sich nicht nur brutal an. Es ist auch brutal. Intensivmediziner und Pflegekräfte haben das immer wieder berichtet. Hier werden Sterbende unter dem Vorwand optimaler medizinischer Versorgung und Pflege bewirtschaftet. Eine Pflegerin drückte es einmal so aus: »Da wird noch bis zum letzten Moment beatmet. Obwohl alle wissen, dass das keinen Sinn mehr hat. Eine Patientin haben sie mal so knapp von der Maschine genommen, dass ich sie im Fahrstuhl verloren habe.« Die Patientin hätte viel früher zurück auf die normale Station gebracht werden müssen. Dann hätten die Angehörigen eine Chance gehabt, sich von der todkranken Frau zu verabschieden, berichtete die junge Frau in einer Mischung aus Mitleid und Empörung. Sie hat mittlerweile die Pflege verlassen und studiert Medizin.

Zu Tode gepflegt

Noch aussagekräftiger ist das Verhalten der gelernten Krankenschwester Helga M., die in einer großen Frankfurter Klinik mehr als 25 Jahre die Pflegedienstleitung der neurochirurgischen Intensivstation innehatte. Helga M., inzwischen verstorben, hat ihre Erfahrungen in einem Beitrag des Wissenschaftsmagazins *Odysso* im SWR-Fernsehen geschildert: Es habe mit der Diagnose begonnen, die sie in der Klinik nach einem Zusammenbruch bekommen habe: Auf ihre Frage – nachdem sie wieder aufgewacht war –, was denn geschehen sei, habe ihr ein junger Arzt geantwortet: »Ihre Lunge ist im Arsch.« Ich möchte gar nicht weiter auf die beschämende, bestürzende Verrohung eingehen, von der diese Ausdrucksweise zeugt.

Im Jahr 2006 lag Helga M. nach einer schweren Operation zum ersten Mal selbst auf der Intensivstation. Ein Marathon an Krankenhausaufenthalten sollte folgen und die Erfahrungen aus einer erschreckenden Perspektive als Patientin. Die an Krebs erkrankte und fast blinde 75-Jährige berichtete: »Auf Intensiv bin ich in fünf Tagen nicht einmal gewaschen worden, weil die nur von einem Patienten zum anderen gerannt sind. Weil hier was pfiff und da was pfiff.« Dabei kannte sie die Verhältnisse bestens. Sie hatte die Entwicklung »von der anderen Seite aus« jahrelang miterlebt: nachdem Beatmungsgeräte, Infusoren, Infusomaten, Magensonden, Sonden zum Messen des Hirndrucks, arterielle Blutdruckmessungen et cetera zum Standard geworden waren. »Das war teilweise so schlimm, dass wir überhaupt nicht mehr mit der Pflege nachkamen, weil wir nur damit beschäftigt waren, irgendeinen der Automaten aufzufüllen.«

Als sie mit dem Fernsehteam sprach, bestand schon kein Kontakt zur Klinik mehr. Sie hatte zu einem ambulanten Palliativteam gewechselt, das sie – wenn nötig – mit Schmerzmitteln versorgte. Zur Palliativbetreuung gehörte auch die Biografie-Arbeit. Mit dem Palliativhelfer zusammen erarbeitete sie einen mehrseitigen Bericht über ihr Leben, in dem die wichtigsten Stationen, die wichtigsten Erfahrungen und die Leitmotive ihres Lebens festgehalten wurden. Für Helga M. eine sehr befriedigende Arbeit, in der Rückschau den Knoten zu schürzen. Das heißt zu sehen, in welcher Weise der Lebenslauf eine Kontinuität aufweist, die vielleicht sogar schon auf einen »Sinn« zuläuft, den ihr Leben gehabt hat. Sie hat die Biografie-Arbeit und die bewusste Auseinandersetzung mit ihrem Lebensende einer intensivmedizinischen Behandlung vorgezogen.

Mit ihrer besonderen Sachkenntnis wollte sie sich an ihrem Lebensende dem technischen Betrieb auf Intensiv nicht mehr aussetzen. Von Pflege – das war ja auch ihre Erfahrung in der aktiven Zeit – konnte zum Schluss ohnehin nicht mehr die Rede sein. Angst und Anspannung seien mit zunehmender Technik immer größer geworden, sagte sie. »Da kann jederzeit etwas ausfallen. Und man kommt gar nicht mehr an den Patienten ran, mit den ganzen Schläuchen.«

Wie es um die Pflege auf der intensivmedizinischen Station bestellt ist, davon sollte dieses Kapitel einen Eindruck vermitteln. Es sieht nicht gut aus. Pfleger mutieren im Hightechpark der Intensivmedizin zunehmend zu Gerätemanagern. Die Monitore fordern permanente Aufmerksamkeit für die Messwerte aller Patienten. Neue Technik verlangt nach intensiver Einarbeitung. Denn ist der neueste Infusomat zur Verabreichung der Medikamente nicht vom selben Hersteller wie der vorherige, ändern sich Philosophie der Bedienung und Menüführung. Doch wann hat das Pflegepersonal Zeit, sich mit den Bedienungsanleitungen so intensiv zu befassen? Niemand hat bisher dokumentiert, wie viele Tausend Todesfälle das in den letzten 20 Jahren verursacht hat. Auch wenn das Problem auf Intensiv allgemein bekannt ist.

Modern Times in der Medizin

Die Pflegemannschaft ist einerseits stolz darauf, für das Funktionieren des Millionen Euro schweren Technik-Parks verantwortlich zu sein. Sie trägt eine hohe Verantwortung, muss gut ausgebildet sein und gehört wohl zu den am besten bezahlten Pflegekräften in Deutschland. Andererseits ist im Gespräch mit den Pflegekräften im typischen blauen Kittel zu spüren: Von dem ursprünglichen Gedanken der Pflege bleibt auf Intensiv wenig übrig. Sie erinnern ein wenig an tragische Gestalten aus Charlie Chaplins Meisterwerk *Modern Times*. Hier werden Menschen in einen technischen Ablauf eingegliedert, in dem für menschliche Anteilnahme und Zuwendung kein Platz mehr vorgesehen ist. Oft sind die Angestellten als Pflegeschüler mit so viel Idealismus und Interesse an einem unmittelbaren Kontakt zu hilfsbedürftigen Menschen in ihr Berufsleben gestartet. Dann aber mussten sie erkennen, dass sie viel zu häufig zu einem willenlosen Rädchen in einer letztlich inhumanen Wertschöpfungsmaschinerie der Hochleistungsmedizin geworden sind.

PS: Kümmern Sie sich um eine Patientenverfügung. Informieren Sie sich genau, wie es um die verschiedenen lebenserhaltenden Maßnahmen am Lebensende bestellt ist, und was Sie davon für sich in Anspruch nehmen möchten. Und beauftragen Sie eine Person, die deutlich jünger ist als Sie, damit die sich im Ernstfall für die Durchführung ihrer Forderungen einsetzt.

12. Tipps für das passende Heim

Probleme und positive Punkte erkennen

Alter, Hinfälligkeit, Gebrechlichkeit sind keine Themen, mit denen wir uns gerne auseinandersetzen. »Das kommt noch früh genug«, heißt es dann. Die Abwehrhaltung ist einerseits nachvollziehbar, aber sie ist auch fatal. Denn je früher wir uns mit der Frage beschäftigen, wie meine Pflege oder die meiner Angehörigen aussehen soll, desto mehr Informationen können wir einholen, desto besser wird die Entscheidung ausfallen. Schließlich ist es für die Betroffenen meist die letzte große und wichtige Entscheidung in ihrem Leben. Denn es wird darüber bestimmt, wie wir die letzten Monate oder Jahre unseres Lebens zubringen werden. Wird die Entscheidung gut vorbereitet, steigen die Chancen auf einen angenehmen Lebensabend, an dem der Körper medizinisch-pflegerisch gut versorgt wird und die Seele zufrieden ist. Wird die Entscheidung aber unter Zeitdruck und ohne Einsicht in die Zustände in den infrage kommenden Heimen gefällt, steigt das Risiko, dass diese Zeit für Körper und Seele zu einem Martyrium wird.

Pflegestützpunkte geben Orientierung

Ich möchte für die Suche nach einem passenden Heim einige Hinweise aus meiner langjährigen Erfahrung in verschiedenen Pflegeeinrichtungen geben. Doch Hilfe zu allen Fragen der Pflege finden Sie vielerorts. Der vielleicht wichtigste Hinweis: Sie haben gesetzlichen Anspruch auf eine kostenlose Pflegeberatung. Über Deutschland verteilt finden sich mehr als 300 Pflegestützpunkte. Sie finden die Stützpunkte entweder über das Internet oder über Ihre Krankenkasse. Sie können die Beratung dort vor Ort wahrnehmen oder die erfahrenen Fachkräfte kommen zu Ihnen nach Hause. Die Berater sind über die verschiedenen Angebote in Ihrer Umgebung informiert. Mit Ihnen zusammen können Sie auch die Frage klären, ob der Einzug in ein Pflegeheim oder ein Mehr-Generationen-Haus für Ihre Bedürfnisse das Richtige ist, oder ob eine ambulante Pflege zu Hause die passende Versorgung sicherstellt. Die Pflegeberater bahnen den Weg zum Medizinischen Dienst der Krankenkassen (MDK), der den Pflegegrad (seit 2017 fünf Pflegestufen) ermittelt. Das ist besonders wichtig, wenn Sie eine Pflege daheim anstreben. Davon hängt nämlich ab, wie groß die Zuwendungen sind, die sie aus den Sozialkassen erhalten. Auch über die Kosten in den verschiedenen Heimen werden Sie von den Mitarbeitern der Pflegestützpunkte informiert.

Dabei gilt generell: Die Pflegebedürftigen oder die Angehörigen ersten Grades müssen die Kosten übernehmen, die von der Pflegeversicherung nicht gedeckt werden. Allerdings nur in dem Umfang, der als zumutbar festgestellt wird. Bleibt ein Fehlbedarf, springt das Sozialamt ein. Seit dem Pflegestärkungsgesetz des Jahres 2017 kommt eine sozial gerechtere Regelung der Pflegegrade zur Anwendung: Bis dahin wurden Betroffene oder Angehörige bei höheren Pflegestufen mit höheren Kosten belastet. Seit dem Inkrafttreten des neuen Gesetzes sind die finanziellen Aufwendungen (für die Betroffenen) in allen Pflegestufen gleich.

Im Internet finden Sie unter dem Stichwort Pflege massenhaft Angebote und Diskussionsforen zum Thema. Zum Ende dieses Kapitels werde ich ausgewählte Angebote vorstellen. Auf eine Website möchte ich Sie an dieser Stelle hinweisen: Einen ausgesprochen kritischen und facettenreichen Überblick zu den Problemen und den Möglichkeiten in der Pflege gibt die Website von Correctiv. Die unabhängige gemeinnützige Rechercheplattform wird weitgehend über eine Stiftung finanziert und widmet sich sozialen Fragen. Mehr als ein Dutzend Artikel behandeln wichtige Themen der Pflege. Auch die Frage der Entscheidung für ein passendes Heim.

Doch die Entscheidung für ein konkretes Heim in Ihrer Umgebung – wenn es die stationäre Pflege sein soll – müssen Sie treffen. Theoretisch steht Ihnen natürlich ganz Deutschland, ja fast die ganze Welt offen. In der Praxis fällt die Entscheidung aber zumeist für ein Heim im Umkreis von 20 bis 30 Kilometern zum Wohnort. Es ist immer von Vorteil, ein Heim in der Nähe auszusuchen, da Sie und Ihre Angehörigen schneller vor Ort sind. So sind die Besuche meist regelmäßiger, da ein längerer Anfahrtsweg entfällt. So können Angehörige oder Freunde zu jeder Tageszeit »mal schnell reinschauen«. Und so ist es leichter, soziale Kontakte aufrechterhalten. Letztlich ist es unumgänglich für eine gute Entscheidung, mehrere Heime in Ihrer Umgebung persönlich zu besichtigen.

Werden Sie Pflegedetektiv!

Werden Sie bei der Besichtigung zum »Pflegedetektiv«. Lassen Sie sich bei der Führung, die Sie von der Leitung angeboten bekommen, nicht beschwatzen. Das für potentielle Kunden zuständige Personal wird von vielen Heimbetreibern gezielt für diese Aufgabe geschult. Sie nehmen also in der Regel an einem professionell geführten Verkaufsgespräch teil. Ein gesundes Misstrauen ist hier unbedingt angebracht. Ziehen Sie Ihre Informationen bitte nicht aus Hochglanzbroschüren, die Ihnen von der Heimleitung ausgehändigt werden. Papier ist geduldig. Sehen Sie sich um. Auch ohne Begleitung. Das dürfen Sie! Und wenn Ihnen das verwehrt wird, können Sie das Heim gleich abhaken. Warum sollte es nicht erlaubt sein, für eine Entscheidung, die das ganze restliche Leben bestimmen wird, alle erdenklichen Informationsquellen zu nutzen? Vertrauen Sie ihrer Wahrnehmung, ihrer subjektiven Antenne. Würden Sie hier gerne einziehen? Würden Sie hier jahrelang wohnen wollen?

Entsprechend allererster Erfahrungen beim Betreten meiner Ausbildungsstätte empfehle ich Ihnen besonders, achten Sie auf Gerüche. Riecht es nach Urin oder nach Stuhl? Entdecken Sie Schmutz? Hygiene ist ein extrem wichtiges Thema im Pflegebetrieb. Ich habe hier schon mehrfach Beispiele dazu aufgeführt. Allerdings ist blütenweiße und saubere Bettwäsche noch kein Beweis für eine gute Pflegeeinrichtung. Ich kenne Stationen, auf denen die Bettwäsche wichtiger war als das Wohl der Bewohner. Wenn Sie den Eindruck gewinnen, dass die Heimbewohner aus Gründen der »Effizienz der Pflege« flächendeckend mit Windeln und Kathetern versorgt werden oder dass das Herumtragen eines Urinbeutels für die Bewohner des Heims so selbstverständlich ist wie die Schuhe an den Füßen, sagen Sie höflich Tschüss.

Vertrauen Sie Ihrer subjektiven Antenne

Das Essen ist ein wichtiges Thema. Es soll Heime geben, die für den gesamten Tagesbedarf eines Bewohners ein Budget von weniger als zwei Euro veranschlagen. Dafür kann man weder vollwertiges und abwechslungsreiches noch schmackhaftes Essen zubereiten. Wie riecht es zur Essenszeit? Appetitanregend oder fade? Das Essen muss – wenn nötig – angereicht werden (wir sprechen nicht von »füttern«, das bleibt Tieren vorbehalten). Haben Sie beobachtet, dass in Zimmern oder am Gemeinschaftstisch Tabletts nach dem Essen unangetastet abgeräumt werden, dann hat die Pflege ihre Pflicht verletzt. Hilfestellung beim Essen: dafür muss im Pflegebetrieb Zeit sein. Die Bewohnerin, zu der das volle Tablett gehört, wird dann unter Umständen bald eine Kandidatin für eine Magensonde, oft, ohne dass das medizinisch notwendig wäre. Das spart eine Menge Arbeit! Hat allerdings mit guter Pflege nichts zu tun.

Aber das nach meiner Meinung wichtigste Thema ist die soziale Atmosphäre, der Austausch, der Kontakt der Bewohner untereinander und mit dem Pflegepersonal. In einem gesunden Heim sprechen die Bewohner miteinander. Im Aufenthaltsraum gibt es kleine Grüppchen. Eventuell moderiert von Pflegekräften oder sogenannten »87-b-Kräften«. Das sind ehrenamtliche und gesetzlich anerkannte Mitarbeiter, die das Pflegepersonal unterstützen. Fragen Sie, wie viele dieser wertvollen Hilfskräfte wie oft im Heim mitarbeiten. Je mehr, desto besser. Lassen Sie die Atmosphäre in den Gemeinschaftsräumen auf sich wirken. »Geschnatter« ist ein gutes Zeichen. Sitzen viele Bewohner teilnahmslos auf ihren Stühlen, ist das kein gutes Signal. Im Ernstfall ist das sogar ein Hinweis, dass in diesem Heim gerne »chemisch fixiert« wird. Das ist die pharmazeutische Alternative zu Bettgitter und Fessel. Laut Gesetz ist das »pharmazeutische Sedieren« – also das Beruhigen der Heimbewohner mit Medikamenten – nur erlaubt, wenn von den Heimbewohnern eine Gefahr für sie selbst oder für das Pflegepersonal ausgeht. Verboten ist es, wenn damit lediglich die Pflege erleichtert werden soll. Doch genau dafür wird es nach einer Studie – die weiter vorne schon angesprochen wurde – in deutschen Heimen hunderttausendfach missbraucht. Natürlich gibt es auch immer Fälle von schwerer Demenz. Heimbewohner, die kaum noch zu erreichen sind und die deshalb apathisch herumsitzen. Dennoch muss im Heim generell ein lebendiger Austausch herrschen. Sonst stimmt etwas nicht.

Ein weiteres Kriterium, das für das Wohlbefinden Ihrer Angehörigen wichtig ist: das Mitbringen persönlicher Dinge wie eigene Bettwäsche, kleine Möbelstücke, Deckchen, Bilder, Vasen, Musikinstrumente und so weiter.

Zugewandte Pflege

Beobachten sie die Pflegekräfte. Gehen sie wertschätzend mit den alten Menschen um? Haben Sie das Gefühl, dass sie die ihnen anvertrauten als Persönlichkeiten ernst nehmen? Sprechen die Pflegekräfte mit den Bewohnern – abgesehen von der Kommunikation für den reinen Pflegebetrieb – auch persönlich? Pflanzen die Pfleger die Gebrechlichen in einen Rollstuhl und schieben sie vor ein Fenster oder einen Fernseher oder bieten sie ihren Arm zur Stütze an und nehmen sich die Zeit, für eine gemeinsame Strecke zu Fuß. Letzteres ist für Körper und Seele der Gebrechlichen die weitaus bessere Variante. Hier sind sie physisch aktiv und haben einen sozialen Kontakt. Ich weiß, bis zu einem gewissen Grad formuliere ich hier Idealvorstellungen, die sich bei einer dünnen Personaldecke nicht immer vollständig verwirklichen lassen. Aber der richtige »Geist« sollte im Heim unbedingt spürbar sein.

Sprechen Sie die Menschen an, die hier wohnen und arbeiten. Behutsam. Es sollte nicht der Eindruck eines Verhörs entstehen. Bringen Sie die Bewohner dazu zu erzählen, wie es hier so ist. Das Essen, der Kontakt mit den Pflegekräften. Die Gemeinschaft. Fühlen Sie sich wohl? Was würden Sie sich noch wünschen, was vermissen Sie? Würden Sie dieses Heim empfehlen? In der Regel freuen sich die Angesprochenen. Schließlich ist die Kommunikation mit einem von draußen meist eine willkommene Abwechslung. Natürlich reicht der Austausch mit einem einzigen Heimbewohner nicht aus. Sie könnten ja an einen notorischen Nörgler oder an eine naive Frohnatur geraten sein. Im Gespräch mit drei, vier Bewohnern wird sich aber in der Regel ein konsistentes Bild ergeben. Eine bessere Informationsquelle gibt es nicht!

Ein ganz schlechtes Zeichen ist es, wenn Sie das Gefühl haben, die Bewohner haben Angst, mit Ihnen über das Heim zu sprechen. Das ist ein

Hinweis auf drohende Repressalien und ganz gewiss kein Zeichen dafür, dass in dem Haus »auf Augenhöhe« mit den Bewohnern umgegangen wird. Das Thema wurde in Kapitel 5 (»Physische und psychische Gewalt im Pflegeheim«) eingehend behandelt.

Auch ein Gespräch mit den Pflegekräften ist natürlich angeraten. Wie gehen die Mitarbeiter mit Ihnen um? Stellt man sich mit Namen vor und heißt Sie herzlich willkommen? Testen Sie die Stimmungslage bei den Angestellten. Beobachten Sie den Ton des Pflegepersonals untereinander und den Bewohnern gegenüber. Werden Zusagen eingehalten und werden Beschwerden bearbeitet? Es könnte auch wichtig sein, mit Angehörigen ins Gespräch zu kommen.

Spricht man im Haus überwiegend Deutsch? Falls nicht, deutet das auf eine Gefährliche Pflege hin. Haben Sie das Gefühl, mit Ihren vielen Fragen lästig zu sein? Wie hoch ist die Fluktuation in dem Haus? Dies sagt schon einiges aus, da Pflegekräfte in guten Heimen eine längere Verweildauer haben. Und zufriedene Mitarbeiter sind bessere Pflegekräfte. Haben Sie den Eindruck, dass Pflegekräfte sich mit den Angehörigen solidarisieren? Das wäre ein sehr gutes Zeichen. Gibt es Angehörigentreffen? Wie ist die Anrede des Pflegepersonals den Heimbewohnern gegenüber? Hört man, dass alle mit Du angesprochen werden? Oder mit »Oma« und »Schatzi« und »Spatzl«? Dies wirkt wenig vertrauenswürdig.

Aktivierende Pflege

Schließlich sollten Sie noch einem weiteren Thema Ihre Aufmerksamkeit widmen. Wird in dem Heim ernsthaft auf das Ziel der Aktivierenden Pflege hingearbeitet? Menschen bauen im Alter körperlich und geistig ab. Das ist natürlich nicht wünschenswert. Die Aktivierende Pflege bremst diese Abbauprozesse. Die körperliche Aktivierung – Physiotherapie, Gymnastik, Ausflüge, Bewegungsspiele – ist immens wichtig, um das verbliebene Potential der Alten zu stützen. Denn es ist ein kaum zu überschätzender Faktor für Gesundheit und Wohlbefinden. Für die geistige Aktivierung ist vor allem Kommunikation wichtig. Kulturelle Angebote wie Theateraufführungen, musikalische Veranstaltungen oder Lesungen. Das Ganze natürlich altersgerecht. Auch der Zugang zu Computern und damit zum Internet kann zur geistigen Aktivierung beitragen. Frei nach dem Motto: Tablets statt Tabletten.

Im Kapitel über Gelungene Pflege habe ich ausgeführt, was ich für den Königsweg zur Aktivierenden Pflege halte: Heimbewohner mit Alltagsaufgaben zu betrauen. Diese Leistungen stärken das Selbstbewusstsein und es entstehen auch immer soziale Interaktionen. Es gibt nichts Besseres, um das Gehirn zu stimulieren! Kreuzworträtsel, Sudoku oder Geschicklichkeitsspiele sind einseitig und weitgehend sinnfrei. Alltagsarbeiten sind multidimensional. Aufgaben gemeinsam zu bewältigen, fordert das Gehirn auf vielen Kanälen gleichzeitig. Kommunikation, Koordination, Kooperation, Kompetenz – viermal »Ko« – da geht nichts drüber!

Beschwerden

Ein weiteres Thema möchte ich Ihnen besonders ans Herz legen. Wenn Sie ein Heim besuchen, um es zu inspizieren, ermitteln Sie bitte auch, ob und in welcher Weise man vor Ort mit Kritik umgeht. Sprechen Sie mit dem Pflegepersonal sowie mit den Bewohnern und deren Angehörigen darüber. Wie ist es um die Fehlerkultur bestellt? Unter den jetzigen Bedingungen kann es gar nicht ohne Beschwerden abgehen. Wir haben heute keine Chance, in der Breite auf genügend Personal beziehungsweise auf genügend qualifiziertes Personal zurückzugreifen. Umso wichtiger ist es, in Erfahrung zu bringen, wie das Heim mit Beschwerden von Angehörigen umgeht. Wie reagiert die Heimleitung auf kritische Anfragen? Gibt sie Ihnen gegenüber zu, dass es Beschwerden gibt? Wie geht das Personal mit solchen Fragen um? In letzter Zeit kommt es immer häufiger vor, dass Angehörige Hausverbot im Pflegeheim bekommen, wenn sich diese beschweren und die Qualität der Pflege kritisieren.

Sie denken, dass kann ja gar nicht sein? Irrtum! Und es geht noch besser. Sollten Sie die Betreuungsrechte für ihren Angehörigen haben, gehen manche Heime inzwischen so weit, dass sie versuchen, Sie loszuwerden. Es gibt mittlerweile Verfahren, in denen die Heime anstreben, den Angehörigen der Heimbewohner die gesetzliche Vormundschaft zu entziehen. Dann wird es tragisch – Rechtsstreitigkeiten zehren das Leben auf – und aus diesem Grund lege ich Ihnen ans Herz, sich eine Einrichtung auszusuchen, welche eine faire Beschwerdekultur pflegt. Kein gut geführtes Pflegeheim wird Ihnen eine konstruktiv angebrachte Kritik verübeln. Stattdessen wird die Heimleitung versuchen, im Dialog mit Ihnen nach Lösungen zu suchen. Scheuen Sie sich nicht, danach zu fragen und achten Sie drauf, wie ihr Bauch auf die Antworten reagiert, die Sie auf diese Fragen bekommen.

Und wenn Sie ein Heim in die engere Wahl gezogen haben, machen Sie den Härtetest. Kommen Sie unangekündigt morgens oder auch abends. Sie dürfen das. Wenn Sie abgewiesen werden, hat das Heim hier ein Problem. Sitzen Leute auch abends noch im Garten? Darf man Tiere mitbringen? Viele alte Menschen sind entzückt, wenn sie Hunde sehen und diese streicheln dürfen. Auch eigene Stationskatzen sind recht beliebt bei den meisten Bewohnern. Sind ab 18 Uhr noch Bewohner zu sehen oder sind diese schon im Bett? Hier kann das Heim nicht täuschen, da dies, falls es so ist, nicht von heute auf morgen abgestellt werden kann. Sie müssen sich ehrlich die Frage stellen, ob Sie damit einverstanden sind, dass Sie oder ihre Angehörigen bei jeder Jahreszeit und beim schönsten Wetter im Hochsommer um 18 Uhr im Bett sein müssen.

Wenn Sie zur Mittagszeit oder zum Abendessen kommen, ist Stoßzeit. Die Bewohner müssen versorgt werden. Mit Essen, mit Hygienemaßnahmen. Natürlich stehen die Pflegekräfte jetzt unter Stress. Aber genau hier zeigt sich, ob die Freundlichkeit und die Zuwendung, die Sie bei Ihrem letzten Besuch mit ansehen durften, nur zur Schau getragen wurden oder ob sie zur DNA des Heims gehören. Wenn Sie unter diesen Bedingungen ein freundliches und zugewandtes Pflegeteam erleben, haben Sie ein gutes Heim entdeckt. Glückwunsch!

Nun wünsche ich Ihnen eine glückliche Hand, das für Sie passende Heim zu finden. Die nachfolgende Liste mit Hilfsangeboten kann Ihnen die Entscheidung erleichtern. Wie gesagt, perfekt gibt es unter den gegebenen Rahmenbedingungen nicht. Doch die Kriterien, welche Ihnen am wichtigsten sind, sollten schon annähernd passen.

Pflegeinformationen im Internet

Sie können mit wenig Aufwand die eine oder andere und weitere Suchmaschinen im Internet finden. Aber die nachfolgenden halte ich für besonders hilfreich:

Unter *Heimverzeichnis.de* finden Sie eine Datenbank, in der Sie sich von vielen Einrichtungen einen ersten Eindruck verschaffen können. Von den mehr als 10 000 Heimen in Deutschland wurden immerhin etwa 4000 bewertet. Mehr als 100 ehrenamtliche Mitarbeiter haben diese Bewertungen erstellt. Nach Kriterien, die nach meiner Meinung deutlich aussagekräftiger sind als das Bewertungssystem des MDK. Positiv bewertete Heime bekommen einen grünen Haken. Nur etwa ein Viertel der Heime wurden damit ausgezeichnet. Das ist traurig!

Unter der Internetadresse *BIVA.de* finden Sie die Bundesinteressenvertretung für alte und pflegebedürftige Menschen e. V. Bei dieser unabhängigen, von Spenden und Mitgliederbeiträgen finanzierten Einrichtung erhalten Sie juristische und finanzielle Einzelfallberatungen für alle Belange, die mit der Pflege zusammenhängen. Sie müssen allerdings schon einige Monate Mitglied sein und den (geringen) monatlichen Mitgliedsbeitrag entrichtet haben.

Wenn Sie sich in eigener Recherche einen Überblick über rechtliche Rahmenbedingungen für die Pflege verschaffen wollen, werden Sie bei *wernerschell.de* fündig. Der Pflegerechtsexperte Werner Schell bietet Ihnen eine übersichtliche und gut strukturierte Sammlung von Gesetzestexten an.

Ein eher kulturelles Angebot zum Thema Pflege bringt *www.careSlam.org* auf die Bühne! Die Mitglieder des Ensembles sammeln ihre Erfahrungen in der Pflege und im anhaltenden Pflegenotstand. Hier wirken engagierte und kritische Pflegekräfte mit, die der Pflege eine Stimme geben. Das Konzept von CareSlam lautet: Werdet laut. Sprecht es aus. Schreit es raus. Und flüstert, wo es den Flüsterton braucht.

Bei *www.signal-intervention.de* werden grundlegende Ziele in der Pflege angesprochen, unter anderem Gewalt gegen Ältere. Zum Beispiel im Kapitel über das Thema Gewalt in Weiterbildungen der Gesundheitsberufe.

Ein von Parteien, Gewerkschaften und Berufsverbänden unabhängiger Zusammenschluss von Menschen, die in Pflegeberufen arbeiten oder pflegende Angehörige sind, versammeln sich unter *www.pflege-am-boden.de*. Die Menschen, denen die Pflege am Herzen liegt, planen unter anderem öffentlichkeitswirksame Aktionen, um auf die Missstände in der Pflege aufmerksam zu machen.

Kornelia Schmid, eine betroffene Angehörige, pflegt ihren Ehemann (an MS erkrankt) seit 25 Jahren. Frau Schmid wirbt unermüdlich dafür, dass pflegende Angehörige in unserer Gesellschaft wahrgenommen und unterstützt werden. Sie gründete die größte Facebook-Gruppe für pflegende Angehörige. Auf *info@pflegende-angehoerige-ev.de* (E-Mail) wird Betroffenen Mut gemacht und werden wertvolle Hilfestellungen gegeben.

Das Aktionsbündnis von *www.pflege-steht-auf.de* gründete sich 2011 als Reaktion auf die zunehmenden Belastungen der pflegerischen Akteure im Deutschen Gesundheits- und Pflegesystem. Arbeitsgeber sowie Mitarbeiter setzen sich hier gemeinsam für das Image der Pflege ein.

Claus Fussek, ein pflegender Angehöriger, ist ein Sozialpädagoge aus München. Er kämpft seit 30 Jahren gegen die Missstände in der Pflege. Seine E-Mail-Adresse lautet *c.fussek@vif-selbstbestimmt-leben.de.* Er gilt als bekanntester deutscher Pflegekritiker, der vor allem auch auf kriminelle Machenschaften in der Pflege hinweist. Claus Fussek ist mehrfach für sein Engagement ausgezeichnet worden. Ihn erreichen Hilferufe von verzweifelten Pflegekräften und Angehörigen täglich, geradezu im Minutentakt.

Die Pflegeethik Initiative Deutschland e.V. – *www.pflegeethik-initiative.de* – tritt dafür ein, ethische Gesichtspunkte und die verfassungsrechtlich garantierte Menschenwürde in den Mittelpunkt von Pflegepolitik und Pflegealltag zu stellen.

Bei weiterem Interesse für medizinische Prophylaxe, insbesondere für bettlägerige Senioren, können Sie sich im Bayerischen Staatsministerium für Unterricht und Kultus über die Lehrplanrichtlinien für die Berufsfachschule für Altenpflege – *https://www.isb.bayern.de* – informieren.

13. Alternativen zum Pflegeheim

Schrittweise Annäherung an das Heim

Gestatten Sie zum Schluss einen kurzen Exkurs über Alternativen zum Pflegeheim. Das Thema steht ja nicht im Zentrum dieses Buches, aber zur ersten Orientierung kann es hilfreich sein, sich über weitere Möglichkeiten der Versorgung älterer Menschen zu informieren, die ihren Alltag nicht mehr vollständig selbstständig bewältigen können. In Deutschland werden etwa 75 Prozent der Pflegebedürftigen zu Hause versorgt, viele von ihren Angehörigen und zumeist von Frauen zwischen 50 und 65 Jahren. Diese geben oft den Beruf auf oder reduzieren ihre Arbeitszeit, um die Angehörigen zu Hause zu pflegen. Dies ist nicht immer einfach. Lange Zeit drohten die Frauen in die Altersarmut zu geraten, da sie in der Zeit der Pflege keine Rentenansprüche erwirtschaften konnten. Das hat sich glücklicherweise in den letzten Jahren positiv entwickelt, so dass die pflegenden Angehörigen nicht automatisch Gefahr laufen, durch ihre Pflegetätigkeit finanziell benachteiligt und selbst zum Sozialfall zu werden.

Viele mögen ihre Angehörigen dennoch nicht in ein Pflegeheim geben, andere holen ihre Angehörigen wieder nach Hause, da die Qualität des Pflegeheims so enttäuschend wie frustrierend war. Oft spielt auch Scham und das schlechte Gewissen eine Rolle, Angehörige in einem Pflegeheim untergebracht zu haben. Was sagen die Leute aus der Nachbarschaft dazu? Ist es Verrat an dem Angehörigen? Lasse ich ihn im Stich? Das sind quälende Fragen, mit denen pflegende Angehörige oft alleine gelassen sind. Dafür einige Informationen über weitere Pflegeangebote, die genutzt werden können, bevor man ein Pflegeheim in Betracht zieht.

Hier ist erstens die Kurzzeitpflege zu nennen, die bis zu einer Dauer von acht Wochen pro Kalenderjahr von der Krankenkasse finanziert wird. Der Sinn besteht darin, einen akuten kurzfristigen Pflegebedarf aufzufangen oder – wichtig – den pflegenden Angehörigen eine Auszeit zu ermöglichen. So können sich diese in einem Urlaub oder auch einfach nur ohne die zusätzliche Belastung durch die Pflege zu Hause erholen und neue Kräfte sammeln. Dies hat auch den Vorteil, einmal in ein Pflegeheim hineinzuschnuppern und zu prüfen, wie sich diese Lösung für die Pflegenden und für die Pflegebedürftigen anfühlt. Bei den kurzzeitigen Pflegeaufenthalten können sich in einem geeigneten Heim auch schon Beziehungen zum Pflegepersonal entwickeln, die den späteren Übergang in die Vollpflege erleichtern.

Die Minimalversion der Kurzzeitpflege ist, zweitens, die Tagespflege. Sie kann in Anspruch genommen werden, wenn pflegende Angehörige tagsüber anderen Verpflichtungen nachkommen müssen, die eine angemessene Betreuung der Pflegebedürftigen in dieser Zeit unmöglich macht. Ein Fahrdienst holt die Senioren morgens ab und bringt sie am Nachmittag wieder nach Hause. Erkundigen Sie sich bei Ihrer Krankenkasse oder bei den schon im vorangegangenen Kapitel erwähnten Pflegestützpunkten darüber.

Drittens handelt es sich beim Betreuten Wohnen um eine gute Alternative für Senioren, die noch alleine wohnen können, jedoch Hilfe bei der Pflege und der Essenszubereitung brauchen. Hier kann ein ambulanter Pflegedienst für die erforderliche Hilfe angefordert werden. Die Senioren bewohnen eine barrierefreie, altersgerechte Wohnung in einer Wohnanlage, in der soziale Kontakte der Bewohner gefördert werden.

Ein Mehrgenerationenhaus ist, viertens, wiederum eine empfehlenswerte Lösung für Bewohner, die gerne sozialen Kontakt und Austausch mit Menschen über die Altersgrenzen hinweg erleben möchten. Noch relativ fit, unterstützen Jung und Alt sich gegenseitig. Die beteiligten Parteien behalten ihren eigenen Wohnbereich. Hier können Senioren länger unabhängig bleiben. Gleichzeitig können sie ihre Lebenserfahrung in die Gemeinschaft der Hausbewohner einbringen, auf Kinder aufpassen oder mit ihnen spielen. Berufstätige Eltern haben, je nach Absprache, durch diese Kinderbetreuung größere Spielräume. Und die Senioren machen die Erfahrung, dass sie gebraucht werden. Dies kann eine echte Win-win-Situation für alle Beteiligten ergeben.

Das Pflegeheim, fünftens, kommt schließlich in Betracht, wenn die Senioren nicht mehr in der Lage sind, ihren eigenen Haushalt zu führen und umfassende Pflege brauchen. Der Umzug ins Pflegeheim wirkt auf viele abschreckend. Ich habe in diesem Buch versucht, die Hintergründe zu beleuchten und zu zeigen, dass diese Angst in der heutigen Pflegekultur eine sehr reale Basis hat. Hier gilt tatsächlich: Informieren Sie sich gründlich über die Zustände in den infrage kommenden Heimen, damit Sie Ihren Angehörigen keine böse Überraschung bescheren. Wenn sich das gewählte Heim aber als ein Treffer erweist, beschert es den Bewohnern einen geregelten Tagesablauf, den Kontakt zu gleichaltrigen Mitbewohnern und eine gesicherte medizinische Versorgung. Und darüber hinaus die Aktivierung der Senioren durch verschiedene Aktivitäten, seien es Gymnastik-Runden oder Ausflüge in die Umgebung. Wie gesagt: Wenn Sie das Glück haben, ein Heim zu finden, in dem tatsächlich das Wohlergehen der Bewohner im Vordergrund steht! Ich wünsche Ihnen Erfolg bei der Suche.

Abschließende Bemerkungen

In unserem Buch *Albtraum Pflegeheim* wurde einerseits ein kritischer Ansatz verfolgt, um dysfunktionale Strukturen in unseren Pflegebetrieben aufzuzeigen. Andererseits dient es als Ratgeber für Leserin oder Leser, damit sie die Qualität von Pflegeheimen besser beurteilen können.

Einerseits wollten wir den teilweise abgrundtief unhaltbaren Zuständen in vielen Pflegeheimen entgegentreten und diese anhand von Beispielen und persönlichen Schicksalen deutlich zu machen. Wir wollten zeigen, in welcher Weise Gedankenlosigkeit, Bevormundung, Maßregelung, Missachtung, Demütigung und übergriffiges Verhalten durch ein viel zu oft minderqualifiziertes Personal das Leben im Heim für viele Bewohner zu einer Qual werden lässt. Hilflose alte Menschen sind der Willkür eines antipathischen Personals ausgeliefert, sodass der letzte Lebensabschnitt, der Aufenthalt in einem Pflegeheim, für die Bewohner zum Albtraum werden kann.

Häufig wurde der Begriff hausgemachte Probleme verwandt. Nach unserer festen Überzeugung steht der idiotische Satz «Pflege kann doch jeder« paradigmatisch für die fehlgeleitete Vorstellung, man müsse die Stellen im Heim nur irgendwie auffüllen, dann wird der Betrieb schon laufen. Mit der massenhaften Einstellung von Personal, das nicht die persönlichen Befähigungen mitbringt, die in diesem sensiblen, menschennahen Beruf erforderlich sind, wurde das gesamte Biotop der Altenpflege extrem beschädigt. Neid und Missgunst unter den Pflegekräften und Desinteresse den Heimbewohnern gegenüber sind heute in vielen Heimen bitterer Alltag.

Das ist destruktiv, vor allem deshalb, weil der Zustand des Pflegemilieus ambitionierte Fachkräfte abstößt und eine Abwärtsspirale in Gang setzt, aus der sich die Pflege nur sehr schwer befreien kann. Zumal ich, Eva Ohlert, in den Jahrzehnten meiner Tätigkeit auf diesem Gebiet den Eindruck gewinnen musste, dass die Verhältnisse von den ökonomisch orientierten Heimbetreibern so gewollt werden. Weil sie auf diesem Weg – quasi mit der Entschuldigung durch den allgemein vorherrschenden Notstand – eine brutale Gewinnmaximierung betreiben können. Wenn dieses Buch dazu beiträgt, solcherart Zusammenhänge in die öffentliche Debatte zu tragen, kann vielleicht ein erster Schritt zur Genesung des Pflegewesens geleistet werden.

Zu hoffen ist, dass die Ratgeberfunktion dieses Buches die strukturellen Rahmenbedingungen für die Pflege besser erkennen hilft und die Wahrnehmung von Problemzusammenhängen im Pflegeheim schärft. Idealerweise mit dem Ergebnis, dass Sie für Ihre Angehörigen oder auch für sich selbst bei der Heimwahl eine gut informierte Entscheidung treffen können.

Es war uns ein persönliches Bedürfnis, Ihnen dieses Buch vor allem im Hinblick auf die alten Menschen ans Herz zu legen. Sie sind diejenigen, die sich nicht (mehr) wehren können und dringend auf unsere Hilfe angewiesen sind. Unsere alten Menschen haben Rechte, die von keiner Institution ausgehebelt werden dürfen. Wir meinen, da wird es keinen Widerspruch geben.

Über den hoffentlich funktionierenden persönlichen *Benefit* hinaus bitten wir Sie herzlich: Nehmen Sie sich auch allgemein des Themas an. Es wäre großartig, wenn Sie mithelfen, die Diskussion über den Albtraum Pflegeheim in die Öffentlichkeit zu tragen. Dann – und nur dann – besteht Hoffnung, dass der Pflegebetrieb zumindest mittelfristig aus diesem Alb erwacht, der Berufsstand Altenpflege sich erholt und die Heimbewohner in der überwiegenden Mehrzahl der Pflegeeinrichtungen einen angenehmen Lebensabend verbringen können.

Alles Gute wünschen Eva Ohlerth und Frank Wittig

Dank

Ich danke meiner Tochter Lea, die mich stets ermutigt hat (»Mama, mach das«), dieses Buch zu schreiben.

Meinem Mann Martin danke ich für seine unermüdliche moralische Unterstützung während des Schreibens.

Ich danke meiner Freundin Marianne Jackson, die einen motivierenden Einfluss auf mich ausübte. Stets hatte sie ein offenes Ohr, wenn ich aus der Pflege erzählte.

Ich danke Frank Wittig für seine einfühlsame und kompetente Begleitung unserer gemeinsamen Arbeit.

Ich danke dem riva Verlag und besonders Pascale Breitenstein. Sie hatte ein feines Gespür für dieses Thema und gab mir den Anstoß, dieses Buch zu schreiben.

Ich bedanke mich auch herzlich bei den Schülern, den Angehörigen und den Pflegekräften, die mit ihren authentischen Erfahrungen dieses Buch bereichert haben.

Eva Ohlerth

Auch ich möchte mich beim riva Verlag – besonders bei Pascale Breitenstein – für die Idee bedanken, aus der Fachfrau für Altenpflege, Eva Ohlerth, und mir, dem Journalisten, ein Autorenteam zum Thema »Albtraum Pflegeheim« zu schmieden. Die Zusammenarbeit mit Eva war eine persönliche Bereicherung und eine Bereicherung für mein Berufsleben.

Außerdem gilt mein Dank Anna Vogel. Sie überließ mir großzügig einen Teil ihres Textes über Intensiv- und Palliativmedizin, den sie während einer Hospitanz in der Abteilung Wissenschaft des Südwestrundfunks verfasst hatte. Der Text fand Eingang in das Kapitel 11 »Sonderfall: Pflege auf der Intensivstation«. Eva Vogel ist inzwischen Mitarbeiterin im Hessischen Rundfunk.

Frank Wittig

224 Seiten
9,99 € (D) | 10,30 € (A)
ISBN 978-3-7423-0546-6

Dr. Frank Wittig

Krank durch Früherkennung

Warum Vorsorgeuntersuchungen unserer Gesundheit oft mehr schaden als nutzen

Medizinische Früherkennung ist dazu da, Symptome rechtzeitig zu erkennen, um dadurch Krankheiten besser heilen zu können. Diese Vorstellung ist weit verbreitet, doch sie ist naiv. Vor allem in der Krebsmedizin werden durch Früherkennung zu häufig Frühstadien von Krebs entdeckt, die den Betroffenen niemals Probleme bereitet hätten. Inzwischen belegen seriöse Studien, dass durch das Brustkrebs-Screening für ein durch das Screening gerettetes Leben bis zu zehn Frauen unnötigerweise einer Chemotherapie, Bestrahlung oder Operation ausgesetzt werden.

In diesem Buch spricht der Bestsellerautor Frank Wittig über Sinn und Unsinn aller einschlägigen Screening-Maßnahmen, von der Mammografie über die Hautkrebs-Früherkennung bis zur Darmspiegelung. Er berichtet von absurden, komischen und bewegenden Erlebnissen im Zuge seiner Recherchen und belegt, dass die medizinische Früherkennung ein profitgetriebener Industriezweig ist, der in erster Linie den Ärzten und der Pharmaindustrie nutzt und nicht unbedingt die Patienten gesünder macht.

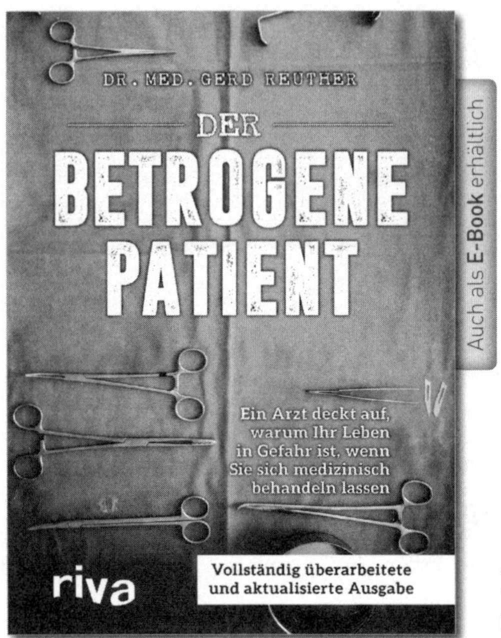

416 Seiten
19,99 € (D) | 20,60 € (A)
ISBN 978-3-7423-1034-7

Gerd Reuther

Der betrogene Patient

Ein Arzt deckt auf, warum Ihr Leben in Gefahr ist, wenn Sie sich medizinisch behandeln lassen

Nie waren die Heilungsversprechen größer als heute und doch ist die ärztliche Behandlung zu unserer häufigsten Todesursache geworden. Wer den Therapieempfehlungen der Mediziner rückhaltlos vertraut, schadet sich häufiger, als er sich nützt. Erschreckend viele Behandlungen sind ohne nachgewiesene Wirksamkeit und oft wäre das Abwarten des Spontanverlaufs sogar wirksamer und nachhaltiger.
Schonungslos ehrlich seziert Dr. med. Gerd Reuther nach über 30 Jahren als Arzt seinen Berufsstand. Er deckt auf, dass die Medizin häufig nicht auf das langfristige Wohlergehen der Kranken abzielt, sondern in erster Linie die Kasse der Kliniken und Praxen füllen soll. Mit der Expertise eines Mediziners geschrieben, verliert das Buch trotzdem nie den Patienten aus dem Blick. Durch seine präzise Analyse der herrschenden Verhältnisse wird es zu einer Überlebensstrategie für Kranke, die ihr Leid nicht durch Medizin vergrößern wollen.